ÀS CEGAS

LUIZ ALBERTO MENDES

Às cegas

COMPANHIA DAS LETRAS

Copyright © 2005 by Luiz Alberto Mendes

Capa
Kiko Farkas

Foto de capa
Pedro Lobo

Revisão
Otacílio Nunes
Arlete Sousa

Dados Internacionais de Catalogação na Publicação (CIP)
(Câmara Brasileira do Livro, SP, Brasil)

Mendes, Luiz Alberto
    Às cegas / Luiz Alberto Mendes. — São Paulo : Companhia
das Letras, 2005.

    ISBN 85-359-0732-7

    1. Memórias autobiográficas 2. Mendes, Luiz Alberto 3.
Prisioneiros - Autobiografia 4. Prisões - Brasil I. Título.

05-7190   CDD-365.6092

Índice para catálogo sistemático:
1. Prisioneiros : Autobiografia 365.6092

[2005]
Todos os direitos desta edição reservados à
EDITORA SCHWARCZ LTDA.
Rua Bandeira Paulista 702 cj. 32
04532-002 — São Paulo — SP
Telefone (11) 3707-3500
Fax (11) 3707-3501
www.companhiadasletras.com.br

À minha sobrinha Carla

1.

Era o primeiro dia dos exames. Eu estava extremamente nervoso. Sabia que não tinha base, e não tivera tempo suficiente para estudar.

Em 1979 fora promulgada uma lei que, entre outras coisas, facultava ao presidiário o direito de freqüentar um curso superior. Até então, eu havia lido bastante, mas somente o que me interessava. Estudos curriculares não me chamavam a atenção.

Meu amigo Henrique Moreno é que tinha vindo com essa novidade. Na época, eu estava meio que perdido, sem objetivos. Preso por homicídio e assaltos em 1972, fora condenado a quase cem anos de prisão. Certificados não teriam significado algum.

Saíra de uma relação amorosa que me causara sofrimento imenso. Tinha uma certeza: pessoas como eu, que desde a infância vinham dando trombadas contra os muros da vida, não tinham grandes chances de alcançar equilíbrio. Particularmente quando presas. Estava me conformando com isso. Felicidade, eu sabia, era impossível. Tudo o que queria então era um pouco de paz. Não muita, também. Jovem, precisava de movimento. A rotina prisional esmagava. Mergulhava a alma em oceanos de tédio, angústias estupidificantes.

Havia muito que eu estava consciente do que fizera. Mas e aí? Ia ficar me derretendo em culpas? Depois, a prisão tinha movimento também. Perigos nos espreitavam a cada curva de galeria. Quase toda semana três a quatro companheiros eram assassinados a facadas ou pauladas. Os motivos nem sempre justificavam. E isso me deixava pisando em ovos. De repente um daqueles malucos cismava com minha cara, e olha eu diante de uma faca ensangüentada. Tinha certeza de que não seria capaz de me defender. Se dependesse de mim, estava fodido.

Passara quase três anos estudando e fazendo exames. Do final de 1979 até meados de 82, me dedicara de corpo e alma a um ideal. Chegaria a uma faculdade. Eliminei as matérias do primeiro grau e, com bastante dificuldade, as do segundo. Prestei os exames supletivos promovidos pelo setor de educação da Penitenciária do Estado, onde me encontrava. Deixei de freqüentar o pátio de recreação. Só saía da cela para ir ao campo de futebol dar uma arejada uma vez por semana e para receber visitas.

Fora uma luta. Estudava através dos cursos do Instituto Universal Brasileiro. Sozinho. Amigos haviam me emprestado as apostilas. É claro que outros companheiros também estudavam. Nós nos ajudávamos. Não sei qual foi o pensador que afirmou que os cegos ajudariam aos cegos, e os aleijados, aos aleijados. Ali, ninguém sabia muito, muito menos tudo. Mas sabíamos alguma coisa e aprendíamos uns com os outros.

Quando concluí a primeira parte da missão que me impusera, os ventos se tornaram favoráveis. Algo conspirava em meu benefício. Eu não sabia do que se tratava, mas sentia, nitidamente, um sopro.

Duas estagiárias de direito começavam a nos atender. Buscavam ganhar experiência e cumprir o estágio. Lívia e Beatriz.

Nós nos aproximamos delas. Eram lindas, particularmente Lívia, com seus olhos enormes. Claro, as garotas nos atraíam. Vivíamos contenção sexual obrigatória havia anos. Alguns companheiros, havia décadas.

As coisas estavam mudando na prisão. Mas muito lentamente. A visitação, que por décadas durara só quarenta minutos e na qual era permitido apenas um contato físico mínimo, agora se alongava. Podíamos nos sentar ao lado de nossos visitantes. E por três horas seguidas. A mesa, que antes nos separava, hoje escondia o que as mãos faziam debaixo dela. Beijos, que outrora significavam trinta dias de castigo, passaram a ser a tônica.

Se, a princípio, as estagiárias nos atraíam pela beleza e gostosura, logo nos conquistaram também pela educação e generosidade. Ambas tinham seus namorados lá fora, e não estavam ali em busca de aventuras. Se bem que Lívia e meu amigo Nélson Piedade tiveram um ligeiro affaire, que só não deslanchou por conta das circunstâncias. Tornaram-se amigas muito queridas de todos nós. Lutavam por nossas causas jurídicas com paixão.

Tive a idéia de pedir a Lívia que encaminhasse uma carta à reitoria da Pontifícia Universidade Católica, a PUC. Uma solicitação formal de bolsa de estudos naquela instituição. A garota dos olhos grandes passou a manhã na reitoria para entregar a carta em mãos. Valeu a luta. Não demorou para que eu recebesse a resposta. A reitora declarava, oficialmente, que me concedia uma bolsa completa no curso que eu escolhesse. Nem acreditei. Precisei ler várias vezes, era bom demais.

Naturalmente, a concessão da bolsa estava condicionada à classificação nos exames vestibulares da universidade. E me classificar seria complicado. Eu tinha uma dificuldade quase intransponível em física e química. Impossível aprender sem professor.

Assimilava com certa facilidade o que me interessava. Mas com as coisas que não despertavam minha curiosidade... era uma negação! Matérias exatas, definitivamente, não eram meu forte. Aliás, para ser bem sincero, quase nada daquilo que eu estudava me interessava de fato. Com exceção de história, que eu lia (lia, é necessário dizer, não estudava) com algum prazer, o resto aprendia meio que na marra. Tanto que, quando não precisei mais, esqueci tudo.

Carecia de apoio. Meus amigos pouco poderiam contribuir, precisava de alguém extramuros. Estava com a faca e o queijo nas mãos, mas não sabia cortar. Escrevi para minha amiga Maria João. Fazia alguns anos que a conhecia. Ela já me pusera em contato com pessoas bastante interessantes. Extrovertida, tinha um coração sem tamanho. Vivia envolvida em idealismos e causas perdidas. Devia conhecer alguém que pudesse me ajudar.

Sua resposta, como eu esperava, foi puro entusiasmo. Conhecia, sim, alguém que poderia me ajudar. E muito. A professora Maria Nilde Mascelani. Uma educadora emérita. Com certeza se interessaria em defender minha causa. Escrevi-lhe com toda a ansiedade que me caracterizava.

Anos antes, dona Maria Nilde fora contratada por entidades religiosas européias para fazer um levantamento do que se ensinava em termos de educação moral e cívica, além de organização social e política, nas escolas do Brasil. Suas pesquisas deixaram claro que as referidas matérias eram manipuladas para justificar a ditadura militar que oprimia o país e dar sentido a ela.

A educadora foi presa e mantida incomunicável por quinze dias numa cela do DOPS. D. Paulo Evaristo Arns, arcebispo de São Paulo, quebrou sua incomunicabilidade. Na época em que a procurei, ela dirigia uma organização chamada RENOV, voltada para relações trabalhistas e otimização de escolas. Respondeu-me pondo-se a minha inteira disposição.

Do que eu precisava de fato? Já passáramos do meio do ano de 1982. Teria cinco meses para me preparar para os exames. Necessitava fazer a ponte entre a universidade e a Penitenciária do Estado. Somente assim os examinadores poderiam vir aplicar a prova. Dona Maria Nilde apresentou-me sua secretária, Ely Pires, que se ocuparia de tudo e a manteria a par dos acontecimentos. Registrei Ely como minha visitante. Surpreendeu-me. Cerca de dez anos mais velha que eu, era cheia de experiência e de uma generosidade pura. Diferente de mim, não se dirigia pela emoção, mas pela razão e discernimento. Conversamos muito, e a respeitei desde o primeiro instante. Seca e objetiva, ia direto aos finalmentes. Em pouco tempo me pôs em contato com Mário, professor de matemática e física. Ele se propunha a me auxiliar na preparação para os exames.

Os meses se passaram. Estudei bastante, embora soubesse fosse insuficiente. Os amigos também me ajudavam. Particularmente o Henrique Moreno, que me doou um curso de vestibular da Editora Abril. Ele me apoiava havia anos e se tornara meu maior amigo. Era a pessoa que mais torcia por mim. Mais até que minha mãe, para quem eu continuava a ser o menino mentiroso e perturbado de sempre.

Lutei muito com as matérias para poder fazer um teste razoável. Mas a chance de me classificar estava nas leituras anteriores. E sobretudo no despreparo dos outros vestibulandos. Eram poucos os que sabiam alguma coisa.

Aqueles conhecimentos todos eram fundamentais. Mas eram um saco. Insuportáveis. Vivi momentos difíceis tentando memorizá-los, sem conseguir. Sofri demais, e me achava burro, estúpido. Aprendia hoje para esquecer amanhã. Inúmeras vezes minha auto-estima foi a zero.

Mário me ajudava. Mas, quando nos encontrávamos, eu queria era saber da política. Das coisas lá fora, de mulheres, da vida e da efervescência. Pouco pôde me ensinar de fato.

Bem, mas ali estava eu, pronto para dar o sangue nos exames. Logo cedo fui chamado para as entrevistas. Não era bem-visto pela diretoria. Morava no terceiro pavilhão. Pavilhão dos vagabundos — onde aconteciam os crimes e se iniciava a maioria das rebeliões.

Junto comigo, o Florentino. Um companheiro que, apoiado pela diretoria da casa, conseguira autorização para prestar o vestibular. Um advogado o apadrinhava. E fora esse advogado, também professor auxiliar da PUC, que agilizara a vinda dos examinadores à prisão.

Estávamos no final do mandato de Paulo Maluf, o último dos governadores paulistas imposto ao povo pelo regime militar. O diretor da penitenciária tentava, através de nós, presos vestibulandos, conservar seu posto, um cargo de confiança.

O novo governador, sabia-se, seria do PMDB. O PDS, partido que dava apoio aos militares, não teria chance. A eleição seria direta. São Paulo era reduto dos principais quadros democratas do país. Lutavam, agora abertamente, contra a ditadura. O nome de Franco Montoro era o mais cotado.

Os diretores da casa e o advogado que apoiava Florentino eram malufistas por excelência. Os diretores seriam escorraçados dos cargos, conforme todas as previsões.

A prisão vivia em desespero. Direitos humanos, nem se cogitava nisso. O tema do discurso da diretoria era "trabalho para o preso". Mostravam o registro de todos os presos nas oficinas. Mas só no papel. Mais da metade da população vivia trancada feito bicho. Apenas duas horas de recreação em três dias da semana. Os guardas do Choque espancavam acintosamente. Os que mais sofriam nas mãos deles eram aqueles que enlouqueciam e perdiam a noção de tudo. Não havia quem os protegesse. A lei do cano de ferro imperava.

Fui conversar com os jornalistas. Deixaram-me no corredor do prédio da administração, escoltado por um guarda do Choque. Devia ficar ali, enquadrado. Uma repórter falava com o diretor. Florentino, que trabalhava na copa da administração, estava na sala, de jaleco impecável de garçom, servindo limonada para todos. Depois de mais de duas horas de canseira, a repórter veio ter comigo. Eu a conhecia da tevê Globo. Chamava-se Maria Cristina Poli. Explicou o que me perguntaria.

Levaram-nos, eu e Florentino, para o jardim. Luzes, câmara, ação! A comédia tinha início. O artista número um dizia que o diretor da prisão era como um pai para ele. Chegou a imitar um personagem do Chico Anysio que fazia muito sucesso na época: "Meu paipai...". Arrepiei-me de asco.

Era minha vez. Comecei a suar, estava extremamente nervoso. Dez anos de cadeia deixavam qualquer um inseguro e inibido. Tudo era desconcertante. Só a muito custo consegui me expressar. Mesmo assim, com enorme dificuldade. Minha roupa ficou ensopada. Eu tremia, à beira de um infarto. Dei graças a Deus quando me liberaram para voltar à cela.

À noite, quando fui assistir à entrevista, não me reconheci. Aquela voz não era minha. Não me saí bem, mas pelo menos não dei mancada. Consegui escapar das armadilhas que imaginei existirem. Não falara da diretoria. Não expressara juízo de valor. Havia citado apenas a luta para estudar sozinho e as perspectivas de fazer um exame razoável.

Na hora do almoço, fui convidado para ir à copa da diretoria. Comida boa, bem-feita, com três tipos de mistura. Até pudim de sobremesa havia. Fazia dez anos que eu não comia numa mesa, com garfo e faca.

Difícil estar à mesa com um bando de mulheres. As mulheres que trabalhavam na administração do presídio também almoçavam ali. E eu era novidade. Aquelas gostosas todas me olhando, aquele perfume forte. Não sabia se olhava para o prato ou para elas. O prazer de comer bem acabou vencendo. Comi como um cavalo. Fiquei com uma agradável dorzinha de estômago cheio.

Quando chegaram os examinadores, fui escoltado até o salão nobre. Carpete cor de sangue, cadeirões antigos estofados com veludo da mesma cor do carpete. Lindo! Uma mesa enorme de carvalho, piano ao fundo. Tudo cheirava a limpeza. Eu jamais vira tamanho luxo. Era como se tivéssemos entrado num teatro. Fui apresentado aos examinadores. Pareciam assustados, como todas as pessoas que adentravam a prisão pela primeira vez.

Num determinado horário, assumimos nossos postos de batalha. Eu numa ponta da mesa, Florentino na outra. Tínhamos duas horas para responder tudo. Entregaram-nos as provas, e o tempo começou a ser cronometrado. Quando abri o exame, me espantei com o número de questões. Muitas, demais! E o tempo, mínimo. Tentei me acalmar. Difícil. Liguei a máquina de chutar e tentei os chutes mais lógicos. Depois, aqueles por associação. E, finalmente, os chutes no escuro mesmo.

Passamos uma semana nessa maratona. Minha engenhoca de chutar chegou a me dar certa tranqüilidade. Português: era uma redação, moleza. Francês: consegui ler tudo. História: bem, aí a máquina estava azeitada. Química, física e matemática: até cansei a perna de tanto chutar sem sequer encostar na bola.

No fim, não tinha segurança de nada. Achei que fora muito mal, se não pessimamente. Teria uma chance apenas se os demais vestibulandos fossem piores que eu. O que seria lamentável.

Fotógrafos dos jornais *Folha de S. Paulo* e *Estado de S. Paulo* nos fotografaram. O melhor de tudo foi o convívio com as mulheres na hora do almoço. Eu já me sentia esquecido da alegria feminina. Da quantidade enorme de coisas boas, além do sexo e da estética, que havia em estar com mulheres. A graça, a voz modulada, os gestos harmoniosos, o jeito terno de ser e todo o encanto delas. Como aquilo fizera falta em minha vida!

2.

Acabados os exames, submergi no cárcere, agora inteiramente desprovido de importância. Estivera num mundo estranho, repleto de flashes, cores, emoções e fantasias. De repente, voltava à minha insignificância de presidiário. Pela própria condição existencial, aprendera a conviver com o pior sem me sentir agredido. Tinha que viver. Navegar seria para navegantes, eu era apenas um sobrevivente.

Por três anos uma rotina de estudos ameaçara me engolir. Eu precisava mudar. Acumulara um monte de livros e agora ia me dar ao prazer de lê-los. Viver descompromissadamente, outra vez. Sem querer e nem ao menos dar valor, reunira conhecimentos interessantes nos estudos curriculares. Estava atualizado.

Henrique obteve permissão para sair da prisão. A lei o beneficiara. Cumpria cerca de quinze anos de pena, passaria o Natal com a família e se casaria. Padre Geraldo, o capelão da casa, celebraria seu casamento com Eliete. O padre, temerariamente, garantira por escrito que meu amigo voltaria.

Mas ele não retornaria. Mesmo sabendo que o padre assinara aquele documento. Sacanagem, deslealdade, julgariam muitos. Eu compreendia. Se Henrique voltasse, ainda teria muitos anos de prisão para cumprir.

Na noite anterior a sua saída, veio se despedir. Trouxe-me os pertences dele. Eu era seu herdeiro natural. Estava trancado na cela. Apertou minha mão pelo guichê, trêmulo de emoção. Andamos juntos por nove anos. Nossos amigos comuns, quase todos, haviam sido libertados. Restávamos nós. Agora, restava eu. Eu estava frio, estranhamente. Não sentia nada naquele momento. Não dava para acreditar que ficaria sem o amigo.

Depois que ele se foi, fiquei andando pela cela, da janela à porta, feito bobo. A realidade começou a doer. A cama grudada na parede e no chão; a privada e o cano que servia de chuveiro, dentro do boxe de concreto armado. A mesa e a prateleira suspensas no ar. Tudo me agredia. Tantos anos naquela caixa de sapato... Aquilo parecia ganhar vida às vezes. Pulsava, latejava, se comprimia e se alongava, dependendo de meu estado de espírito. Agora, me sufocava.

Eu seria só outra vez. Quanto tempo demoraria para fazer um novo amigo? Tivera tão poucos... E aquele que se despedia fora tão valioso... Parte de mim, talvez a melhor parte. Um companheiro que partia era como se morresse. Nunca mais o veria, provavelmente.

Para sair do estado depressivo, esparramei as tranqueiras do amigo na cama. Comecei a manuseá-las. Como preso acumula coisas que parecem destituídas de importância! Mas, eu sabia, tudo ali significava. E muito.

Havia saudades nos olhos com que lia seus escritos. Poesias e textos incompletos. Maluquices dele que ninguém entenderia e das quais eu gostava muito. Sofria, antecipadamente, a ausência. Os demais amigos que saíram nos esqueceram. Eu compreendia. No dia seguinte, despertariam pensando que fora um pesadelo.

Lutariam para esquecer. Recordar seria trazer à tona o que doía lembrar.

O pior era o suspense. Eu sabia que na segunda-feira, depois do Natal, o amigo estaria arriscando a vida. Na prisão, não havia comemoração no dia 25. A festa acontecia sempre uma semana antes. No dia mesmo de Natal, era sufoco. As capelanias católica, protestante e espírita se cotizavam para fornecer a todos nós um saquinho com balas e doces. Eu, Henrique e outros ficávamos soltos à noite para efetuar a distribuição. Todo ano faltava alguém. Nesse ano o amigo é que faltou. Foi mais triste ainda.

Na segunda-feira, o repórter anunciou no rádio. O irmão do Henrique, Orlando, que também estava preso conosco e saíra para passar o Natal em casa, fora flagrado num assalto a banco. Embora eu quisesse bem a Orlando, foi um alívio saber que meu amigo não fora pego.

Mais tarde, quando Orlando saiu da incomunicabilidade, tomei conhecimento dos fatos. Seria Henrique que participaria do assalto. Mas, como casara no sábado e estava em lua-de-mel, o irmão se oferecera para substituí-lo. Senti, na hora, que faria o mesmo. Orlando não se mostrou arrependido. Faria tudo de novo, se preciso fosse. Amava Henrique e preferia estar na prisão a sabê-lo preso.

Meses depois, Henrique esteve no trabalho de minha mãe. Envolvera-se com dois amigos nossos que haviam sido soltos, o Franco e o Claudinho. Estavam assaltando bancos.

Iniciava-se o ano de 1983. A rotina da prisão continuava. Voltei a trabalhar como escriturário do SENAI, agora apenas por meio período. Fizera muitos cursos ali.

A Penitenciária do Estado consistia em três pavilhões, cada um dividido por dois raios. As celas, naquela época, eram individuais. Cada raio tinha cerca de duzentos e cinqüenta presos. Havia também o hospital, o sanatório e o prédio administrativo.

No fundo de cada raio, o espaço das oficinas. Três enormes salões no primeiro pavimento, e no porão mais três. O SENAI tomava todo o conjunto de oficinas do primeiro raio do primeiro pavilhão.

Oferecia cursos bastante variados. A oficina mecânica tinha dez tornos, uma fresa e diversos outros equipamentos. Compunham o ferramental dos futuros torneiros e ajustadores mecânicos. No setor de marcenaria, além do curso de marceneiro, os de carpinteiro de esquadrias e operador de máquinas para madeira. No porão, os cursos de pedreiro, tapeceiro, encanador, eletricista instalador, e os de soldagem. No salão em que ficava o escritório, ainda havia aulas de silkscreen e preparação básica para mecânica geral.

No escritório, de presos, trabalhávamos Moringa, Zé Luiz e eu. Havia um secretário, que nos comandava, e o diretor, o professor Nélson Suriano. Éramos todos amigos ali. O professor Nélson nos tratava com respeito e amizade. Alguns companheiros diziam que "jogava areia nos olhos", ou seja, nos enganava. Claro que eu não poria a mão no fogo por ele, mas só o vi ajudar a nós, presos, então é o que tenho a dizer.

Até agora não estou bem certo se foi em janeiro ou fevereiro. Pouco importa. O fato era que me encontrava na cela quando apareceu um guarda e avisou que uma equipe de reportagem estava ali querendo conversar comigo. Devia fazer a barba e me vestir. Ele me conduziria. Nem perguntei nada. Tratei de cumprir as ordens, pensativo. Intuía que aquela visita tinha algo a ver com o vestibular.

Ao sair da gaiola de grades do terceiro pavilhão, fui agredido por uma luz muito forte. Fiquei cego por segundos. Quando pude enxergar, observei que era a mesma repórter da vez anterior, microfone nas mãos. Um sujeito com a câmara me focalizava. Aquilo me aborreceu pela surpresa e por não haverem perguntado se eu queria ser entrevistado ou não.

Antes que eu protestasse, a repórter iniciou a conversa. Queria saber se eu tinha conhecimento de que naquele dia sairia o resultado dos exames vestibulares da PUC. Não, não tinha. Ela fora bastante profissional. Ficara aguardando a lista de chamada da universidade, para complementar sua matéria. Quando soube que tanto eu como Florentino fôramos classificados, viera correndo nos trazer a notícia.

Ninguém acreditara na possibilidade de obtermos sucesso. Juiz, diretores, advogados, estagiários, ninguém. Ainda mais na PUC. Cinco mil candidatos para quatrocentas e cinqüenta vagas em direito. De modo algum, nós, presos, teríamos condições de competir com a fina flor da sociedade. Ninguém acreditara (nem eu, para ser sincero). Tanto que agora não sabiam o que fazer conosco.

À noite, quando fui assistir à reportagem, a revolta me sufocou. Informaram à repórter que eu tinha saído recente do castigo. Comportamento péssimo. Havia cerca de oito anos que eu andava na linha; não recebera uma única advertência sequer! Foi então que desconfiei que seria boicotado em favor do Florentino. Ele fazia o jogo deles.

Os papéis do colega para que o juiz pudesse deliberar acerca da freqüência das aulas começaram a ser providenciados naquele mesmo dia. Os meus, só dois meses depois. Ele já assistia às aulas, autorizado, e meu pedido de julgamento nem saíra da casa. Quando o pedido chegou ao fórum, o juiz o indeferiu, alegando que minha sentença era longa. A mim não cabia aquele benefício. Ocorre que a pena do Florentino também era grande.

Ele não havia cumprido nem a metade do que eu já cumprira. Quis recorrer à segunda instância de julgamento. Fui bloqueado e inteiramente desestimulado.

O ano de 1983 me soube um ano roubado. Florentino morava num quartinho na parte administrativa da prisão. Saía diariamente para a universidade. Eu fiquei no fundão da cadeia. Vendo companheiros serem mortos no pátio toda semana, e me corroendo. Lia muito, agora só revolucionários políticos. Era meu espírito, então. Tomei consciência de muitos dos problemas sociais e políticos de nosso país.

A única coisa boa que aconteceu naquele ano foi conhecer Isa. Ely havia saído do escritório de dona Maria Nilde por divergências políticas. Mas continuava me apoiando, assim como a educadora. Idealistas autênticas. Agora Ely era uma amiga. Pessoa que, aos poucos, aprendi a amar. Morava com Isa, sua amiga. Com o tempo, Isa quis me conhecer. Registrei-a como minha visitante e fiquei esperando.

Que mulher bonita! Loirinha, de olhos verdes que brilhavam. Tinha uma alegria contagiante. Fora secretária numa célula do PC do B. Bastante politizada e comprometida com seus ideais, inteligente e madura.

Eu não tinha compromisso com ninguém. Carente e cheio de tesão, me interessei por Isa. Seus olhos me diziam que eu não lhe era exatamente indiferente. Ambos tínhamos trinta anos. Ela falava de uma filha de cinco, Camila. Estava desquitada do pai da menina.

Em poucas visitas e muitas cartas acho que conquistei sua curiosidade. E chegou um momento em que as coisas tiveram que ser esclarecidas. Como já havia todo um jogo e um cerco, foi simples. Perguntei-lhe se topava ficar comigo, ser minha namorada. Isa respondeu sem rodeios: "Topo".

Restava conversar com Ely, ela precisava aprovar, já que nos havia apresentado. Saíram uns beijinhos gostosos ali no banco. Fazia um tempão que não tinha uma mulher nos braços. Ainda mais bonita e jeitosa como aquela. Era tão boa a sensação de haver conquistado... Ainda era possível.

Ely confiava em mim e em Isa. Claro, aprovou. A partir de então, passei a recebê-la todo domingo. Namorávamos muito. Por baixo da mesa o bicho pegava. Por cima, eram beijos e diálogos. Estávamos gostando um do outro e entrosando de verdade.

Solidificava-se a amizade entre Isa e minha mãe. Dona Eida sofrera muito e a vida toda. O marido, alcoólatra, mulherengo e ameaçador. O filho único, que vivia fugindo de casa na infância e estava preso desde a adolescência.

Éramos machistas: não aceitávamos que ela trabalhasse fora. Quando se empregou como copeira numa revendedora de carros, premida pela necessidade, censurei fortemente meu pai. Disse-lhe que ele não era homem nem para sustentar a mulher.

Depois que começou a trabalhar, minha mãe se tornou outra pessoa. Assumiu a economia da casa, e isso lhe deu voz ativa e poder. Provocou a maior revolução.

Relacionava-se com bastante gente no trabalho e era muito querida por todos. De submissa e dominada, passou a decidida e resolvida. O velho não apitava mais. No fim, acabei gostando muito mais daquela mãe participativa e plugada na realidade.

Enfim, em 1982 ocorreu a primeira eleição direta para governador desde o golpe de 64. Em São Paulo, venceu o grande senador André Franco Montoro. Dr. José Carlos Dias, ex-presidente da Comissão de Direitos Humanos, foi nomeado secretário de Justiça. Dizia-se que sua escolha se devia à indicação de d. Paulo Evaristo Arns.

Segundo a amiga Ely, a correlação de forças estava a nosso

favor. Havia possibilidades de conseguir outra sentença do juiz. Dessa vez, não seria seca ou sumária. Poderíamos fazer pressão. O Estado retornava à democracia. Agora tudo teria de ser bem explicado.

No meio do ano, com a penitenciária sob novo comando, procurei falar com o diretor. A diretoria malufista caíra. Florentino continuava freqüentando aulas na universidade. Escondia o fato de haver mais um preso classificado, o qual, no entanto, não podia sair. Queria ser o único, ou seguia orientação da diretoria antiga.

Contei ao diretor minha saga para chegar aos exames e à universidade. Ouviu-me calado. Eu o conhecia, não era a primeira vez que ocupava o cargo. Fora o pior deles. Delegado do DOPS no tempo da repressão e tortura mais acerba aos terroristas. Mas havia passado por uma experiência religiosa que o transformara radicalmente. Tornara-se pessoa da Igreja. Sua indicação provinha da Comissão de Direitos Humanos. Ele se propunha a modificar toda a estrutura arcaica da prisão. Colaborara muito para criá-la, nos oito anos que fora diretor. Conhecia as raízes. Se quisesse de fato, faria. A mim, depois de escutar-me, afirmou que me apoiaria para conseguir freqüentar as aulas naquele ano.

Só que, como se diz por aqui, azedou o pé do frango. Uma freira veio visitar um amigo nosso e deu de cara com o diretor. Reconheceu-o como seu torturador na época em que estivera presa no DOPS. A religiosa desmaiou na hora. O escândalo foi geral. O homem tentou sair fora, mas outras vítimas apareceram. Era época de caça às bruxas. O sujeito foi sumariamente exonerado. Justo agora que ia ser bom...

Mas o diretor que o substituiu era melhor ainda. Infinitamente melhor. Eu o conhecia havia anos. Fora meu assistente social no período em que fiquei preso no Juizado de Menores. Já naquele tempo, gostava muito dele. Um homem enorme de gordo, cerca de cento e oitenta quilos mal distribuídos. Jamais ouvi um só presidiário falar mal do dr. Ruy. Mais que querido, era amado. Menos pelos guardas, claro.

Logo me reconheceu. Estendeu aquela mãozorra para mim, engolindo a minha, com um sorriso nos olhos. Senti alívio. Até que enfim alguém justo e humano! Sabia, antecipadamente, que ele estaria comigo em meus objetivos. Conversamos horas. Cumprimentou-me efusivo pela conquista no vestibular.

Também viera com a missão de humanizar o presídio, por ordem expressa do secretário de Justiça. Os companheiros representantes dos pavilhões foram chamados. Muitos o conheciam. Convocou uma eleição geral para formar uma comissão. Queria representantes de cada um dos raios. A coisa era séria e viera para ficar. A prisão começou a respirar aliviada. Enfim haveria progresso, e em ritmo de paz e diálogo.

A Copa do Mundo de futebol tinha sido em 1982. Alguns companheiros foram autorizados a mandar vir televisores para que pudéssemos assistir aos jogos. Com a chegada do dr. Ruy, conseguimos permissão para ter tevês nas celas. No fim do ano, com a ajuda de minha mãe, Maria João e Isa, comprei uma de catorze polegadas.

Na primeira semana, nem dormi. Vi televisão o dia e a noite toda. Depois fui me acostumando. Sempre achei a tevê algo fascinante. Sabia da alienação e do apelo ao consumismo que havia no bojo de sua programação. Conhecia a história lamentável da televisão no Brasil e dos donos das emissoras. Mas, para mim, era o mundo ali presente. Só apertar o botão!

Com o dr. Ruy, vieram pessoas também ligadas à Comissão de Direitos Humanos. Nosso diretor do Grupo de Reabilitação era ex-presidente do centro acadêmico de direito da PUC. Quando soube do meu caso, chamou-me. Fez a maior apologia à vida acadêmica. Afirmava que eu ia entrar num mundo mágico. Tudo o que eu pudesse imaginar ainda seria pouco. Falava da universidade com amor profundo, procurando me passar seu entusiasmo. Deu-me um monte de dicas; nomes para contato, de pessoal do CA e do jornal, de professores. Tentou me orientar, mostrar os perigos. O espírito de um veterano conversando com o calouro.

Aquilo mexia comigo. Embora no fundo eu não acreditasse que me deixassem ir à PUC, o entusiasmo dele me contagiava vivamente. A universidade parecia o paraíso na Terra.

3.

Enfim, chegara o mês de dezembro. E, com ele, a possível solução de meus problemas. Dezembro sempre fora um mês complexo. A tensão exacerbava-se; ninguém queria passar o Natal na penitenciária. Tentativas de fuga e acertos de contas; assassinatos. Mas também havia o propalado espírito natalino. Uma esperança de não-sei-quê no ar. As famílias começavam a lembrar de seus parentes presos. O corredor de visitações ficava lotado. Sentia-se a mudança. Parecia que uma claridade vinha iluminar as paredes cinzentas dos corredores.

Dr. Ruy conquistara a população carcerária inteiramente. A comissão dos presos controlava tudo. Fazia seis meses que não acontecia nenhuma violência. Um fim de ano inusitado. Aquela demonstração de equilíbrio e respeito tinha uma finalidade. Companheiros que cumpriam vinte anos, alguns quase trinta, esperavam passar o Natal em casa, com seus familiares. A nova lei 1819 previa essa eventualidade.

Para nós que não tínhamos o direito legal de passar o Natal em família, existia uma enorme esperança: conseguir a visita, na cela, de nossas mulheres e parentes. Era o início da visita íntima. Uma luta de mais de dez anos dos presos do estado de São Paulo por um direito que a Penitenciária Lemos de Brito, no Rio de Janeiro, concedia já fazia mais de dez anos. Muita greve de fome, espancamento pelos soldados do Choque da Polícia Militar, desespero e mortes haviam ocorrido nessa luta.

Em seis meses, o dr. Ruy tinha promovido uma revolução. Maior trânsito e mais acesso a advogados e estagiários de direito. Campeonatos de futebol de salão e de campo eram organizados. Uma comissão foi criada para enfeitar a penitenciária para o Natal. Parecia outro mundo. A civilização, finalmente, chegava até nós. Andávamos desarmados, sem receio de sermos esfaqueados pelas costas. Todas as guerras e desafetos foram resolvidos pelo diálogo. Colocou-se uma pedra de gelo em cima das encrencas e inimizades.

Agora tínhamos acesso aos diretores e chefes de seção. Os funcionários pareciam-se mais com os servidores públicos que eram. O secretário de Justiça vinha conversar com nossos representantes da comissão constantemente. Nomeara uma assessora especial, dra. Maria Inês, para representá-lo junto a nós.

Eu estava razoavelmente bem. Cheio de esperanças de sair para a faculdade, participando ativa e emocionalmente das mudanças. Por mais de dez anos vivera naquele clima de terror. A tensão era estafante, era preciso estar sempre atento a tudo e a todos.

Cada companheiro morto ou esfaqueado refletia em nós. Tudo levava a crer que podíamos ser os próximos. Aquelas facas ensangüentadas, aqueles gritos desesperados, ficavam gravados a ferro e fogo em nossas mentes e corações. Quase sempre matávamos para não sermos mortos.

Nos primeiros dias de dezembro, o diretor me chamou. Eram umas onze da noite, e eu dormia. Não estranhei. Já fora, altas horas, requisitado pelo dr. Ruy. Ele dormia de duas a três horas por noite. Sofria de uma terrível insônia. O gordão era amigo mesmo e nos queria bem, sempre tinha um conselho a oferecer.

Em sua sala, levantou-se e veio me cumprimentar. Chegara a autorização do juiz para que eu freqüentasse as aulas. Foi um choque. No fundo, eu não acreditava que aquilo pudesse acontecer. Fiquei sério, tentando assimilar a idéia. Não, não ia me deixar iludir. Minha reação era de autodefesa. Na verdade, sentia-me nascido ali, de onde jamais sairia. O mundo lá fora não existia de fato, só ilusão e mentira.

Dr. Ruy não esperava tal reação. Brincou comigo, sorriu, aos poucos fui saindo do estado caraléptico. Fiquei ali, abestalhado pela enormidade daquilo tudo. Eu conseguira. Ia poder andar pelas calçadas e ver as luzes da minha cidade novamente.

Retornei para a cela. Não tinha com quem dividir. Meus amigos estavam em liberdade, fugidos, ou transferidos para outras prisões. Sozinho, fiquei melhor.

Andei pela cela o resto da noite. Da janela à porta vivi minha vida toda. Uma felicidade me fazia flutuar, embalado num som que só eu ouvia. A música da vitória. Precisava avisar minha mãe. Ela ficaria tão feliz que não ia se agüentar. Poderia falar de seu filho, sem vergonha, agora. Eles iam saber que eu existia de fato. Estava dando a volta por cima. Seria um universitário. Isa também precisava saber. Ely, Maria João, dona Maria Nilde, Mário...

Justiça seja feita: os responsáveis foram Ely, dona Maria Nilde e d. Paulo Evaristo Arns. Conseguíramos chegar, através do arcebispo, ao secretário de Justiça. E, através deste, ao juiz. Dessa vez ele não teve outra alternativa senão autorizar. A correlação de forças mudou. Florentino também ajudou. Manteve um comportamento ilibado durante todo o ano na universidade. Agora eu me convencia de que minha vontade realmente construía. Podia confiar em mim.

Domingo, Isa e eu comemoramos. Abraçados, em pé, no meio da galeria de visitações, nós nos amávamos. A vitória era de nós todos. Teríamos chance de realizar o que planejamos como casal.

Queria fazer faculdade, conhecer o mundo universitário e me formar. Tinha 31 anos, e o que mais queria mesmo era estar livre. Chegava a sufocar quando pensava nisso. Se liberdade fosse estar onde o coração manda, eu estava bem. Minha maior vontade: estar solto e depois, se pudesse, em espaço de natureza cultural. Queria aprender o máximo. E uma universidade como a PUC, naquele tempo, era o melhor dos mundos possíveis.

Os dias, vagarosos, arrastavam-se. Não conseguia ler, estudar, nada. Escrevia, mas somente cartas para a namorada. Para ela passava minha ansiedade. O desespero com que assistia ao escoamento dos minutos para formar cada hora.

No meio de dezembro o diretor chamou-me novamente. Comunicou que pedira ao juiz que autorizasse a saída de cento e quarenta e quatro presos para passar o Natal com a família. Eu seria um deles. Informou ainda que lutaria para que a visita do Natal (que acontecia uma semana antes do dia 25) fosse nas celas. Afirmou que merecíamos. Havíamos humanizado a prisão, segundo ele.

A cadeia ficou agradável aos olhos. Toda decorada com papel crepom, papel laminado, bexigas, bandeirolas e muitos enfeites. Saquinhos com balas, brinquedos, cartões e rosas seriam distribuídos para crianças e mulheres visitantes, respectivamente. Haveria até o sorteio de seis bicicletas para a garotada. Seria uma festa digna do nome. Pela primeira vez as mulheres entrariam nas celas, nos quase setenta anos de fundação da penitenciária.

Claro, como não poderia deixar de ser, existia oposição. Havia guardas que buscavam nos boicotar. Sentiam-se lesados com as inúmeras transformações ocorridas no regime de ferro que defendiam. Queriam que cumpríssemos nossas penas debaixo de humilhações, opressão, e com sofrimento. Nada de direitos humanos. O diretor penal os apoiava. Dr. Ruy pelejava sozinho contra esses guardas e alguns diretores. Nosso comportamento ordeiro e pacífico era seu argumento, afirmava.

Dizia-nos que eles precisavam entender que aquelas modificações eram boas. Inclusive para eles. O perigo de rebeliões, cujas conseqüências poderiam ser imprevisíveis, diminuía sensivelmente. O tratamento respeitoso levaria à reciprocidade, pelo menos seria essa a lógica.

A ala reacionária dos guardas exigia a lei do cano de ferro e domínio total sobre nós. Quase nenhum deles havia concluído o primeiro grau. Não possuíam mentalidade para perceber que não éramos nós, presos, os inimigos. Não pagávamos seus salários reduzidos. Os companheiros, com raras exceções, nem sequer consideravam os guardas os verdadeiros opressores. Não nos prendiam ou condenavam. Muito menos eram os responsáveis pelo caos social para onde caminhava o país e do qual éramos a ponta.

Os guardas criaram sua comissão, orientados pelo dr. Ruy. Os representantes deles discutiam todas as inovações introduzidas na penitenciária. Repórteres policiais, como Gil Gomes e Afanásio Jazadji, davam apoio aos guardas em seus programas de rádio. Referiam-se à prisão como "hotel cinco estrelas". Ora, o conceito de hotel é de lugar de permanência temporária. Nós estávamos lá para ficar anos, décadas. A comida era péssima; a disciplina, rígida, e a humilhação a que nos submetiam, desumanizante.

Em meio a essa convulsão social interna, eu procurava passar incógnito. Não podia aparecer. Estava em vias de freqüentar aulas, na rua. Devia ficar na minha, embora também não pudesse deixar de me manifestar. Afinal de contas, era parte do processo e não podia agir como covarde perante meus companheiros. Confuso, tentava me equilibrar na corda bamba.

Agora fora oficialmente confirmado: a visita de Natal seria nas celas. Nosso anseio era poder fechar a porta. Queríamos intimidade com nossas parceiras. Era o que estava acordado entre nossa comissão, o dr. Ruy e o secretário de Justiça. A comissão dos guardas objetou. Armaram o maior escândalo no rádio. Denunciaram aos repórteres policiais.

A despeito de a opinião pública formada por esses repórteres ser desfavorável, a visita seria nas celas. Dr. Ruy era macho e cumpria sua palavra. Mas com a porta aberta. A intimidade entre os casais não seria permitida. Os guardas não queriam. Imagina preso ter direito a relações sexuais! Não seria mais cadeia. Diziam até que as pessoas pulariam a muralha para entrar na penitenciária. Estariam melhor ali.

No sábado, fervi água e lavei a cela do teto até o chão, vigorosamente. Fiz uma cortina para esconder a porta. Outra para encobrir a cama. E uma última para isolar o banheiro. Eram os chamados "come-quietos". Da porta, mesmo escancarada, não daria para ver nada. O chão, encerei e dei lustro até virar espelho. Lençóis zerados na cama. Tudo limpo, bonito o quanto uma cela de prisão pode ficar.

Quase não dormi à noite. Quatro da manhã, fazia flexões. Dei o último brilho no chão, tomei banho caprichado. Liguei a tevê e esperei o café, tenso. Distribuíram o café com pão, e as horas pararam de fluir. A ansiedade me consumia. A cela ficou minúscula, de repente. Ouvi abrir várias portas. O coração saltava a cada ferrolho puxado. Eram as visitas chegando. Eu havia pedido à namorada que madrugasse nas filas e viesse de vestido, para facilitar. Os dentes travavam de ânsia. Minha vista doía de tanto olhar, pelo buraco da espia, quem vinha na galeria.

Quando eu estava marchando de cá para lá, da janela até a

porta, esta se abriu. O coração quase parou. Em minha frente, Isa. Vestido longo, branco de bolinhas vermelhas. Absolutamente linda, com os olhos verdes faiscando. Coloquei-a para dentro. Esperei o guarda sair e beijei-a sofregamente. Minhas mãos voaram pelo corpo dela, senti sua carne firme e fresca. Isa estremecia a cada toque. Doze anos sem possuir uma mulher. Ela também, quase um ano comigo, só na esfregação. Estávamos famintos um do outro. E não podíamos fazer nada ali, a porta aberta, as cortinas penduradas no teto, e o guarda andando na galeria.

Saí, deixei-a descansando, trêmulo, meio no ar. O chão parecia querer fugir quando eu pisava. A única coisa de que eu tinha certeza era que possuiria a namorada de qualquer jeito. Nem que fosse para o castigo depois. E isso para mim seria jogar tudo para o alto: saída de Natal e freqüência de aulas. Mas naquela altura do campeonato não dava mais para agüentar.

Salatiel, amigo que morava em frente, recebera a namorada e me chamou para conversar. Outros companheiros se juntaram. "E aí, como faremos?", era a pergunta. A primeira etapa da luta seria deixar abertas todas as celas dos companheiros que não teriam visita. Fomos procurar os representantes da comissão. Descemos em bloco na gaiola. Após acalorado debate com o guarda zelador do raio, conseguimos.

Arrumamos radinho de pilha, banquinho e doces para o guarda do andar. Foi cercado. Se quisesse levantar, alguém obstruía e iniciava diálogo interminável. Tudo no esquema. Agora era a hora do gostoso.

Voltei à cela doidão para devorar Isa. Ela estava deitada e nua, coberta com o lençol. As cortinas abaixadas. Tinha de ser rápido. Não sabíamos quanto tempo o guarda poderia ser retido. Combinara com Salatiel: caso o guarda viesse, ele avisaria a tempo. Depois eu vigiaria.

Quando me assegurei de que tudo daria certo, subi para cima da cama e da mulher. Ela esperava, ansiosa. Nem pude preparála, não deu tempo. Tinha de ser quase um ato cirúrgico. Beijos, abraços, e aquela delícia que é toda mulher que nos quer, mesmo que seca. Como era gostoso... Mas terminou rápido demais e, no fim, não foi nem metade do que eu fantasiara aqueles anos todos. O orgasmo foi pouco, eu esperava tão mais do sexo com amor...

Saí recomposto. Era estranho, muito estranho. O amigo Salatiel perguntou: "E aí?". Respondi que ainda não. Não mesmo. Voltei, Isa acabava de tomar um banho e se enxugava. Não agüentei. Apanhei-a assim, com as gotas escorrendo na pele, e a lambi toda. Joguei-a na cama e de novo invadi seu corpo. Isa então teve seu prazer. Queria gritar, tapei-lhe a boca delicadamente. Ela mordeu. Sofri uma espécie de desmaio, uma implosão. Convulsionava. A namorada que me alertou. Saí de cima, assustado. Limpei-me ainda aturdido. Salatiel gesticulava, em desespero. Esperei a mulher se recompor e o liberei da vigia, assumindo o posto.

Ficamos, Isa e eu, abraçados na porta da cela, namorando, de olho no guarda. Acho que ele estava no quarto copo de suco. Tinha devorado uns três pratos de bolacha e bolo. O malandro Boca Rica faiscava seus dentes de ouro deitando palavras e mais palavras no ouvido do funcionário. Saía uma pinga no alambique do Carlinhos. Logo teríamos uma caipirinha rolando.

Salatiel apareceu como um raio. Com olhos assustados, me chamou para conversar. Algo errado, senti. Rápido demais. Todo apavorado, disse-me que, assim que entrou na garota, ela pulou. Pensou fosse prazer e foi fundo. Só então percebeu que ela o empurrava, socando-o, desesperada. Quando se separaram, o sexo da parceira sangrava. Machucara alguma coisa por dentro. O sangue continuava a minar, mesmo enxugando.

Nem quis saber o que sucedera. Pensei logo nas conseqüências. Intimidades eram proibidas. Aquilo seria um prato cheio para os guardas, escândalo na certa.

Expliquei a Isa, e ela foi ver o que acontecera com a moça. Demorou um pouco. Quando voltou, uma surpresa: a garota era virgem e não contara ao parceiro, com receio de que ele a rejeitasse. Estava com uma pequena hemorragia. Seria preciso levá-la a uma farmácia. Isa entendia de enfermagem. Fizera curso de primeiros socorros.

Planejara passar o dia subindo na companheira e descendo de cima dela, até quando não agüentasse mais. Mas, agora, já era. Seria preciso que Isa acompanhasse a moça até uma farmácia.

Isa saiu amparando-a. Parece que usaram gazes e uma camiseta para estancar o sangramento. A garota pálida, mas andando. Havia um meio sorriso em seu rosto. Tentava nos despreocupar. Eu sabia que Isa resolveria a questão a contento. Revelara-se prática e eficiente.

Passamos, Salatiel e eu, o resto do dia assistindo tevê. O amigo com medo de haver sido estúpido demais e haver perdido a namorada. Por dentro eu calculava: o Natal seria na sexta; então, com certeza, sairíamos na quinta. A frustração daquele dia seria a realização dali a quatro dias. Não diria a ninguém. Era particular meu.

4.

Para que eu não enlouquecesse, chegou a quarta-feira. Com ela, a confirmação da autorização do juiz. Eu sairia mesmo, e no dia seguinte. Estava quase chorando, sei lá se de gratidão ou alívio. Isa comprara roupas e trouxera. Quarta à tarde fui chamado no setor de inclusão, para experimentar. O jeans servira, só precisava fazer a barra. A camiseta, toda colorida, me agradou. Isa comprara mais algumas camisetas, mas ficaram em sua casa. Dormi mal, doendo de ansiedade.

Quinta, quando clareou o dia, o guarda abriu a porta para que eu fosse passar o Natal na rua. O setor de inclusão lotado de companheiros que também sairiam. A maioria cumpria mais de dez anos. Olhos vermelhos, gestos abruptos, falas entrecortadas indicavam o elevado grau de impaciência.

Trocamos de roupa. À paisana pela primeira vez em doze anos, eu suava. Angustiado, esperava que me chamassem. A saída era determinada pela chegada dos familiares. Sabia, Isa e dona Eida chegariam o mais cedo que lhes fosse possível. E demoravam...

Agonizava, de boca seca, quando gritaram meu nome. Engasguei para responder. Atravessei a multidão de ansiosos até o guarda.

Os guardas me encheram de perguntas. Conferiram marcas pessoais e olharam muitas vezes para o meu rosto. Quando não tiveram dúvidas de que eu era eu mesmo, deram-me o salvo-conduto. Na portaria novamente, checagem completa. Parecia uma mercadoria passando por inspeção de qualidade. Fui colocado num canto e disseram que esperasse. Eu me perguntava: esperar o quê? Só aquele maldito portão de ferro me separava do mundo.

Outros vieram e já foram saindo com os familiares. Só eu ficava, suando fortemente. Que porra era aquela? Quando vi Isa entrando pelo portão, que alívio! Soltei os nervos e respirei fundo. O mais humilde dos cordeirinhos, eu só queria deixar a prisão. Deu-me um beijo sôfrego, agarrei-me a ela e implorei para que me tirasse dali. Perguntou por meus pais. Haviam entrado para me buscar e desapareceram. Nem quis saber, queria era sair. Fui como que a empurrando quando o guarda abriu o portão.

Manhã fria. O corredor de paralelepípedos que seguia até a subportaria, todo circundado por árvores enormes, parecia uma foto. Irreal para mim. Dei outro beijo em Isa, foi estranho. Distante. Por dentro, estava como que em prece, ainda com medo. A companheira deve ter notado. Afastou-se de mim, ia voltar para buscar meus pais. Não, não, eu não queria que me deixasse só. Mas ela voltou. Olhei tudo ao redor, bebendo com os olhos a vida que me cercava.

Demorou, e nada. Deu a maior vontade de sair correndo e largar todos lá dentro. Mas para onde iria? Não saberia me movimentar. Esperaria do outro lado da calçada, fora do terreno da prisão. Não me poriam para dentro de jeito algum. Quando tomei a decisão de seguir em frente, eles apareceram. Meu pai havia sido confundido com funcionário. Fora se enfiando cadeia adentro. Demorou, e minha mãe foi atrás. Demoraram, e, quando Isa foi buscá-los, me encontrou.

Minha camisa estava ensopada de suor, e fazia frio. Saí dando bronca em meu pai: "Nunca me procurou, quando aparece, vem para atrapalhar". Dona Eida me cutucou. Ele ficara nervoso com minha saída e bebera umas pingas. Tomava remédio fortíssimo. Sofria de mal de Parkinson. Com pinga em cima, a reação só podia ser loucura mesmo. Tudo bem, deixa para lá, pensei. Aquela parte já tinha sido superada.

Fomos costeando as muralhas da Casa de Detenção, pela avenida Ataliba Leonel. A namorada e eu na frente, os velhos atrás. Não conhecia mais nada. Quando chegamos ao metrô, me espantei. Parecia uma cidade futurista. Aquele chão emborrachado e as paredes de aço me fizeram imaginar uma nave espacial.

Isa foi me explicando. Enfiou o bilhete na catraca, passamos, e chegamos à plataforma de embarque. Tudo limpinho, cheirando a cinema. Entrei no trem, confiante. Bonito demais para não funcionar direito. Iluminado, ventilado e reluzente. Magnífico! Jamais imaginara fosse assim, tão perfeito. Meu Deus, como o mundo se transformara!

A coisa voava! E falava também. Parava sozinha, abria as portas e dizia onde estávamos. Que extraordinário! Adorei aquilo. Descemos na estação Vergueiro, de onde saí a contragosto, olhando para trás. Abandonamos a nave emborrachada e entramos novamente no planeta fedido. Fumaça e gasolina queimada, chegava a me sufocar. Gente andando rapidíssimo de um lado para outro. Eu dava trombadas e olhava feio para os que não se desviavam de mim. Isa percebeu meu descontrole. Conduziu-me pelo braço qual fora um garotinho. Meus pais atrás.

Subíamos e descíamos ruas. Eu nem imaginava onde estava. Era tudo muito diferente, colorido demais, brilhante demais. Dava até certa vertigem. Como tinha mulher! Eu estava gostando. E muito.

Chegamos ao prédio de Isa. O elevador subiu, e meu estômago mais ainda. A cabeça deu uma volta. O café-da-manhã veio na boca. A tonteira aumentou, e eu ia vomitar quando paramos no sétimo andar. O estômago encaixou de novo.

Lindo o apartamento. Sala grande, pouca mobília, sofá, poltronas, plantas nos cantos, mesa de jantar e tevê ao fundo. Fui respirar na janela e dei de cara com São Paulo. O panorama abrangia a parte nobre da avenida Paulista. Os casarões e alguns prédios modernos. A maioria das pessoas procuram mar, flores, campo, e ficam inebriadas com a natureza. Eu amava minha cidade. E contemplá-la assim, de repente, nua e exposta ao sol da manhã, era lindo demais. Toda a dor da ausência, da saudade, se transformou em lágrimas.

Isa e dona Eida, uma de cada lado, me levaram, assim meio atoleimado, para o sofá. Todos os anos de sofrimento e agonia pesavam insuportavelmente. Eu não tinha forças nem para erguer a cabeça. As duas mulheres me olhavam, apreensivas, sem entender. Eu devia estar feliz e sorrindo. Por que desconsolado e triste daquele jeito?

A namorada sumiu para dentro do apartamento. Voltou com um cálice contendo bebida incolor. Tomei um gole, e minha garganta pegou fogo. Que diabo era aquilo? Queimou tudo até chegar ao estômago. Deu até falta de ar e tosse. Pinga! Muito diferente daquelas do alambique do Carlinhos. Aos poucos fui tomando tudo. O rosto afogueou. Comecei a falar sem parar sobre o que vira. Dona Eida, satisfeita, iria embora com meu pai. Isa pedia que ficassem mais um pouco, e eu olhava feio. Minha mãe iria para casa preparar o almoço. Nós nos comprometêramos a almoçar com eles. Eu, que queria ficar a sós com a namorada, quase os toquei dali.

Enfim, sós. Ataquei Isa de beijos e carícias. Fui levando-a ao sofá para possuí-la sem mais delongas. Então ela me pediu que parasse. Disse que havia planejado algo mais romântico. Queria me dar todo o amor do mundo. Paciência. Quis argumentar, mas ela exigiu.

Escapou de mim rindo e me chamando de bobo. Colocou um LP do grupo Raíces de América no aparelho de som e foi para a cozinha. Faria uma caipirinha para nós. Grudei-a por trás, tentando dançar. Tomamos a bebida. A euforia de estar livre, com a mulher que eu queria, me invadiu. Fomos para a janela do quarto de hóspedes. A visão se ampliava para o bairro do Paraíso. Como era linda minha cidade! Respirei-a para dentro de mim. Bebi mais e quis beber tudo. Isa não deixou. Estragaria a festa.

Andamos da rua Treze de Maio até a avenida Brigadeiro Luís Antônio. Ali pegamos o ônibus com destino a Santana. Tropecei ao subir, enfiando a canela no degrau. O ônibus estava lotado. Toda aquela gente ali me fazia mal. Quis saltar no ponto seguinte. Isa encostou sua bunda gostosa em mim. Esqueci os incômodos na hora. Fiquei devorando com os olhos casas, prédios, ruas, carros, ônibus, e as mulheres. As calças compridas, minissaias, bundas redondas e coxas grossas. Eu suava frio ali, encoxando Isa.

Enfim, depois de todo o turismo, chegamos no bairro da Casa Verde, onde moravam meus pais. Andamos por ruas semidesertas e desconhecidas. Casas pequenas mas jeitosas, bairro residencial. A casa de minha mãe era um porão. Não havia cama para mim, nem lugar para colocá-la. Apenas um quarto e cozinha. O banheiro era comunitário.

Dona Eida fazia o maior barulho com as panelas e o fogão. Isa foi ajudá-la. Seu Luiz e eu fomos ao bar. Tomar um conhaque, disse ele. Desceu queimando mais que pinga. Voltamos, já amigos, para o almoço.

Cappelletti com molho de tomate. Meu prato favorito, segundo minha mãe. Comi para valer. A comida de dona Eida era anseio de muitos anos. A sobremesa era pudim de Leite Moça, que eu adorava. Foi difícil sair da mesa. Conversei um pouco com minha mãe. Combinamos passar o dia de Natal com eles. Os velhos foram fazer a sesta, e nós voltamos para o apartamento de Isa.

Isa alugara uma suíte num hotel por quatro dias. Deixaria a filha com sua mãe. Ficaríamos no hotel para termos mais privacidade. No apartamento sempre aparecia alguém, segundo ela. Na segunda, às dez da manhã, eu teria de voltar para a prisão. Em março sairia para a faculdade.

Nós nos ajeitamos no hotel. Uma imensa cumplicidade nos unia. Saímos. Eu queria ver a avenida Paulista à noite, na véspera de Natal. A cidade estava toda iluminada e enfeitada. Parecia uma enorme árvore de Natal. Isa me mostrava as coisas que eu não via. Eu namorava aquilo tudo com os olhos cheios de amor. Caminhava de encontro ao vento, separado da prisão, liberado para viver. Isa e eu nos agarramos pelas calçadas aos beijos e amassos. Aquela profusão de mulheres indo e vindo, a namorada grudada em mim, as luzes, os neons, as cores berrantes, brilhantes... Comecei a chorar, comovido.

No hotel, nos despimos e fomos tomar banho juntos, pela primeira vez. Isa era toda branquinha, mignon, gostosinha demais. Lutei muito comigo pelo controle. Ensaboei-a, enxagüei-a, sequei-a, e o pau quase estourando. Não a deixei pegar. Não agüentaria. Levei-a para a cama, no colo.

Jamais fizera sexo oral. Era tabu em minha juventude. Estava decidido a experimentar. Após todas as carícias e beijos iniciais, cheguei lá. O gosto era muito estranho. O cheiro, forte, almiscarado. Um gosto de vômito invadiu minha boca. Disfarcei. Encaminhei-me para outras paisagens. Criei coragem e voltei. A companheira estremeceu e gemeu. A ânsia de vômito veio subindo pela garganta novamente. Não dava mesmo. Algo naquele cheiro, naquele líquido viscoso, mexia com meu estômago. A namorada percebeu. Puxou-me para cima, e começamos a fazer amor.

Acordamos no meio da manhã, tomamos banho juntos e saímos. Fomos à casa de minha mãe. Sentia as pernas cansadas. Mas as ruas, a faísca do sol que riscava as calçadas, me faziam esquecê-las. Em casa, uma surpresa: Matilde. Dona Eida dizia que era minha irmã de criação. Ela me aguardava com sua família.

Muito tempo antes, meus pais moraram numa pequena vila, no bairro da Vila Maria. Em frente a eles, morava um casal baiano. Com meus dezoito anos, eu nem os via. Era um carro desgovernado na contramão. Só aparecia de vez em quando para visitar minha mãe.

Depois que fui preso, uma irmã da mulher viera da Bahia para morar com eles. A moça, Matilde, cuidava da casa. O casal, pobre demais, a deixava quase sem alimentação, quando saía para trabalhar. Minha mãe ficou gostando da garota. Solidária, complementava suas refeições, escondido de meu pai. Os vizinhos eram negros. Meu pai, além de ter inúmeros defeitos, era também preconceituoso.

Matilde gostava de brancos. Outra forma de preconceito. Não demorou para encontrar um namorado branco, que a magoou profundamente. Na vizinhança, havia um escurinho apaixonado por ela. Dona Eida, alcoviteira, conchavou. Conseguiu que a garota desse uma chance ao rapaz. Após um tempo, casaram-se, e meus pais foram os padrinhos.

Balbino sempre foi pessoa honesta e de uma capacidade enorme de luta. Comprou terreno no Embu. Aos poucos foi construindo a casa. À noite estudava e progredia, aumentando seus rendimentos. A casa cresceu, e a família também. Deles nasceu Elizângela. Uma linda menininha que meus pais batizaram. As duas famílias se integraram, malgrado o preconceito do seu Luiz. Agora eles estavam com quatro filhos, todos pequenos. Era a única família que compunha, efetivamente, com meus pais. Os parentes de sangue haviam se afastado. Ninguém aceitava o alcoolismo de meu pai.

Gostei daquela gente simples. O almoço foi legal. Todos bebemos cerveja, e o clima ficou descontraído e muito agradável. Balbino me conquistou pelo seu jeito humilde e tranqüilo. Inspirava confiança.

Minha mãe prometera a minha avó e a minha tia por parte de pai me levar na casa deles. Eu tinha uma certa curiosidade por ver como estava aquele pessoal. Minhas emoções com relação a eles eram complicadas. Um passado difícil nos separava, mas dona Eida pediu, e, por ser Natal, eu estava feliz, então fomos. Não ficava longe.

Quando estávamos chegando, reconheci as casas velhas da minha infância. A Vila Guilherme. Uma nostalgia indefinível foi tomando conta de mim. Lembrei como galgava aquelas ladeiras. Empurrava a bicicleta na maior raiva por não ter forças para subir pedalando. Lembrei a alegria de descê-las. Desafiando o perigo dos carros, sem breque, e às vezes sem segurar o guidão. Fui um moleque atrevido demais, pensei.

A casa era a mesma. Devastada pelo tempo. Reboco quebrado, tijolos à mostra. Marcas escuras e verdes, mas a mesma casa. O jardim de minha avó na frente. A casa da tia. No fundo, os quartos da avó e o salão de costura delas. Já me esperavam à porta do ateliê quando subi as escadas. Como tinham envelhecido! Minha avó nascera e fora criada em Portugal. A tia possuía todos os traços característicos de uma portuguesa.

Estavam velhas como as paredes descascadas da casa. Uma ternura inesperada me invadiu a alma. Gostava delas. Beijei-lhes as mãos, pedindo a bênção. Cheio de respeito, pela primeira vez na vida. O "Deus te abençoe" delas veio embargado. Depois a prima Gracinda (que era mesmo uma graça) beijou meu rosto. No que retribuí, senti a pressão da namorada no braço.

Sentamos para conversar. Expliquei minha saída, a universidade e as perspectivas. Queria somente olhar para elas. Gracinda era uma menina. De repente estava ali, em minha frente, mulher. E que mulher! Formada em psicologia, separada do marido, e com um filho. Como a vida acontecera em minha ausência!

Logo se esgotaram os assuntos. Fomos nos despedindo, prometendo voltar assim que possível. Mas todos ali sabiam que não nos veríamos nunca mais. O encanto se quebrara. As más lembranças retomaram seus antigos lugares. Chamamos um táxi pelo telefone e partimos.

Com minha mãe entregue em casa, ficamos livres para fazer o que quiséssemos. Mas fazer o quê, no dia de Natal? Passear? As pernas cansaram de tanto andar. Fazer amor? Já estava com o sexo todo machucado. Que fazer com nossa liberdade?

Isa teve a idéia. Ely fora passar o Natal com a família, em Campinas. Ela nos convidara, queria me ver em liberdade. Mas nem cogitáramos. Parecia haver tanta coisa a fazer... Então telefonamos. Quando explicamos nosso impasse, de imediato ela nos convidou novamente. Aceitamos. Um salva-vidas jogado em alto-mar. Eu precisava justificar, preencher de significado, cada instante que estivesse solto. Começava a me sentir preso, mesmo solto. A angústia da indecisão do que fazer.

No terminal rodoviário fiquei alucinado. Multidão, tumulto, vozes cobrindo vozes, luzes, cores. Isa me puxava pela mão. Eu a seguia, totalmente perdido naquele mar de gente e sons. Só quando descemos as escadas rolantes e nos postamos em fila para apanhar o ônibus, comecei a me situar. Tentei dormir no ônibus. Mas não podia. Era preciso conhecer o que me esperava.

Havia uma irmã da Ely que não me aceitava. Era contra, inclusive, o apoio que ela me dava. Não concordava que Isa namorasse comigo. Ely tinha muitos irmãos, todos profissionais de circo. A irmã mais velha e o marido dirigiam o circo Vostok II. Donos da casa onde o encontro familiar de Natal seria realizado. Ely era a caçula. Portanto, paparicada por todos. Como amigo dela, seria tratado com carinho e deferência. Até aquela que não gostava de mim me respeitaria.

Nossa chegada já foi um acontecimento. A dona da casa veio nos receber. Dona Ivone fixou-me diretamente e disse que eu era muito bem-vindo. O sorriso claro confirmava suas palavras. Fui conduzido à cozinha. No caminho, apresentaram-me a uma multidão. Eu era amigo da Ely e namorado de Isa — o que, percebi, me conferia enorme conceito por lá. Recebi muitos sorrisos e, de algumas velhinhas, até afagos na cabeça. Ely, às voltas com um doce que somente ela sabia fazer, cumprimentou-me com a maior naturalidade. Parecia que me encontrava todo dia.

Um casarão. Havia duas salas grandes e uma varanda gigantesca, que davam para o quintal, nos fundos. Sentei-me num murinho baixo, com a namorada agarrada em mim. Estava bastante constrangido. Receoso de não agradar. Todos tentavam me mostrar o contrário. Mas eu temia fosse só por educação.

Ao lado, uma mesa larga e comprida, lotada de iguarias. Fui observar, escudado por Isa. Bolos, pudins, manjares, doces, salgados, pratos para todos os gostos. Minha boca salivou. Atacaria aqueles pudins e manjares com paixão. Já começava a gostar mais de estar ali.

Novamente sentado, recebo a atenção da dona da casa. Senti sinceridade em seu cuidado comigo. Trouxe uma cerveja gelada e três copos. Puxou uma cadeira, nos serviu e se pôs a conversar com Isa, tentando atrair meu interesse. Aos poucos fui me descontraindo, efeito do álcool. Outras cervejas rolaram. O marido entrou na conversa, e logo eu estava discursando, em pé. Todos pareciam saber quem eu era e de onde viera. Menos eu.

Nisso ocorre um tumulto lá na entrada da casa. Pessoas falando alto, quebrando a harmonia do ambiente. Todos paramos de conversar. A atenção se voltou para o que acontecia. Alguém anunciava minha presença ali. Som de gente correndo, e lá estava o Mário, em minha frente. Meu professor de matemática e política. Abraçou-me, me ergueu no alto. Senti toda a alegria do amigo em me ver ali. Fora uma surpresa enorme. Ele não esperava. Choramos juntos, abraçados.

Olhos enxutos, narizes assoados, sentamo-nos. Percebemos que todos ao redor também secavam os olhos e assoavam o nariz. Nossa cena os comovera. Ely viera assistir, e foi a única a manter o equilíbrio. Não sei de onde apareceu, e depois desapareceu, uma champanhe. A dona da casa surgiu com um litro de uísque Grant's que, disse, guardava fazia seis anos. O Mário abriu, e o enxugamos em minutos.

A alegria trescalava no ar. Todos riam, e eu e Mário discursávamos, alcoolizados, sobre o Partido dos Trabalhadores. A namorada procurava controlar-me. Dava-me salgadinhos para forrar o estômago.

Antes da meia-noite começamos a contagem regressiva. Quando chegou no zero, fogos de artifício espocaram no ar. Todo mundo se pôs a gritar na casa. Fiquei besta, observando. Os mais velhos tinham a boca larga e dentes que reluziam. As crianças pulavam e berravam, excitadas. Então passaram a se abraçar e se beijar. Quando dei por mim, estava no meio do salão, rodeado de gente. Feliz, infinitamente feliz. Era um deles, fazia parte.

A mesa foi liberada. Comi de tudo, até sentir a barriga dura. Ficamos conversando animadamente, Isa, Ely, Mário, eu e os donos da casa. Até a irmã da Ely que dissera não gostar de mim participou. Mas eu não estava agüentando mais. Quando deram três da manhã, Isa julgou que era a melhor hora para voltarmos para São Paulo. Queriam que dormíssemos por lá. A namorada não queria. Ely nos apoiou. Sabia que eu me sentia esgotado. Muita gente, muita comida, bebida, e muitas emoções. Fora demais para mim.

Levaram-nos à estação rodoviária, em quatro carros lotados. Fomos abraçados e beijados vigorosamente por velhos, moços e crianças. No ônibus o povo ainda ficou sorrindo, saltando na janela, dando tchau. Quando partimos, senti um alívio enorme. Meus nervos pulavam, e eu estremecia de febre.

Tentei dormir e não consegui. Um desassossego, uma consumição que chegava a coçar na pele. Amanheceu o dia, e entramos em São Paulo. Minha impressão é de que estava preso numa cela. Ao abrir a porta do ônibus, pensei fosse para o pátio de recreação. A penitenciária: minha realidade, voltando. Não reclamava, precisava manter o pé no chão.

No hotel, banho e amor, que não foi tão bom. Dormi pouco. Isa em pleno sono, e eu agoniado. Na mente, a idéia de ser obrigado a retornar à prisão. Lá ouvira uma conversa difícil de digerir. Aqueles que voltassem não seriam bem recebidos. Podia até acontecer o pior. Sabia, após o Natal iria acontecer uma matança na penitenciária. Alguns dos que saíram haviam sido avisados. Caso retornassem, corriam o risco.

Em cadeia onde não morre ninguém — era do conhecimento de todos —, com o tempo tende a se deteriorar o código moral que rege a vida carcerária. O medo do castigo fatal funcionava, como em todas as sociedades. Um túnel de fuga fora descoberto recentemente pela polícia. Eles não tinham bola de cristal. Alguém denunciara. Alguns valentões começaram a prevalecer sobre os mais fracos. Companheiros que traficavam drogas estavam sofrendo revista diária em suas celas. Os que deviam não queriam pagar. As relações eram conflitantes. A única solução seria deixar que as coisas acontecessem. Um mundo de brutos. Violência era conseqüência natural.

Eu tinha um companheiro de roubos, o Edmílson, que fazia parte da comissão dos presos. O Baianinho da Vila Éden, o presidente, me conhecia desde criança. Eu não corria perigo por conta desses apoios. Não possuía inimigos. Não era visto com maus olhos pelos meus iguais. Na verdade, não fedia nem cheirava. Nada me descaracterizava no meio. Eu me fizera. Muitos acompanhavam meu desenvolvimento. Alguns cresceram comigo. Chegáramos ali extremamente jovens.

Não me interessava pelo que importava na prisão. Não jogava bola. Não andava armado. Não usava drogas. Não falava mal da vida alheia e não me envolvia com pederastia. Não pertencia a nenhum grupo. Vivia às voltas com livros. Sem tempo para o que não me parecesse essencial. No fundo, não precisava me preocupar, achava. Mas me preocupava; era uma merda.

De repente, segunda-feira! O último dia de liberdade. Acordei já preso. Preso ao desespero de voltar à penitenciária pelos meus próprios passos.

Queria sair daquele quarto e sumir. Mas estaria destruindo a mim mesmo. Meu futuro. Não podia trair a confiança de todos os amigos. Não podia. Não devia. Mas queria e precisava. Andei pelo quarto como fazia na cela. Enjaulado. Logo Isa acordou, para meu alívio. Não precisava mais pensar. Era seguir o roteiro. Parecia um filme, desses antigos, cinza e sem voz.

Arrumamos as coisas. Entregamos as chaves na portaria e voltamos ao apartamento de Isa. A namorada se esforçava para me deixar bem. Eu calara, não conseguia falar. Não podia. Fui fazendo tudo automaticamente. Fomos até o metrô. Só que agora ele me cheirava a prisão. As vozes me doíam. As pessoas me magoavam por serem livres. O sol me agredia a pele, e aquela rapidez me oprimia. Estava chegando muito depressa a meu destino.

Minha mãe nos esperava do outro lado da rua, na frente da penitenciária. Ficou me encarando. Tentava saber o que eu pensava e sentia. Imaginava o quanto de sacrifício era exigido de mim naquele momento. Seus olhos me perguntavam de onde eu tirava coragem para voltar. Não, eu não iria demonstrar nada. Ia ser duro até o fim. Isa não abria a boca. Se falasse, choraria. E não podia. O momento exigia compostura até a última gota. Dona Eida trouxera uma sacola plástica com comestíveis para mim.

Tirei a máscara da coragem e atravessei correndo a rua. Não olhei para trás. Não precisava olhar para saber que as duas estariam abraçadas, chorando. Os guardas queriam o salvo-conduto, me encheram de perguntas. Humilhação até para entrar. Complicado, quase impossível. Na portaria, nova conferência. Perguntavam se eu era eu mesmo.

Outros companheiros estavam voltando. No rosto, angústia e profundo desespero. Eu olhava para eles entre solidário e indiferente. No setor de inclusão tomaram nossas roupas. Revistaram grosseiramente o que trouxemos.

Havia desprezo e revolta nos funcionários. Um insulto, presos saírem para passar o Natal na rua. Voltar para dar trabalho a eles era pior ainda. Ao vestirmos o uniforme, a angústia virou sufoco. Fomos encaminhados para as celas.

Quando dei por mim, estava trancado. Nunca me parecera tão pequeno aquele lugar. O banheiro do apartamento era maior. Na mesa, a televisão preto-e-branco. O velho colchão. Meus pobres e amados livros, meu triste mundo real. Não, eu não podia ficar ali. Chamei o guarda do andar. Pedi para sair. Sei lá por quê, ele me soltou sem exigir muitas explicações.

Fui ao SENAI. O professor Nélson estava lá. O Zé Luiz e o Moringa também. Eles haviam saído e voltado igualmente. Desabafamos, fomos nos aliviando daquela agonia toda. À tarde, voltamos para as celas mais adaptados a nossa realidade.

Deitei e só fui acordar no dia seguinte com o guarda me chamando. A contagem! Tudo parecia ter sido um sonho.

5.

O ano-novo passou sem novidades. Um dia como outro qualquer. Avancei para 1984 cheio de projetos e disciplinas. Promessas de maiores esforços e vida melhor. Claro, como para todo mundo, não demoraram a cair no esquecimento. Continuei a ser eu mesmo. Sem apelação.

Alguns parceiros que voltaram da saída de Natal foram pressionados, como se esperava. Houve até quem pedisse seguro de vida. Outros mudaram dos pavilhões do fundão, segundo e terceiro, para o primeiro. Por lá se dizia que moravam muitos presos que haviam "corrido do fundão". Outros companheiros, conhecidos como amigos da polícia, foram assassinados nos primeiros dias do ano.

Quieto em minha cela, lendo, escutei a maior gritaria. Provinha do xadrez em frente, colado ao do Salatiel. Olhei pela espia. A porta escancarada e o sujeito que morava lá lutando contra dois companheiros. Eles o esfaqueavam sucessivamente. Ele tentava alcançar a porta, o rosto branco. Os olhos arregalados quase saltando para fora. Aparava as facadas com as mãos e os braços. Às vezes elas ultrapassavam suas defesas e se enterravam no corpo dele. De repente, num gesto de desespero, conseguiu derrubar um dos agressores e correu galeria afora, só de short, ensangüentado. Os dois algozes foram em seu encalço.

Não pude ver mais nada. Soube depois que o rapaz foi executado próximo à gaiola, tentando escapar. Disseram-me ser o sujeito que denunciava os acontecimentos clandestinos do pavilhão.

Não adiantava me resguardar na cela. A violência estúpida me perseguia. Então desci ao pátio para espairecer e conversar com amigos. Acabara de chegar, quando vi o Portuguesinho esfaquear o Dado, pelas costas. Não o matou porque dois companheiros entraram na sua frente. Foram esfaqueados também, antes de conseguir resgatar a vítima das garras dele. Segundo ouvi, o Dado tinha estuprado o Português na Casa de Detenção.

Bem, era minha vida. A violência voltava à prisão, depois de quase um ano de paz. Eu precisava me readaptar aos novos tempos. De qualquer modo, era só mais um tempo. A vida não era exatamente só aquilo. Havia Isa. Não faltava um domingo. Tínhamos convivido, e tudo indicava que poderia dar certo. Conversávamos sobre casamento.

No final de fevereiro, a diretoria resolveu que eu devia ser poupado do convívio. Iria para o xadrez próximo à cozinha, onde morava o Florentino. Nós jamais trocáramos mais que uma dúzia de palavras. Considerava-o prepotente, antipático e individualista. No fundo, sem dúvida, ele era meu espelho.

No fim do ano anterior, mais dois presos, seguindo nossos passos, prestaram exames vestibulares. Foram classificados. Um para pedagogia e outro para direito. A autorização para eles freqüentarem as aulas demorou para sair. Eu os conhecia. Ambos, Simeão e Rubão, tinham cumprido mais de dez anos de pena comigo.

A princípio, me senti enciumado. Sabia-me à banalização de

uma conquista pessoal. Depois fui percebendo que abrira um caminho. Era natural que me seguissem. E eles eram caras legais. Sofridos como eu.

No dia 1º de março, vestido à paisana, saí por aqueles portões enormes de carvalho. Tinha apenas um jeans, algumas camisetas e um tênis. Florentino, mesmo a contragosto, me conduzia. Pegamos o ônibus Santana—Butantã. A condução muito cheia. Entrei e fui esmagando bundas a minha passagem. Quase sete horas da manhã. Fui observando as ruas. Instintivamente, procurei preservar minha bunda de atrevidos, em vão. A lata de sardinhas nos comprimia a todos.

O ônibus atravessou São Paulo. Viagem gostosa. Logo meu condutor avisou que teríamos que descer no próximo ponto. Ele foi abrindo caminho, pedindo licença, e eu atrás. Marquei bem o local onde descer. Rua Cardoso de Almeida, em frente à padaria. Não havia diálogo entre nós. Eu o tirava por idiota, e ele me julgava uma besta, imagino.

Andávamos quando notei os muros. Jovens aos montes se aproximando. Só podia ser ali. O sol aquecia. Algumas garotas de minissaia. Os rapazes, eu olhava para saber como se vestiam. A maioria de jeans, cores berrantes.

Na entrada, Florentino me explicou que o primeiro prédio era o velho. Logo atrás deste, havia o novo. Iríamos para o quarto andar. Na subida da rampa do prédio, avistei minha mãe. Havíamos combinado aquele encontro. Ela me abraçou, chorando. O condutor se foi, orientando-me para que procurasse a secretaria da faculdade de direito. Subi a rampa abraçado com dona Eida. Estava toda orgulhosa de seu filho, pela primeira vez na vida.

Na lanchonete do quarto andar, tomamos chocolate quente. Ela me deu dinheiro para a condução e foi embora. Precisava trabalhar. Fiquei ali sozinho. Criei coragem, me informei e segui para a secretaria. Precisava saber em que classe estava. Peguei uma fila. Na minha frente, um rapaz muito bem-vestido abriu uma enorme bolsa sanfonada e não fechou. A carteira estava quase caindo, recheada de dinheiro. A tentação grande demais, insuportável. Avisei ao jovem que a bolsa estava aberta. Passei no primeiro teste.

Fui atendido, gentilmente, por uma linda garota (todo mundo era lindo para mim). Teria um curso básico numa sala, para alunos de várias das faculdades, e duas matérias do curso de direito noutra. Fui para a primeira aula: antropologia. Quando consegui encontrar a sala, percebi um monte de jovens no corredor. Encostei no parapeito, um pouco distanciado dos outros. Fiquei olhando o bairro de Perdizes. Ali, estávamos todos inibidos, calouros.

De repente, uma mulher, assim de meia-idade, cabelos curtos e abraçada a uma porção de livros, adentrou a sala. Deduzi, como quase todos, fosse a professora. Entrei junto com os demais. Sentei-me bem na frente. Nenhum dos alunos sabia que eu era presidiário. Se os professores ainda não tivessem sido informados, logo o seriam, imaginei.

A professora se apresentou e pediu que dispuséssemos as carteiras em círculo. Parecia pessoa bastante agradável. Queria que cada um dissesse o nome e explicasse por que optara pelo seu curso específico.

Totalizávamos cerca de sessenta alunos. A maioria, mulheres. Dei uma boa olhada em todos os colegas. Particularmente nas garotas.

O que eu temia aconteceu: chegou minha vez. Não sabia o que dizer. Na verdade, nem queria fazer curso de direito. Fora minha mãe quem me matriculara. Eu preferia história. Fui curto e grosso. Disse que queria ser advogado porque queria justiça para todos. Tinha medo de dizer abobrinha como a maioria fizera.

Senti que me daria bem nas aulas do curso básico. Grande

parte da classe era composta de jovens. Não tinham o hábito de ler. Aliás, a finalidade do curso básico era essa. Complementar o aprendizado limitado dos colégios.

No fim da aula, recebi sorrisos amistosos. Aproveitando algumas falas da professora, fiz comentários que me pareceram oportunos. Caí na simpatia de alguns colegas. Na prisão, tivera todo o tempo do mundo para ler. Tempo, eu percebera, era um tesouro. Investir, no caso, era multiplicar. "Matar o tempo" é jogar fora a maior das riquezas. É bem babaca assim mesmo. Mas ficava claro que eu podia fundamentar minha argumentação.

No intervalo, tomei um café espumoso. Delicioso! Ali no quarto andar éramos quase todos calouros. Fiquei olhando. Meninas bonitas, rapazes de brinquinho e gestos afetados. Sorrindo, alegres e cheios de vida.

Tomei lugar na frente, como sempre, na sala da matéria específica. Introdução à ciência do direito. O catedrático era o governador Franco Montoro, agora licenciado. Na classe, de novo, maioria de adolescentes. Na minha frente, uma mulher madura, mais velha que eu. Muito bem-vestida, porte elegante; no rosto, ansiedade. Olhou-me, mediu e puxou conversa. Chamava-se Edna. Também se sentia desambientada. Casada com um advogado de quem fora secretária. Queria fazer faculdade para compor com o marido.

Eu tinha necessidade de falar para alguém sobre quem era. Estava preso na garganta. Contei para Edna. Ela nos vira na televisão. Vibrara com minha conquista. Fôramos incentivo para que iniciasse o curso para o vestibular. E agora estávamos ali, juntos. Não era uma coincidência? Desconfiei. Provavelmente dizia aquilo para ganhar minha simpatia. Mas parecia sincera. Cataloguei como provável amizade.

Uma professora entrou na classe e pediu silêncio. Explicou sobre sua matéria. Ela era professora auxiliar. Teríamos uma aula por mês com o catedrático de direito lá no Tuquinha, anfiteatro do TUCA. Solicitou que nos organizássemos em grupos de no mínimo quatro e no máximo seis colegas. Instruiu-nos para que fôssemos criteriosos. O grupo permaneceria o mesmo pelos cinco anos do curso.

As garotas que sentavam na frente levaram Edna. Fiquei só, constrangido. Sem coragem para me aproximar de quem quer que fosse. Então Edna me chamou para participar do grupo delas. Cada uma das meninas se apresentou. Quando chegou minha vez, abri o jogo. Cheio de medo de que não me quisessem, mas não podia omitir. Edna me apoiou. Afirmou que eu teria muito a acrescentar com minha experiência. As garotas ficaram surpresas, mas resolveram me adotar também. Boas meninas. Eu dera sorte.

Quando a classe já se dividira em grupos, entrou um pessoal estranho na sala. Identificaram-se como pertencentes ao centro acadêmico de direito. Falaram em trote. Fizeram umas gracinhas com as meninas. Fechei a cara. Fui evitando, naturalmente. Ótimo, porque, se viessem para cima de mim, seriam grosseiramente rechaçados. E eu não podia me indignar contra eles. O diretor de Reabilitação havia me dado o nome de alguns diretores do CA. Devia procurá-los depois.

Fomos dispensados meia hora antes do final. Corri a um telefone público, na frente da universidade. Liguei para Isa. Ela trabalhava na Comgás. Atendeu-me toda alegre. Feliz por me saber fora da prisão. Contei-lhe sobre minhas inibições. Pediu-me calma e paciência, aquilo era natural. Eu ficara muito tempo preso. Logo superaria.

Liguei para minha mãe. O medo dela de que eu não suportasse a pressão ao ter que voltar para a penitenciária crescia. Seria difícil, mas tranqüilizei-a. Dava para voltar. Pelo menos naquele dia.

Começo de março. Glorioso! O sol brilhava em todas as superfícies. Ao descer a rampa da entrada, tomei um choque. Em cima do murinho que separa o prédio velho do novo, o maior espetáculo da Terra. Muitas garotas sentadas, várias de minissaia. Não me sentia preparado para aquilo. Muito para minha cabeça de homem que havia doze anos vivia em abstenção sexual obrigatória. Subi e desci trocentas vezes. Calcinhas das mais variadas cores. Coxas grossas, hum... Arquivei tudo.

Consegui voltar para a prisão sem grandes problemas. O ônibus quase vazio. Enchi a alma de prazer, ao admirar minha cidade reluzindo ao sol. O plantão dos guardas que tinham me soltado já terminara. Os que me receberam não sabiam que eu saíra. Ou fingiam não saber. Mais humilhação para entrar naquela merda. Florentino já chegara. Vinha sempre mais cedo, almoçava na copa da diretoria. Dizia não ter o que fazer lá fora.

Na cela, após o banho e o sanduíche reforçado que meu amigo Nelsão me deu (ele trabalhava na copa), deitei e fiquei pensando. Estava confuso. Afiara minha vontade qual o fio da espada que defenderia minha vida. Sabia, dela dependiam todos os meus objetivos. E quais eram meus objetivos? Queria ser feliz. Ser feliz dependia de estar livre e nunca mais correr o risco de ser preso. Esse, o essencial. Havia os outros. Interessava-me por eles. Se tivesse oportunidade, contribuiria com os outros e com o mundo. Teoricamente, me parecia impossível ser feliz se os outros não fossem. Pelo menos aqueles que eu amava.

Mas eu sabia: liberdade, no sentido prático, tinha muito a ver com dinheiro no bolso. Sem o maldito dinheiro, eu só iria até onde a sola do sapato permitisse. E eu queria mais que andar. Não era muito. Apenas o que a vida oferecia a um ser humano comum. Sabia, desse material teria de criar algo extraordinário, excepcional. Não fora assim na prisão? Mesmo com o nada que me ofereciam, eu conseguira chegar a uma universidade.

Voltar ao roubo, aos riscos, não era solução para mim. É óbvio, não se cumprem doze anos de prisão impunemente. Percebi claramente, quando surgiu a tentação do roubo ao rapaz da bolsa, na secretaria. A vontade de pegar ficou forte demais. Uma merda duma carteira de estudante. Ainda bem que a razão prevalecera.

Não, não ia me deixar levar por aquilo. Queria outros meios. A universidade tinha o maior campo possível para opções de caminhos e soluções. Passei uma camisa para o dia seguinte. Liguei a tevê e fiquei esperando a comida. O Esquerdinha, amigo que trabalhava na cozinha, me prometera.

Acordei cedinho, o banho gelado e a dificuldade de sempre para sair. Os guardas faziam tudo para demonstrar que não estavam contentes. Eles, que eram trabalhadores, não tinham bolsa de estudos. Nós, criminosos condenados, estudávamos de graça. Achava até que estavam certos. Só que deviam reivindicar bolsas para eles sem desautorizar as nossas.

Corri para o centro de Santana. Quando alcancei o ponto, o ônibus chegou. Maior bolo de gente. E, naquele entra-não-entra, as coisas se complicavam. Os marmanjos não respeitavam as mulheres. Subiam na frente, atropelando-as. Eu fui pendurado no degrau, com o corpo para fora, fazendo a maior força. Temia ser jogado no chão a cada curva. Mas o povo foi se ajuntando, e pude entrar. No ponto seguinte fui empurrado até encontrar uma posição favorável.

Para mim, era uma aventura. Meu caderno amassou todo. Fiquei pensando no povo que passava por aquilo todos os dias. Cheguei correndo na faculdade, pensava estar atrasado. A sala, quase vazia, apenas duas garotas. Conversei um pouco com elas. Agradáveis, mas cheias de reticências.

Gostei da aula de psicologia. Estudara um bocado a respeito. Sempre quis me conhecer, e me esforcei o quanto pude. Fui me soltando na sala e me dando bem. Quando acabou a aula, liguei para Isa e namorei um pouco. Fui almoçar no restaurante e voltei para a prisão. Como sempre.

Quando cheguei, soube que Simeão me procurava. Havia conseguido a autorização para freqüentar as aulas. Ele tinha vivido o que vivi. Esperava que pensasse e sentisse parecido comigo. Somaria, seria um parceiro. Ajudei-o a mudar para nossa cela. Conseguimos uma cama-beliche. Montamos e instalamos, já pensando no Rubens. Florentino a tudo olhava silencioso. Seus privilégios deveriam ser divididos conosco. Ele não era mais o único.

Dia seguinte, com o maior prazer, levei o amigo para a faculdade. As reações dele foram mais evidentes que as minhas. Alucinado por mulheres. Branco, de estatura mediana, bastante entroncado a poder de muita ginástica. Estava ficando careca, era simpático e brincalhão. Achava-se irresistível. Dava em cima de qualquer mulher que olhasse para ele ao menos uma vez. Vivia à caça. Eu gostava de seu atrevimento. Sabia, era uma capa que envolvia outras capas.

Nós nos divertíamos muito andando juntos. Uma alegria só. Ruas, ônibus, faculdade ou metrô. Dávamos notas às garotas que passavam.

Não demorou, e o Rubão foi autorizado a sair também. Todo emoção, sensibilidade e músculos. Estabanado e enorme, trabalhado em anos de exercícios físicos. Por dentro, uma moça. Doce e prestativo. Quem conversasse com ele jamais acreditaria que houvesse sido ladrão. Nós três nos dávamos muito bem. Tínhamos vivenciado os piores anos da Penitenciária do Estado. Eu os respeitava profundamente. Eles conheciam de dor e sofrimento.

Isa e Ely se incumbiram de apoiar Rubens. Não havia ninguém que olhasse por ele. Elas davam o dinheiro da condução e roupas. Uma atitude política e pessoal. Acreditavam nele. Almoçou em nossa companhia inúmeras vezes e vivia junto a nós. Simeão tinha um monte de irmãos e irmãs. Todos evangélicos. Gente boa e cordial que, no entanto, não se misturava conosco. Trocávamos impressões, dividíamos informações. Éramos solidários. Fomos procurar, Simeão e eu (Rubão fazia pedagogia), o pessoal do centro acadêmico de direito. Precisávamos da carteirinha de estudante. De documento, tínhamos apenas um salvo-conduto assinado pelo juiz. Queríamos uma identidade além daquela, de presidiários. Era preciso pagar para obter.

Os rapazes, Marcos e Dirceu, diretores do CA, nos atenderam com muita atenção e cuidado depois que falamos do diretor da penitenciária. Havia uma certa apreensão, natural dadas as nossas circunstâncias. Mas logo eles perceberam que não éramos violentos nem estúpidos. Então nos franquearam as portas da agremiação.

A política dominava o campus. Estávamos em pleno processo de "abertura". Em fase de desconstrução da ditadura militar que dominava o país. O CA de direito era composto predominantemente pela rapaziada de tendências peemedebistas, moderados.

Na sexta-feira, saí mais cedo. Havia pedido autorização ao dr. Ruy para permanecer fora do presídio até as dezoito horas. Almoçaria com minha mãe e iria para casa com ela. Dona Eida me aguardava ansiosa no trabalho. Abraçou-me, chorou um pouquinho e me levou para dentro da firma, a Guaporé Veículos. Saiu me apresentando a todos. Até o diretor da empresa eu conheci. Ela servia café aos clientes num balcãozinho. Senti o quanto era querida e respeitada.

Aos poucos eu ganhava confiança. Dava-me bem em todos os lugares que freqüentava. Almoçamos num bar-restaurante. Ela estava nervosa. Não sabia o que fazer para me agradar. Pedimos uma cerveja, tomamos um copo cada um. Relaxamos e conseguimos ser apenas mãe e filho.

Brincamos e rimos muito. Zombamos de todos os sofrimentos passados. Minha mãe começara a trabalhar aos quarenta e sete anos. Dizia que só então passara realmente a viver. Até ali, havia sido comandada por meu pai. Não conseguira se desenvolver enquanto pessoa, ser uma individualidade. Seu Luiz a abafava. Agora dona Eida estava segura e determinada. Bastante firme em suas posições. Dava orgulho ser filho dela.

Comprou sonhos. Desses de padaria. Sabia, eu gostava desde criança. Aliás, como ninguém, ela conhecia meus gostos. Fiquei no balcão, exposto aos amigos dela. Apertei mãos e fui examinado a tarde toda por olhos surpresos e desconfiados. Suportei tudo numa boa. Ela merecia qualquer sacrifício.

Quando findou seu horário de trabalho, levou-me a uma loja no bairro do Bom Retiro. O dono era cliente da Guaporé. Ele lhe prometera grande desconto. Comprou-me duas calças, uma jaqueta e quatro camisetas. Se não estivéssemos juntos, eu não teria comprado nada. Estava inibido demais. Fez-me experimentar várias roupas. Para ela, eu ainda era o seu menino. Pagaria em três vezes, e quase a preço de custo.

Ajudei-a a levar as sacolas até em casa. Meu pai demonstrou inveja. Sempre fora assim. Desde que eu nascera, ele a disputava comigo. Não percebia que perdia sempre, e insistia. Eu nem ligava mais. Apesar de saber que ele infernizaria a vida dela assim que eu fosse embora. Toda vez que minha mãe ia me visitar na prisão, no dia seguinte meu pai brigava. Queria que ela me abandonasse, como ele fizera.

Voltei para a penitenciária amargurado. Passaria o sábado e o domingo preso. Dentro da prisão, não nos era permitido ir nem ao cinema. Eles temiam nosso contato com os companheiros. Imaginavam que estes pudessem nos pressionar. Existia o medo de que trouxéssemos armas ou drogas.

Pressão não ocorreria, porque seria necessário motivo. E não existia. Mas era natural que pedissem. E podíamos ou não fazer.

Não faríamos. Passávamos por revista quando retornávamos. Além disso, conhecíamos demais o meio em que vivíamos. Não demoraria, e seríamos denunciados. Havia muita gente de olho em nós. Muita inveja nos cercava. Os guardas nos vigiavam ostensivamente. Ficávamos ali na cela, na copa da diretoria, cozinha e padaria. Eu conversava bastante com meu amigo Nélson Piedade, na copa. Tinha boa relação com o pessoal ali.

Na segunda-feira, levantei mais cedo que de costume. Tinha combinado com Isa de encontrá-la cedinho. Ela dormiria no sofá da sala, com a porta do apartamento aberta. Sua filha, Camila, ficaria no quarto. Precisávamos nos amar. Eu ia para a rua havia mais de uma semana, e nada de namorar ainda.

Desci do metrô na estação Vergueiro. Subi correndo o viaduto e entrei na Treze de Maio acelerado. O porteiro do prédio nem me viu. Passei a mil por ele. Adentrei a sala. A namorada, enroladinha no cobertor, ressonava. Tirei a roupa, fui para junto dela. Rolamos para o tapete, e o bicho pegou. Eu aprendera. Não existia mais ânsia. Era maravilhoso causar prazer. Particularmente àquela de quem gostava tanto.

Então senti — estávamos sendo observados. Tinha desenvolvido uma espécie de intuição. Na prisão, funcionava como um sistema de autodefesa. Era Camila. Esfregava os olhos, ainda não acordada de todo. Caí para o lado. A mãe, enrolada no cobertor, a levou para o quarto.

Tomamos café juntos. A menina implicando comigo. Superpossessiva com a mãe. Sacaneava o quanto podia. Levamos Camila para a escola, correndo. Deixei a namorada no trabalho, com beijos e a promessa de um tempo melhor.

Cheguei à aula atrasado, mas a professora considerou presença. Participei no maior empenho, tentando suprir a falha. Crescia um receio em nós. Alguém podia estar monitorando nossa freqüência às aulas. Gente da prisão, do juiz ou da polícia. Tinham nos avisado que seríamos seguidos. Vigiados. Eu vivia testando. Jamais percebi nenhuma vigilância sobre mim.

Tivemos aula com o catedrático que substituía Franco Montoro. Contou a história do direito a partir do Código de Hamurábi. Passou pelo Direito Romano e seguiu por aí afora. Simeão me aguardava à saída do anfiteatro. Queria que eu fosse com ele ao Diretório Central dos Estudantes. Umas garotas haviam ido a sua classe convidar os calouros a freqüentarem o DCE.

O diretório ficava embaixo do teatro, ao lado do restaurante interno. Na frente, uma enorme quadra esportiva. No fundo, um escritório com algumas salas. Quando chegamos, fomos recebidos por duas nisseis. Ambas chamadas Cristina. Uma alta e magra, outra pequena, mignon. E havia mais garotas, e só um rapaz.

Sentamos no único sofá existente. À medida que fomos abrindo nossa história às Cristinas, as outras foram se aproximando. Logo todas nos rodeavam. Contamos tudo. Omitimos as razões por que estávamos presos, claro. Isso nos parecia de somenos importância. Elas também não perguntaram.

Ficaram pasmas. Nem sequer imaginavam que um preso freqüentava a universidade já fazia um ano. Aquilo era um acontecimento político e social de grande envergadura, para elas. Convocaram reunião extraordinária para discutir o fato. Quando percebemos, chegava a hora de corrermos para a penitenciária. Que merda, agora tínhamos de voltar para o lugar onde seríamos oprimidos! Conversamos muito a tarde toda acerca do que vivêramos. Algo vibrava em nós, diferentemente. Não sabíamos o quê.

Dia seguinte estávamos lá, com Rubão a tiracolo. A receptividade foi total. Elas decidiram na reunião: os estudantes nos dariam apoio incondicional e abririam o DCE para nós. O coração das meninas mostrava-se amplo. Existia um entusiasmo. Uma emoção que nos forçava a respeitá-las em seus idealismos. Algumas tinham vindo, assim como o presidente da entidade, especialmente para nos conhecer.

Comecei a contar nossa saga. Os dois companheiros corroboravam. Havia brilho no olhar das meninas. Notei que estavam ávidas por drama e luta. Levei-as à revolta, à ira contra a polícia e os organismos sociais. Depois à ternura por nós. Percebi que estava bom naquilo de falar.

Quando acabamos de expor todo o processo que culminara em nossa presença ali, Cristina, a pequena, estava com as mãos nas minhas. Trêmula, ansiosa, um choque elétrico de muitos volts. O pessoal unia-se a nós. Todos generosos. Cheios de uma compaixão que nada tinha a ver com piedade. Era admiração.

Com exceção da Malu, da tendência Liberdade e Luta (Libelu), os demais eram filiados ao PC do B. Ali se respirava política vinte e quatro horas por dia. O idealismo deles nos contagiava. Também nos revoltávamos com a miserabilidade do povo brasileiro. Vínhamos das origens mais humildes. Tínhamos vivido na carne os horrores da tortura. Éramos, sem dúvida, a ponta do iceberg social, como queria Marx. Saíramos do limbo com nossas próprias forças. Mostrávamos ter tanta competência como qualquer filho da burguesia ali presente. Éramos a prova concreta de tudo aquilo em que eles acreditavam.

Sim, nos comprometíamos a lutar ao lado deles. Queríamos levar melhorias e educação para nossos companheiros, mais presos que nós. Participaríamos de todos os seus movimentos de protesto e reivindicação social. Nós os convencemos a investir em nós. Mas também fomos envolvidos em suas lutas.

O único problema era que a maioria deles eram *elas*. Depois do que vivemos, ficar rodeados de mulheres era louco demais. E mulheres jovens, bonitas e sadias. Queríamos respeitá-las por admirar seu idealismo e desprendimento. Mas como nos controlar e proceder normalmente? O cheiro delas, o perfume, o calor, nos deixavam tontos. Fazíamos tudo para não vê-las apenas como fêmeas. Pelo menos nos esforçávamos para isso.

A partir daquele dia, o DCE passou a ser uma casa para nós. Respeitávamos o quanto podíamos o ambiente. O presidente da entidade era estudante do curso noturno. Fazia parte de um grupo de pessoas de origem humilde. Era um dos poucos que trabalhavam para se manter na faculdade. Nós nos afeiçoamos a ele, era simpático e muito articulado.

Com o tempo, conseguiram tíquetes-refeição para almoçarmos no restaurante da universidade. Até então, comíamos na prisão ou pela rua. Vivíamos duros. Administrávamos dificuldades, dependendo de nossos familiares. Era uma grande ajuda.

Fomos procurados pelo Marcos e pelo Dirceu, os diretores do CA de direito. Estavam elaborando um projeto e necessitavam de nossa colaboração. Sugerimos que nos dessem um ofício. O documento pedia ao diretor da penitenciária que nos autorizasse a ficar na universidade até as dezoito horas num determinado dia. Precisavam de nossa participação em reunião no centro acadêmico. O assunto era um seminário sobre a questão carcerária.

Dr. Ruy nem sequer pestanejou. Não só acatou o pedido, como afirmou que participarmos da reunião seria ótimo para nossa reinserção social. Disse-nos ser aquele um dos caminhos para ampliarmos o tempo que passávamos fora da prisão. O homem era uma mãe mesmo.

Na reunião encontramos boa parte da diretoria do CA. Futuros juízes e advogados, em seus últimos anos de faculdade. Inimigos viscerais dos presos que éramos. Agora ali, amigos, dispostos a defender os estudantes que também éramos. Queriam que os ajudássemos a montar um seminário que pusesse a nu a questão carcerária no estado. Conheciam muito pouco. Desejavam que lhes mostrássemos nossa visão.

Foi simples. Falar sobre o que vivíamos era sopa. Estávamos

treinados. Carregamos nas cores e lhes demos as piores e as melhores previsões. Falamos particularmente do dr. Ruy e da política de direitos humanos. Contamos sobre a eleição da comissão dos presos e sobre o apoio do secretário de Justiça.

Dirceu manifestou-se para nos dizer que o filho do dr. José Carlos Dias estava ali conosco. Era o Teodomiro. Rapaz magro, de feições bem comuns. Foi fácil gostar dele. No tempo de convivência, seu modo humilde e sem frescura nos cativou.

No final da reunião, concluímos que devíamos convidar o dr. Ruy, representantes da comissão dos presos e também da comissão dos guardas. E, ainda, o secretário de Justiça, alguém ligado à Comissão de Direitos Humanos e um representante da Ordem dos Advogados. Nós participaríamos, mas ficaríamos na platéia. Não queríamos destaque.

Saímos emocionados e enturmados com a rapaziada do centro acadêmico. Somente estranhamos que não houvesse meninas ali. Era mais um espaço conquistado dentro da universidade. Fomos convidados a participar de um seminário já organizado. Para isso, elaboraram um ofício que apresentamos ao diretor da prisão. Queriam que tivéssemos noção de como se desenrolavam as coisas. Fariam uma simulação da votação do Colégio Eleitoral.

No ano seguinte, teríamos eleições para presidente. Havia uma lei imposta ao país pelos militares no poder. O próximo chefe da nação seria escolhido por um Colégio Eleitoral composto de deputados e senadores. O PDS, o partido que apoiava a ditadura, tinha maioria na Câmara e no Senado, por conta da cassação de deputados opositores e do empossamento de senadores biônicos pelo então presidente. Era quase certo que venceria o nome indicado por este último.

Mas, dessa vez, seria um presidente civil, mais de acordo com a chamada "abertura política". Os estudantes iriam à luta para combater aquele estado de coisas. O seminário pretendia marcar o início dos esforços, ali na PUC.

Simeão achava que estava na hora de forçarmos uma barra. A prudência me dizia que não devíamos nos atirar. Mas nem sempre a prudência aconselha a atitude mais coerente. É preciso medir a correlação de forças. Fui junto porque não podia deixar de apoiá-lo. Mesmo que desaprovasse.

Queríamos voltar às dezoito horas todos os dias. Argumentamos que não tínhamos livros nem como obtê-los. Teríamos de procurá-los em bibliotecas. Havia pesquisas e trabalhos a serem executados. Precisávamos correr atrás do dinheiro da condução. Acumulamos tantos motivos que o homem aprovou nossa reivindicação sem discutir. Até nos autorizou a comparecer ao seminário do Colégio Eleitoral. E seria à noite.

Melhorou nossa vidinha. Mais quatro horas de liberdade. O editor do *Porandubas*, jornal da universidade, nos convocou para uma entrevista. Acabei por ganhar espaço para escrever no periódico. Depois da entrevista, todos queriam saber quais eram os presos que estudavam ali com eles. Não senti rejeição alguma. Muito pelo contrário. Meus professores ainda não sabiam quem era o preso a quem davam aulas. Tinham sido avisados. Mas não lhes deram o nome para evitar discriminação.

6.

Todos os dias, quando acabavam as aulas, eu telefonava a Isa e a minha mãe. Dava uma raspada no CA e desembocava no DCE. O ponto de encontro com os companheiros de prisão. Ali deixávamos uns aos outros cientes de onde iríamos. Uma forma de proteção mútua. Eu almoçava no restaurante e seguia para o que planejáramos. Na maioria das vezes, freqüentava bibliotecas ou o Centro Cultural Vergueiro. De quando em quando passava a tarde no DCE mesmo, com as meninas, conversando.

Fui convidado por Cristina, a pequena, a participar de uma reunião. Ela chamava de "reunião de conscientização básica". Claro que eu iria. A japonesinha era uma graça. A conversa com ela fluía, uma maravilha! Cristina cursava o último ano de assistência social. Já realizava trabalhos em favelas e na periferia.

Do lado de cá da sala, nós, os calouros. Do outro, em frente, o pessoal do DCE. Já "conscientizado". Começaram com noções básicas de cidadania. Em seguida, uma introdução à história contemporânea e à doutrina marxista. Jânio, namorado de Cristina, dirigia a reunião. Eu anotava tudo. Sentia comichões de discutir todas as coisas que eles falavam.

Levantei a mão, a palavra me foi dada. Primeiro contestei as tais noções básicas. Depois, a visão tendenciosa de história que tentavam nos impingir. Não possuíam conhecimento real. Não se aprofundaram em estudos e pesquisas. Falavam do comunismo da Albânia qual fosse a oitava maravilha. Mas nem sequer conheciam a história da Albânia. Se questionados sobre o que acontecia na União Soviética, não sabiam o que dizer. Perdiam-se quando tinham de sair dos limites da doutrinação.

Mesmo as noções de socialismo que passavam, com as quais eu simpatizava, eram frágeis. Eles conheciam somente o *Manifesto comunista*. Não estudaram as origens anarquistas do socialismo. Nada sabiam da história dos teóricos cujas ideologias divulgavam. Falavam em liberdade, mas fechavam-se em dogmatismos grosseiros, lugares-comuns e citações. De prático, objetivo e profundo, nada. Jovens cheios de paixão e compaixão. Só que não conheciam a fome, o abandono e a dor.

A princípio, quis apenas desmontá-los. Pareciam pretensiosos, a julgar pelo pouco que sabiam. Particularmente diante de nós, calouros, que supunham nada sabermos. Havia sadismo em meus questionamentos. Depois, ao notar o quanto eram ingênuos, deu dó. Porque eu, na verdade, conhecia pouco. Lera alguns escritores marxistas. Discutira com Mário, Ely, Isa e com uns companheiros que também não eram profundos conhecedores. Me calei e deixei a reunião deles fluir.

Quando levantamos, os rapazes da frente me olhavam entre indignados e perplexos. Cristina fez questão de me cumprimentar. Gostara de minha atuação. Os calouros vieram a mim com entusiasmo. Uma linda garota presenteou-me com um sorriso enorme. Me senti recompensado.

O pessoal do CA veio a nossa sala. Queriam que elegêssemos

um aluno que representasse a classe. A reunião dos representantes seria sábado, às nove da manhã. Aquilo me interessou. Isa trabalhava a semana inteira. E aos sábados e domingos eu ficava preso. Era quase impossível nos encontrarmos. E eu estava exasperado. Não carecia somente de sexo. Amenidades, carícias, convivência e diálogos me faziam falta imensa. Se eu fosse o representante de minha classe, teríamos parte do sábado para namorar. Queria também estar com Ely e conquistar Camila.

Contei para Edna. Romântica, espalhou para as garotas de nosso grupo. Elas encamparam a idéia e fizeram contatos com os alunos. Sobretudo porque o pessoal do fundo da sala, que só queria bagunça, se propôs a eleger um deles, Dênis.

Quando o grupo do centro acadêmico voltou à sala para promover a eleição, as candidaturas estavam polarizadas. Fomos, Dênis e eu, expor nossa plataforma lá na frente. As meninas haviam me sabatinado. Sentia-me preparado. Fiz questão de falar por último. Fiquei nervoso. Tenso. Temia me desse um branco e eu esquecesse tudo o que elas me ensinaram. As pernas queriam amolecer quando chegou minha vez.

E não foi fácil. Não consegui dominar bem o nervosismo. Suava frio, com a alma entre os dentes. Quase joguei por terra os esforços das garotas. De qualquer maneira, passei o recado. Na apuração, dois terços da sala estavam comigo. Eu era o representante da classe. Fui surpreendido pelo resultado tão expressivo. Sabia que o devia às meninas. Chamei o adversário e o nomeei meu vice.

Desci ao CA e pedi novo ofício para entregar ao diretor da prisão. Somente autorizado poderia freqüentar a reunião dos representantes de classe. Dr. Ruy recebeu o documento até com certo orgulho. Incentivou-me a mergulhar na vida acadêmica. Disse que fora a melhor parte de sua vida. Recomendou que eu aproveitasse bem. Autorizou-me a sair todos os sábados e ficar fora do presídio até as dezoito horas.

E no primeiro sábado, logo cedo, na casa de Isa, peguei aquele tesouro todo no colo e levei para o quarto ao lado, enquanto Camila dormia. A namorada não tinha grilos sexuais. Para ela era tudo alegria e prazer. Quando Camila acordou é que começou o problema. Seu ciúme tornava-se difícil de agüentar. Uma possessividade compreensível. Vivera somente com a mãe e a avó. O mundo girava em torno dela.

Tinha apenas cinco anos de vida, mas já era uma mulherzinha seriamente comprometida com o domínio do seu espaço. Em especial daquelas pessoas. Eu, um invasor. Ela tornava minha estada ali insuportável, dedicava-se a isso com afinco. Sabia que não podia me expulsar. Eu possuía força no coração de sua mãe. Mas a menina tentava me fazer desistir.

Linda, a danadinha! Cabelos fininhos de seda, a maior franjona sobre os olhos castanhos. Branquinha, delicada e com todo o encanto feminino. A voz, quase um sopro. O olhar direto e franco. Detestava-me. Eu a amei. Embora tenha sempre querido quebrar seu orgulho.

Quando deram oito e meia, saí rasgando. Os representantes de classes de calouros sentaram-se, também sentei. Lá estava a diretoria do CA. Assim, orgulhosos e superiores.

Mencionaram nossas obrigações. Aparteei perguntando dos direitos. No que poderíamos contar com o centro acadêmico? Marcos, com sua voz grossa em desacordo com a figura de menino, afirmou que estariam conosco no justo e no correto. Havia verdade na afirmativa dele. Na hora, mudou toda a minha postura de irônica irreverência. Dirceu complementou, falando pouco, mas num tom que fazia pensar.

A partir daquele divisor de águas, entramos num diálogo franco. Queriam nos comunicar suas atividades. Abrir as portas do CA para nos unir à confraria dos estudantes de direito. Procuraram nos conhecer e se deram a conhecer. Foi bastante produtiva a reunião. Saímos da agremiação estudantil cheios de entusiasmo. Crentes que tínhamos uma estrutura de apoio. Sobretudo eu, presidiário e precariamente solto.

Voltei correndo para o apartamento do meu amor. Sim, porque agora estava amando, achava. Apertei a campainha. Demorou, e, quando a porta foi aberta, vi a carinha linda da menina. Viu quem era, bateu a porta em minha cara. Até sorri, amistoso. Apertei outra vez a campainha. Demorou. O barulho da chave na fechadura. Novamente a carinha linda, o olhar reconhecedor, e a porta batendo. Não foi mais engraçado. Eu tentaria abrir a corrente de segurança. Campainha, barulho de chave. Quando apareceu a carinha dela, botei o pé embaixo. Ela veio com a porta e pegou meu pé. Tirei rápido, machucava. Por ali eu não ia entrar, concluí, na maior bronca.

Dei a volta e fui para a porta da cozinha. Bati forte. Isa atendeu. A porta não abria. Havia um armário atrás. Voltei, a porta da sala foi aberta. Entrei, mas sabia: um beijinho de leve. A garota estava ali, vigilante, marcando sob pressão. Tive de engolir em seco. Depois, como ficar com bronca daquele bichinho tão bonito?

A mãe seguiu para a cozinha, e eu para a sala, onde Camila assistia televisão. Sentei-me a seu lado, no sofá. Comecei mexendo no cabelo lisinho. Não gostou. Insisti, ela concedeu. Aos poucos fui levando-a a encostar em meu corpo.

Quando se descontraiu, propus uma brincadeira da qual sabia a menina ia gostar. Nem pensou. Levantou e pediu para brincar. A sala era pequena. Afastamos uma poltrona, e logo ela estava voando, e eu a girar até sentir tontura. Soltava-a, ela perdia o equilíbrio e cambaleava. Não demorava, e já fazia sinal com o dedinho indicador. Queria mais. Fui até a cozinha, com ela em meu encalço. Bebi uma talagada de batida de limão gelada, dei umas olhadas em Isa, e Camila me puxou para a sala.

Suávamos quando Isa apareceu na sala anunciando que o almoço estava pronto. Lavamos as mãos e fomos para a mesa. Daí pude dar uns amassos e beijos na amada. Ela deixava, a dona. A única estratégia possível era conquistá-la primeiro. Depois de devidamente seduzida, a filha não se importava que eu namorasse a mãe.

Então chegou a avó. Uma senhora delicada como a neta. Não se opunha abertamente a meu relacionamento com Isa. Mas era enfática: não aprovava. Tinha sempre uma expressão de quem estava atrasada para fazer alguma coisa. Olhava-me qual tivesse de me explicar algo de importância vital. Talvez que sua filha fosse mais que um ser humano. Superior. Eu entendia, ou imaginava entender. Mas ficava na minha, reservado.

Após o almoço, com Camila fazendo graça e nós rindo, a avó saiu com a neta. Fomos até o elevador e voltamos correndo. Nos entredevoramos. Ela era muito querida. Seu sorriso claro, límpido, tinha um quê de sol, aquecia e iluminava. Era verdadeira e generosa. Queria revolucionar o mundo e amar a todos.

Eu estava largado naquela emoção. Era uma espécie de lanterna no escuro do cinema. Sabia, se um dia as coisas saíssem erradas, a dor seria terrível. Mas parecia valer a pena.

À tarde, quando a providencial avó entregou a neta, estávamos de banho tomado, relaxados e felizes. Camila parecia pesar uma tonelada. Eu me sentia fraquinho toda vida. Mãe e filha me levaram até o metrô. Senti-me em família. Quis, de todo o coração, ser pai de verdade da garota.

7.

Simeão queria sair aos sábados. Aos domingos também. Dr. Ruy não podia autorizar. Não era juiz. Se algo nos acontecesse, seria ele a arcar com as conseqüências. Se nos deixasse um pouco, iríamos querer mais. Se deixasse mais, quereríamos muito. Não demoraria em querermos tudo. E, com certeza, ainda não estaríamos satisfeitos.

O diretor sabia que não nos conformaríamos. Caminhávamos de acordo com nossa natureza humana. Então nos deu uma saída. Se lhe trouxéssemos documentos que justificassem as saídas, ele autorizaria. Claro, nas petições de autorização deviam sempre constar os motivos. Tarefas escolares, eventos universitários, essas coisas.

Ficou fácil. O DCE estava inteiramente a nosso favor. O CA também nos ajudaria. Sempre providenciava um pedido formal para que comparecêssemos em atividades curriculares ou universitárias nos fins de semana. Até Florentino era incluído, embora às vezes preferisse ficar na prisão. Dizia que assim economizava. Ele trabalhava com valores relacionados ao futuro. Nós, com aqueles que diziam respeito ao presente. Construía em pedra, e nós na areia. Mas quem queria saber?

Eu tinha um dinheiro de muitos anos trabalhados na penitenciária. Só poderia retirá-lo quando saísse, ou em caso de necessidade maior. Era o pecúlio de todo preso que trabalhava. Claro, não demorei a encontrar necessidades maiores suficientes. Assim, aos poucos fui dilapidando o capital, que seria para o meu futuro.

Embora agora me encontrasse mais próximo de Isa, ao alcance de seu amor e de sua influência benéfica, comecei a sentir angústia. Um vazio que eu não era capaz de definir. Durante as aulas, às vezes o tédio parecia abrir um buraco no meio da sala. Eu não conseguia acompanhar. Um desassossego, um sentimento de prisão, de sufocamento. Olhava para os professores. Eles explicavam coisas em que eu não estava absolutamente interessado. A classe me oprimia. Ficar ali parado me sabia a um sacrifício insuportável.

Fingia que ia ao banheiro e corria até o bar da esquina. Tomava uma vodca. Voltava bem, disposto a tudo. A aula ficava brilhante. Eu participava até com emoção. Os colegas tornavam-se queridos, e eu os amava a todos.

Bebia com Isa, bebia na rua. Somente me sentia vivo, e o mundo interessante, depois de beber algo. A namorada fumava. A princípio, o gosto de nicotina em sua boca causava-me certo enjôo. Fazia cerca de nove anos que eu largara o vício. Depois acostumei. De vez em quando, acendia um cigarro para ela, por gentileza. Não conseguia tragar, engasgava com a fumaça. Mas não demorou para que eu reaprendesse.

Na universidade, quase todo mundo fumava. Meus amigos também. No começo, cheguei a passar mal na sala de aula. O médico me receitou meia hora de máscara de oxigênio todo dia, para descongestionar garganta e nariz.

Assim, anestesiando a consciência, fui dando um trago, dois, três. Sentia tontura, enjôo no estômago, sofria. Mas havia dado o primeiro passo. Os outros, sem dúvida, viriam a seguir.

Pensava-me preparado e estava vulnerável. Muito além de qualquer proteção. Tinha feito um curso de técnicas de marketing. Sabia o quanto era estúpido isso de se guiar por marcas e grifes. Mas, de repente, estava gastando em tênis e roupas, de acordo com a moda. E a moda era Fiorucci, Pierre Cardin, Yves Saint Laurent e Calvin Klein. Isa me vigiava. Constantemente queria saber onde eu conseguia dinheiro para comprar aquelas roupas. Eu estava dilapidando meu pecúlio. Ficava aborrecida, brigava. Depois de ela me enquadrar várias vezes, assumi que voltara a fumar. Pior, Isa contava minhas escorregadelas a Ely.

Um dia a amiga me chamou ao quarto. Quando entrei, pediu que fechasse a porta. Caí na armadilha. Ficamos sentados frente a frente. Sabia, fora pego. Ely franziu a boca e estreitou os olhos, tentava vasculhar minha alma. Então começou a desfilar minhas atitudes que considerava erradas. E eram tantas... Cigarro, gastos fúteis, roupas caras, falta às aulas, bebida demais, correria desordenada atrás de nada. Deixou-me pequeno. Arrastando pelo chão, como cobra.

Fui obrigado a reconhecer cada uma de minhas falhas. Inapelavelmente. Ela era minha amiga, assistira a minha luta para alcançar meus objetivos. Agora, não conseguia observar, calada. Eu me perdia aos poucos. Fazia parte de seu apoio me repreender. Mostrar-me o que estava acontecendo. Parece, eu não via. Uma bola de neve virando avalanche.

Chorei. Tentei lhe explicar minha angústia, meu desespero. Ely procurava me compreender. Eu queria tanto sair e fazer faculdade. Tinha uma mulher que me amava, uma família em minhas mãos. Amigos e tudo o que dizia querer quando preso. Agora parecia pouco, por quê? Só podia chorar. Nem eu mesmo entendia por que era pouco. Mas era. Precisava mais.

Testa enrugada, Ely se preocupava. Sabia que eu estava sendo verdadeiro. Que não conseguia sentir a liberdade. Nem estando no meio da rua, com os carros quase me atropelando. A depressão me assolava. Estava ficando maluco? Não me sentia capaz de viver solto? A amiga sugeriu um analista.

Eu não acreditava em tratamento psicológico. Achava que minha maior dificuldade estava no relacionamento interpessoal. Não conseguia me relacionar, então buscava impressionar. Complicado. Aceitei que procurasse alguém de confiança. Ela e Isa pagariam.

Não demorou para que a Lurdinha, amiga da Ely, encontrasse (ela era psicóloga e professora na PUC) a pessoa que se encaixava no perfil. O tratamento seria às quartas-feiras, às catorze horas.

E lá fui eu procurar o terapeuta. Era preciso. Prometera a Ely e agora a Isa. Clínica grande, na Vila Madalena. Vários consultórios aglutinados num único prédio. O sujeito que me atendeu era alto, magro. Percebia-se energia no rosto alongado pela barba comprida. Os olhinhos pareciam inquietos perscrutando-me.

Sua introdução me fez ver que ele era muito agradável. Seu método seria me deixar falar. Faria perguntas e depois estabeleceria um diagnóstico. Daí sairia uma linha de tratamento. Bem, se as mulheres queriam gastar para que eu conversasse com o terapeuta, tudo bem. Eu falaria, até pelos cotovelos. Pretensioso, achava que era eu quem devia ser pago. Afinal, eu é que falaria.

Concomitantemente, Lurdinha foi se tornando nossa aliada. Foi à penitenciária nos entrevistar e procurou a gente na universidade. Nosso problema de ressocialização despertara seu interesse. Era uma questão nova. Junto com Lurdinha, mais duas professoras de psicologia. Ambas faziam pós-graduação na PUC, a Mitsuko e a Marisa. Propuseram um trabalho de acompanhamento. A finalidade seria nos auxiliar no processo de readaptação à vida em liberdade.

Rubens e Simeão sentiam as mesmas pressões que eu. Concordaram sem pensar muito. Nós nos encontrávamos às quintas, às catorze horas. Havia uma sala de reuniões à disposição no Departamento de Psicologia Social.

A primeira reunião foi muito legal. Lurdinha já nos era próxima. Quanto a Mitsuko, correspondia-se comigo desde que começara a pensar em fazer faculdade. Marisa era amiga das duas (aliás, a rede de relações das mulheres é incalculável!). Jovens senhoras, com filhos, marido e família constituída. Meus amigos não as conheciam. Mas respeitavam todos que se fizessem respeitar. Eram reconhecidos ao interesse delas em apoiar-nos.

As novas amigas queriam saber muitas coisas sobre nós. Como nos sentíamos ao sair todos os dias da penitenciária, depois de tantos anos encarcerados. Como lidávamos com a mídia, com as pessoas e a universidade. Deixei que os colegas se manifestassem. Só fui complementando. Era a mesma vulnerabilidade à propaganda e aos hábitos sociais. Querendo viver, e sufocados pela falta de dinheiro, espaço e tempo. Limitados também por dentro. A necessidade de se relacionar e as mil dificuldades. Sentiam-se velhos e consideravam as pessoas extremamente infantis. Desesperados por mulheres, por sexo. Estavam, como eu, necessitados de fortes interesses para viver. Justificar cada momento, senão tudo perdia a graça e era prisão.

O que poderiam fazer por nós? Ofereciam diálogo. Poderíamos falar, livremente, o que quiséssemos. O que nos fosse necessário. Elas ouviriam e dariam sua opinião. Poderiam também nos informar do que estava acontecendo. Ofereceriam espaço de convivência social. Falariam da vida delas, da família, dos amigos.

Talvez nos fizessem entender como se processava a existência em sociedade.

Nós sabíamos, aquilo era muito. Talvez tudo o que precisávamos. Elas não eram meninas. Mulheres, mães, esposas e profissionais. Mas a pressão fazia-se ora sutil ora fortíssima. Talvez não conseguíssemos nos expor.

Mitsuko, com toda a suavidade de sua ascendêncial nipônica, parecia nos captar mais. Talvez pela correspondência de mais de dois anos comigo. Lurdinha também captava muita coisa que as palavras não traduziam. Havia trabalhado num projeto de assistência psicológica na FEBEM. Alcançava parte de nosso mundo. Marisa era a única sem informações sobre a cultura criminal. A mais calada e, portanto, a mais observadora.

Eu descia a rampa do prédio novo da universidade. Pensava no que fazer da tarde vazia, quando uma garota me abordou. Sua delicadeza impressionou-me. Um narizinho que parecia desenhado. Boca pequena de lábios carnudos. Olhos escuros. Cabelos pretos, curtos e cheios. Tal qual um bichinho de pelúcia. Incrível que falasse.

Participara daquela "reunião de conscientização básica" promovida pelo DCE. Concordara com algumas das minhas falas e queria discutir outras. Estava se iniciando nas teorias socialistas. Cursava o primeiro ano de história. Gostava muito de tudo o que estava aprendendo. Convidou-me para tomar um café. Queria me conhecer.

Encantado, fui atrás dela, ainda sem acreditar. Tomamos três cafés. Fumamos três cigarros. Contei quem era. Quis impressioná-la. A garota parecia uma esponja, sugava tudo o que eu dizia. Confessou que já sabia quem eu era. Cristina, sua amiga, contara para ela. O que soubera de mim lhe dera coragem de me abordar. Seguia-me desde que eu saíra da sala, indecisa.

Quanta honra, pensei. Dali fomos a um lugar que eu considerava especial. O pátio central do prédio velho da universidade. Já me sentara por ali várias vezes, a pensar. No centro havia assentos ladrilhados. A hera subia pelas paredes, e tudo parecia recamado de verde-escuro. Um frescor era trazido por uma brisa amena. Sentamos embaixo de uma sombra úmida que, sei lá por quê, me deixava tranqüilo.

Caçula e única mulher de uma família de vários irmãos, a garota viera de Santos. O pai, médico famoso na cidade, a mantinha num apartamento próximo à PUC. Ela recebia mesada. Mesmo assim, durante a manhã trabalhava de secretária no Departamento de Atletismo do CA de direito. Ganhava pouco, mas complementava a mesada.

Até para falar era um docinho. Dava impressão de maciez. Seu corpo era muito bem-proporcionado, embora fosse pequena. Seios grandes, bojudos. Aquilo devia ser rijo pacas. Subia e descia quando ela falava. A voz deixava um espaço vago entre os sons e movimentos circundantes.

Boa menina. Uma graça. E moral, idealista, consciente de seu papel no mundo. Tinha apenas dezoito aninhos. Tão inocente que mandava para longe de mim a malícia e a maldade que me povoavam. Fazia com que a respeitasse, mesmo sem querer.

Conversamos muito. Ela se parecia comigo em vários aspectos. Tínhamos a mesma natureza dinâmica. Detectávamos a mesma inquietação em nós dois. Gostávamos de história com paixão. Admirávamos os mesmos personagens históricos: Che Guevara, Artaud, Sócrates, Jesus, Napoleão Bonaparte, Luiz Carlos Prestes, entre outros. Eu lera algumas biografias de Napoleão e textos de Guevara. Ela colocava pilha. Eu explanava tudo o que lera, com a memória superativada.

Passamos a nos encontrar diariamente. Ela estava entrosada com o pessoal do DCE. Também possuía os tíquetes-restaurante. Quase todo dia me esperava no diretório para almoçarmos. Quando tínhamos dinheiro, íamos comer pizza.

Andamos juntos quase um mês. Então Gisela quis que eu conhecesse seu apartamento. Embora adolescente, não era virgem, mas também não estava liberada. Refazia-se de uma relação terminada pouco tempo antes. Nem sequer cogitava qualquer coisa comigo, além de uma grande amizade. Gostava de mim. Sentia-se serena e tranqüila em minha companhia.

Dividia o apartamento com Miriam, uma garota que fazia sociologia. Poucas vezes a vi. Quando vi, não gostei. Na sala só havia um sofá e uma televisão preto-e-branco. No quarto de Gisela, uma cama de casal. O colchão era de solteiro. Um guarda-roupa pequeno, uma cômoda e o principal: o aparelho de som. A cozinha estava completa. Fogão, geladeira, guarda-comida e armário. De quando em quando preparávamos umas comidas simples.

Como eu, ela gostava de vinho. Quando o menu do restaurante não agradava, almoçávamos no apartamento. O problema era que sempre estávamos duros. Principalmente eu, que vivia do que minha mãe me fornecia para a condução. Então, entrávamos num supermercado, pedíamos queijo e presunto fatiado, enfiávamos no bolso e saíamos sem pagar. Comprávamos uma garrafa de vinho barato e pão, e pronto. Às vezes fazíamos salada. Outras, fritávamos ovos.

Muitos pensavam que estávamos juntos. Não falei dela para Isa. Outro mundo estanque. Alimentava a ilusão de ter Gisela para mim. Admirava-a e não atacava. Ela também não dava a mínima entrada. Estava acostumada a conviver com homens. Era o xodó de seus seis irmãos.

Eu vivia com ela minha juventude perdida. Ficávamos horas tomando Coca-Cola ou vinho e escutando som. Amávamos blues, particularmente Eric Clapton, B. B. King, Koko Taylor e Buddy Guy. Gostávamos de rock também. Ela possuía fitas maravilhosas, que pegara dos irmãos.

Às vezes, quando a chuva fina enevoava a cidade, eu ficava sentado na janela do apartamento, fumando, os olhos perdidos na linha do horizonte. Ela se deitava na cama e dormia. Infinita doçura me tomava. Eu prometia a mim mesmo protegê-la do animal que havia em mim.

Todas as quartas eu ia ter com o psicólogo. O cara era legal. Contei-lhe minha história desde o princípio. Difícil lembrar. Mas ele ajudou bastante. Eu continuava não acreditando que ele pudesse fazer algo por mim. Não aceitava que alguém pudesse penetrar em minha mente e me compreender. Eu não penetrava nem entendia. Achava capital gasto à toa. E estava precisando tanto de dinheiro...

Com as psicólogas, a coisa tornava-se mais agradável. Mas também não achei que avançaria muito. Estavam ali para nos ajudar, não para participar dos nossos problemas. Não havia como dizer a elas, por exemplo, que vivíamos obcecados por comer todas as mulheres que víamos. Conversávamos superficialidades. Queríamos agradá-las, transformá-las em nossas amigas.

Eu esticava ao máximo as pontas dos meus nervos. Tangenciava um abismo, o desconhecido. Havia bons momentos com as meninas do DCE. Estava com a rapaziada do CA em seus inúmeros projetos. Durante a semana, com Gisela. Aos sábados, com a namorada. Mas, quando estava sozinho, precisava fazer alguma coisa para sobreviver à angústia, ao tédio. A carruagem estava querendo virar abóbora.

8.

Nem sei por que subi pela escadaria central naquele dia. Sempre pegava a rampa. Talvez curiosidade de conhecer o prédio novo da universidade. As coisas ocorrem misteriosamente, muitas vezes.

No grupo bagunceiro da classe do curso básico, eu vislumbrava perigo. Havia uma garota gordinha, de rosto cheio, sempre com ironias finas, inteligentes, que era filha de um delegado. Um dos rapazes era investigador. O inimigo sempre presente. Eu tinha um único preconceito: contra a polícia. Queria distância daquela gente.

Meus dentes roíam o tempo enquanto eu subia as escadas. Pensava na aula cansativa que me esperava, e sofria. Já no terceiro andar comecei a sentir o cheiro adocicado da maconha. Entre o terceiro e o quarto andar, um grupo de jovens. Quando passei por eles, encarei-os. Lá estavam a gordinha e o policial.

Uma garota loira de cabelos frisados escondia com a mão um fininho fumegante junto à perna. Seus olhos vermelhos me fitavam receosos. Provavelmente me considerava suspeito. Não sei do quê. De qualquer modo, continuei subindo.

Na classe, o investigador e a filha do delegado me olhavam apreensivos. Eu vivia tão povoado pelos meus receios que me senti próximo a eles. Queria lhes dizer que estava tudo bem. Que tinham se tornado humanos para mim. Agora os compreendia.

Havia cerca de dez anos eu não usava nenhum tipo de droga. Rubens fumava. Pedi uma porção. Ele quis saber por quê. Voltara a fumar, justifiquei. Negou-se a acreditar, eu vivia pegando no pé dele por conta do vício. Achava que a maconha deixava abobado, tirava a concentração e destruía a memória. Nem eu acreditava no que estava querendo. Fui obrigado a fumar com ele, para provar. Fiquei rindo feito bobo e comi igual cavalo. Acabei desmaiando na cama.

Dia seguinte, no mesmo horário, quando cheguei ao segundo andar, acendi a bomba. O Rubão enrolara para mim. Eu nem sabia mais. Parecia um charuto. Pedi que exagerasse. Passei por eles, na escadaria, envolto numa nuvem de fumaça. Pararam e ficaram pasmados, me olhando.

Senti frustração. Não iriam querer? A garota de cabelo frisado tomou a iniciativa. Pediu para dar um trago. Qual fizesse aquilo todo dia, passei o baseado. Ela se concentrou em absorver toda fumaça possível. A gordinha pisou em cima da pontinha do fininho que fumavam quando cheguei. Cochichou com o investigador. Não escutei o quê. Mas sabia que não precisava me preocupar. Estavam dominados.

Por que eu fazia aquilo?, perguntava-me. Queria aparecer? Era óbvio. Queria ser simpático. Procurava me enturmar, fazer com que se interessassem por mim. E valia tudo, até comprar.

A fofinha da classe fumava me olhando. Havia um feixe de perguntas soltas franzindo sua boca. O investigador, mais atirado, queria fumar mais que todos. As garotas fumavam e tossiam. Quase jogavam o pulmão nos degraus. Droga fortíssima! Rubens me alertara de que aquela era a mesma que o traficante fumava.

Quando o charuto voltava para a minha mão, eu dava um traguinho e já passava a bola. Estávamos eu, o tira e as três meninas.

Não conseguiram fumar o baseado inteiro. Nem sei quem ficou com a ponta. O pouco que fumei me tonteou. As meninas foram se dispersando para a aula, e eu subi com elas. Mas, na porta da sala, desisti. Não conseguiria. Quando eu estava saindo, a gordinha me abordou. Também não ia agüentar. Que tal fôssemos à lanchonete ao lado da universidade tomar um refrigerante? Ótimo!

Conversamos na frente de copos de Coca-Cola. Ela afirmou que jamais me imaginara fumando um baseado. Eu era tão sério e só falava profundidades. Intimidava um pouco. Então contei toda a história. Ali nenhum deles conhecia nada de mim. Era a turma do curso básico. A garota ficou espantada.

Procurei me informar sobre o policial. Não, ele não queria saber de nada. Estava na polícia porque o pai, como o dela, era delegado. Só possuía o cargo e recebia o salário. Seu negócio era mexer com vídeos, era um artista em filmagens. Ganhara até um prêmio, recente. Sem preconceitos, como todo artista. Nunca estivera numa delegacia, e não prendia ninguém.

Assim obtive mais duas amizades na escola. Se bem que movidas a drogas. A autocensura me acusava. Não havia necessidade de voltar para aquilo, e eu brigava comigo mesmo. Sentia-me caindo, girando, a escuridão me envolvendo.

Então, em conversa com o pessoal da comissão dos presos, surgiu uma idéia salvadora. Dois companheiros que se destacavam, o Budrim e o Marcão, nos procuravam sempre para que levássemos documentos para protocolar no Fórum Criminal, na Vara de Execuções Criminais e tribunais. Numa dessas conversas, eles me falaram das dificuldades daqueles que queriam estudar, chegar aonde chegáramos.

Só havia uma classe para quem quisesse cursar da quarta à

oitava série. Nós nos preocupamos com aquilo, que já fora dificuldade nossa. Pensamos em levar o problema aos estudantes, nossos amigos. Quem sabe não poderiam nos ajudar?

Cristina foi pronta e prática. Por que não procurávamos a Vice-Reitoria de Educação? Com certeza nos ajudariam. Fomos atendidos pelo vice-reitor. Um homem alto com um rosto tipo Super-Homem. Todo plácido, refletindo paz e tranqüilidade. Soubemos depois, já fora padre.

Escutou-nos com muita atenção, sem nos interromper. Anotou nossos nomes e turmas. Pediu que voltássemos no dia seguinte. Procurássemos a dra. Marlene, a diretora de Educação. Conversaria com ela, o departamento faria todo o possível para nos ajudar. Cumprimentou-nos pelo interesse em ajudar os companheiros. Com delicadeza e sem emoção.

Dia seguinte fomos recebidos diferenciadamente. A chefe da Seção de Educação nos aguardava. Dra. Marlene estava numa reunião importante, mas seríamos atendidos em seu gabinete. Pediu que esperássemos um pouco, serviu-nos café e conversou conosco. Sabia quem éramos e por que estávamos ali. Fazia sala e queria nos conhecer.

Não demorou, e uma senhora de aparência muito distinta, vestida num tailleur azul, passou por nós e entrou numa sala. Sorriu; sabia quem éramos, e nós quem era ela. Fomos levados a seu gabinete. O mesmo em que o vice-reitor nos atendera. Havia vasos com plantas enormes. Renda-portuguesa e samambaia-de-metro nos cantos, tudo lindo e feminino. Nem sequer tínhamos reparado, na primeira vez em que ali estivéramos.

Havia três poltronas em frente a uma mesa. Atrás desta, a dra. Marlene nos esperava de caneta na mão. Sentamo-nos. A situação nos embaraçava. O cabelo loiro num penteado volumoso, rosto maquiado discretamente; bonita. Profundos olhos azul-claros nos estudavam. Ela sorria, simpática. Quando percebeu nossa inibição, iniciou a conversa.

O vice-reitor a encarregara de nos ajudar a solucionar o problema que lhe relatáramos. Apresentou-se. Pediu que expuséssemos o que nos trazia ali. Aos poucos, um ajudando o outro a dar clareza ao que dizíamos, vencemos a timidez. Colocamos a questão, e ela nos ouviu sem interromper. Num bloco anotava sei-lá-o-quê, sempre sorrindo e incentivando nossa fala.

Depois parou e releu o que anotara. Pediu água pelo interfone. Bebeu e começou a estudar conosco as possibilidades. A universidade poderia firmar convênio com a penitenciária. Em seguida, montar um projeto em que alunos estagiários dariam aulas de primeiro e segundo grau aos presos.

Nós pensávamos em criar outra classe de primeiro grau. Conseguir material didático para os companheiros que faziam o segundo grau nas celas. E a mulher nos propunha cursos que atendessem a todos que desejavam estudar!

Olhamos uns para os outros. Reagimos qual fosse exatamente aquilo que esperávamos dela. Num átimo, eu já tinha todo o plano em mente. Simeão e Rubens, sem que nos entreolhássemos mais, corroboravam. Parecia ensaiado. As idéias fluíram em cascata. Não queríamos parar. A doutora entrou em nosso clima de paixão pelo objetivo.

Na reunião em que começaríamos a estudar o problema, estruturamos uma escola. Ela se descabelou para acompanhar nosso raciocínio. Dialogava com os três ao mesmo tempo e anotava tudo. Quando percebemos, já estávamos reunidos fazia umas três horas. Todos os nossos compromissos haviam sido esquecidos.

Saímos dali saltitantes. Despedindo-nos de todos. A chefe da seção, chamada à sala, dera vários palpites. Fomos juntos para a penitenciária e, no ônibus, continuamos a conversa, superanimados. Eles estavam no mesmo marasmo que eu. Loucos por algo que justificasse suas vidas. Estudar numa universidade era pouco para nós. Não importava tanto conhecer verdades. As que conseguíramos saber necessitavam de uso. Mas para isso seria preciso eliminar as mentiras, como maçãs estragadas.

Conversamos com o dr. Ruy. Como prevíamos, ele nos apoiou inteiramente. Claro, falaria com o secretário de Justiça. Com certeza, teríamos o convênio. Passamos a nos encontrar com a dra. Marlene quase todo dia. O projeto nos iluminava a todos. Ela nos levou às classes de pedagogia nos três horários e fez explanações. Nos passava a palavra, e nós complementávamos. A princípio timidamente, depois com entusiasmo. No fim, convocávamos os alunos a se candidatarem a professores de nosso projeto.

Imaginávamos que alguns comparecessem às inscrições na data prevista. Afinal, valeria o estágio. Mas qual não foi nossa surpresa quando a dra. Marlene nos mostrou a lista de inscritos. Quase oitenta candidatos! Muitas, muitas vezes mais do que necessitávamos. Nossa mentora quis que participássemos da triagem e seleção do pessoal.

Procuramos também a assessoria jurídica da universidade. Buscávamos amparo para elaborarmos o projeto do convênio PUC-Penitenciária do Estado. Queríamos apresentar tudo no papel. Quando o dr. Ruy o levasse ao dr. José Carlos Dias, era só assinar.

Pretendíamos iniciar duas turmas. Uma de primeiro, outra de segundo grau. A intenção era ter companheiros preparados para exames supletivos no fim do ano. Sobretudo aqueles mais adiantados. Iniciaríamos precariamente, mas ganharíamos experiência.

Ficamos uma semana e meia selecionando. Eu procurava detectar preconceitos. Porque o aluno-professor poderia se queimar com os companheiros presos. Após a prova escrita, passávamos à entrevista. Coloquei questões cujas respostas evidenciariam os preconceitos.

Chegamos a um grupo de quinze pessoas. A maioria de moças. Todas dinâmicas, muito inteligentes, e preocupadas com a educação do aluno. Aqueles que estavam interessados só pelo estágio foram excluídos. Rubens, Simeão e eu ficamos extremamente admirados com o nível dos professores selecionados. Gente de primeira qualidade. Tinham um amor pelo ideal de educar que nos comovia. A própria dra. Marlene conversava emocionada com o grupo.

Agora vinha a parte mais complexa. A didática centrada no preso. O método escolhido antecipadamente seria o de Paulo Freire. Mas com variações. Vivíamos ainda tempos de ditadura militar, embora já tivesse se iniciado o processo de abertura política. Ensinar o preso a questionar, a querer saber e pensar era complicado. Seria preciso critério, sutileza, para não queimar o grupo. Em seguida, tentar alguma coisa nova. Ousar. Construir o conhecimento a partir do que os presidiários sabiam. Eram adultos, e suas experiências e informações deveriam ser consideradas no percurso da aprendizagem.

Tínhamos reuniões duas vezes por semana. Explicávamos nossa realidade. Eles anotavam. De quando em quando a dra. Marlene participava, e procurava dar uma direção aos trabalhos. Dizia que devíamos ser o mais abrangentes que pudéssemos. Depois encontraríamos os pontos de fato importantes para a síntese. Eu estava gostando muito daquilo. Alimentava minha alma de objetividade e significado. Sentia-me vivo, atuante. Fazia algo de valor real.

O resto da vida transcorria um tanto quanto confusamente. Iniciava-se uma rotina. Às sextas eu almoçava com minha mãe e passava parte da tarde com ela. Momentos de colo, desabafo e uma amizade infinita. Sábado, a reunião dos representantes de classe. O restante do dia com a namorada. Ela continuava implicando com meus gastos e mistérios. Mas me dava amor. Camila continuava me sacaneando com seus ciúmes. Agora, também com os outros. Se chegasse algum amigo meu, ela ficava me rodeando. Sentava em meu colo e se apossava de mim.

Durante a semana, eu almoçava com Gisela e com ela mantinha longos diálogos. Era a pessoa mais próxima a mim na época. Cada vez eu gostava mais daquela garota. Não tínhamos um partido. Não estávamos dispostos a aceitar nenhuma estrutura ou organização. Éramos simpatizantes do socialismo. Cresciam nossas relações com o pessoal do DCE, quase todo filiado ao PC do B, como já disse.

Um pessoal bravo. As duas Cristinas puseram fogo na massa amorfa dos estudantes. Subiam numa mesa na frente do restaurante e convocavam toda a comunidade. E deitavam falação contra o governo. Paulo Maluf disputava em seu partido vaga para candidato à Presidência da República. Era o político mais atacado. O homem se tornava inimigo número um. Na verdade nós, universitários, odiávamos de morte deputados e senadores ligados aos militares.

O seminário sobre a questão carcerária seguia em plena efervescência. Convites foram expedidos e presenças confirmadas. Tudo pronto, indicando que teríamos uma assembléia seleta e interessante.

No centro acadêmico de direito, as coisas não se passavam como no resto da universidade. Havia jovens de extrema direita, que apoiavam a ditadura. A Pontifícia Universidade Católica era plural, de fato. Eles não eram muitos, mas andavam armados e tudo.

Dirceu me convocou para uma reunião da diretoria do CA. A princípio, não entendi nada. Por que eu, um calouro, seria chamado a uma reunião de cúpula? Depois entendi. Haveria eleições, e estavam cogitando me colocar numa chapa. Eu representava uma liderança destacada entre os calouros. O poder no centro acadêmico estava ameaçado, com os extremistas de direita fortes ali.

Sentei-me numa cadeira de braços. Marcos se acomodou a meu lado. As pessoas foram chegando. A maioria jovens, homens e mulheres. O amigo ia me dizendo quem era quem. Logo a sala se enchia. Falação ensurdecedora. Parecia feira de subúrbio. O presidente da entidade, um rapaz alto, de barba cerrada e terno escuro, pediu silêncio. Abriu a reunião explicando que estávamos ali para uma tomada de posição. Questões sobre o Colégio Eleitoral que o Congresso Nacional escolheria proximamente.

Vários participantes se manifestavam. Quase todos exigiam radicalização contra a "espúria" figura do tal Colégio. Um ou outro estudante ponderava que não se podiam tomar atitudes assim. Foram escorraçados. Um sujeito enorme, gordo, com um rosto que lembrava a cara de um suíno, tomou a palavra. Oposição à diretoria do CA. Marcos me cutucou. Fez sinal para que ficasse atento.

O gordão falava bem demais. Tinha um sorriso mordaz. Seus lábios se esticavam numa linha assustadora. Atacou a presidência. Acusou-os de manipular a reunião de modo a que somente a posição deles fosse considerada. Afirmou que agora até presos freqüentavam o CA. Que eles, estudantes de direito, logo seriam dirigidos por criminosos condenados. Que tínhamos até representante de classe presidiário. Dirceu e Marcos me fitaram. Esperavam minha reação.

E minha reação foi de frieza. Eu aprendera a dominar os nervos na marra. Na prisão nos testavam a todo instante. Os guardas provocavam, queriam reação para nos prejudicarem. Não podíamos reagir e acumulávamos neuroses incontáveis. Todo cuidado era pouco, o perigo morava dentro de nós. Faziam-se indispensáveis tolerância e vontade inquebrantável para um dia alcançar a liberdade. Só assim era possível suportar e vencer. E eu vencera. Pelo menos até aquele momento. Não seriam uns estudantezinhos burgueses e preconceituosos que iam me derrubar.

Eu silenciava, e estudava o adversário. Dirceu, indignado, levantou-se e defendeu-nos calorosamente. Acabou por conquistar o apoio da maioria, quando falou de nosso esforço por estar ali. Disse até que nós merecíamos mais que eles a faculdade. Lutáramos contra forças que eles nem sequer poderiam imaginar. Para eles tudo tinha sido fácil. Não havia muitos méritos por conta disso.

Por aí encerrou-se esse assunto. As questões políticas reapareceram. A discussão estava prestes a virar briga. A maioria era apaixonadamente contra o tal Colégio Eleitoral. Todos, com pouquíssimas exceções, queriam fechar questão condenando aquela "excrescência" da política do país. Parecia que eram eles que iam votar e decidir. A flama e a paixão com que discursavam me entristeciam. Era inútil tudo aquilo. Os políticos é que decidiriam. As cartas já estavam marcadas. As cassações na Câmara e os senadores biônicos deixavam isso claro.

De repente, um rapaz cheio de espinhas levantou-se com um revólver na mão, ameaçando a todos. Não ia permitir que, naquela reunião viciada, se fechasse questão contra o Colégio Eleitoral. As meninas, nervosas, foram saindo da sala. Houve um princípio de tumulto. Gente se atropelando na porta estreita. Continuei sentado, frio.

Deu a maior vontade de rir daquela comédia toda. Pelo tambor da arma, era fácil observar que estava desmuniciada. Levantei, alguns olharam para mim, o sujeito com o revólver também. Peguei minha pasta com caderno e livros e fui saindo devagar. Rindo por dentro. O espinhoso tratou de esconder a arma e quase trombou comigo ao desembestar sala afora.

9.

As coisas não estavam boas na cadeia. Eu começava a sentir a vida ali como fosse um trem a se fundir com as sombras. Havia angústia, uma necessidade constante de novidades, de boas notícias. Minha paz não dependia de mim. Dependia do que não dependia de mim.

Radialistas e deputados atacavam a política do secretário de Justiça. Acusavam a unilateralidade da referida orientação, questionavam sobre os direitos humanos das vítimas. Afirmavam que elas não tiveram seus direitos respeitados ao serem agredidas. Para quem refletisse linearmente, o argumento seria imbatível.

Mas um erro não justifica o outro. Vingança nunca foi solução. A sociedade dava um tiro no pé ao maltratar os custodiados da Justiça. Pois estes retornariam mais revoltados ao convívio social, já que violência gera violência.

Não éramos nós o inimigo. E sim os dirigentes da máquina que administrava o Estado, já que eles não assistiam as vítimas e não ofereciam uma polícia adequada às necessidades da sociedade, ou seja, um número suficiente de policiais bem equipados e bem pagos. A Academia de Polícia deveria formar seus alunos com mais critério, com mais excelência. As autoridades deveriam ser escolhidas por carreira e capacidade, não por indicação.

O crime não nasce por geração espontânea, também. Não é uma manifestação individual apenas, mas um fenômeno coletivo e global. A idéia de que o elemento que comete um crime tem uma natureza anti-humana, perversa, não é sustentada por nenhuma pesquisa ou estudo.

Na época muitos eram a favor da tortura. Repressão a cano de ferro e paulada. Os guardas forneciam munição a abutres da comunicação, que exageravam. Era fácil nos atacar. Não tínhamos como nos defender nem quem o fizesse. Diziam que não nos faltava nada, tínhamos até direito a visita íntima.

A pressão, o clamor foram tamanhos que o secretário de Justiça roeu a corda. Provavelmente fora ameaçado de cair, caso não o fizesse. Dr. Ruy foi afastado. As forças repressoras e contra a política dos direitos humanos venceram. No lugar do único diretor que controlara a brutalidade, as mortes e abusos na prisão, colocou-se um delegado de polícia. Sua missão seria disciplinar a penitenciária. Por muito pouco não mergulham a prisão num banho de sangue. Mas isso não demoraria a ocorrer. Em 1987 aconteceria de fato, com dezenas de mortos e centenas de feridos.

Todos os representantes dos pavilhões, que haviam lutado bravamente pelos nossos direitos, foram entregues à sanha e represália dos guardas, que quebraram braços, pernas e cabeças. Em seguida foram desterrados para a Penitenciária de Presidente Venceslau, a doze horas de São Paulo. Todos os nossos esforços foram desarticulados.

Nos primeiros dias, o novo diretor não mexeu conosco, universitários. As idéias que ouvíamos de nossos companheiros lá do fundão da cadeia eram as piores possíveis. Falavam em banho de sangue. Matariam funcionários e presos que colaboravam com a polícia, aos montes. As conseqüências seriam funestas. A Polícia Militar invadiria atirando. Muita gente morreria. A situação na penitenciária estava insustentável.

Nosso receio de voltar para a prisão e depois não poder mais sair começou a aumentar. Se ocorresse uma rebelião, estaríamos envolvidos. Seríamos os primeiros a receber as balas, se a polícia invadisse. Os guardas nos detestavam. Viviam enchendo o rabo de pinga no boteco e queriam ganhar bolsa de estudos como nós. Com certeza nos apontariam para que os soldados nos fuzilassem.

Não conhecíamos o diretor, nem sequer seu nome sabíamos. Chegamos tarde no dia da substituição. Claro que justificados por documentação do DCE. Não éramos bobos. No outro dia, nossa saída estava suspensa. Isso nos assustou. Os guardas aproveitaram para nos manter trancados. Ficamos à disposição da diretoria-geral.

Pensamos que poderiam nos prejudicar. O juiz da Vara de Execuções Criminais também já não era o mesmo que nos autorizara a sair. Tudo havia se modificado. Imaginamos que poderiam até cortar nossa freqüência às aulas. E nos desesperamos. Se soubéssemos, não teríamos retornado, dizíamos um para o outro.

Eu sabia que voltaria à faculdade. Confiava que as entidades estudantis, a reitoria e toda a universidade estariam conosco. Além disso, tinha compromissos sérios com os que acreditavam em mim.

O delegado nos manteve em suspense o dia todo. Ficamos indignados. Quando chegou a noite, três guardas do Choque vieram nos buscar. O diretor iria nos atender.

O homem parecia civilizado, mas duro. Nos deixou plantados na sua frente, enquanto lia papéis. Sem nos dar atenção. Um jogo. Apenas demonstrava nossa desimportância. Seu olhar frio, logo às primeiras palavras, nos fez sentir que ele queria nos disciplinar. Acabar com nosso espaço e regalias.

Em sua fala foi claro: era absolutamente contra nossa ida à

universidade. Formara-se na PUC. Julgava uma agressão a seu título o fato de criminosos sentarem-se nos mesmos bancos em que ele sentara. Lugar de preso era na prisão.

Disse que no dia anterior, quando voltamos, o juiz da Vara de Execuções Criminais estava visitando a penitenciária. Ao saber que chegávamos da rua, afirmou desconhecer qualquer autorização para freqüência de aulas. Suspendeu nossa saída até segunda ordem.

Eu estava preparado para algo assim. O homem nos subestimava. Não imaginava que pudéssemos ser articulados. Eu trazia a cópia de minha autorização de saída. Apenas a estendi, pedindo que a lesse. O documento tinha duas folhas. O juiz reconhecia meus méritos de estudo, comportamento e trabalho, e por isso permitia que eu freqüentasse aulas.

Diante de tamanha evidência, o homem afirmou que no dia seguinte poderíamos sair. Mas deveríamos voltar às catorze horas. Pronto, o golpe estava dado. Aquela história de suspensão do direito de sair fora somente susto e opressão. O juiz não tinha nada a ver com aquilo. Tudo não passava de um jogo sujo. A finalidade era diminuir nosso tempo de estada na rua.

Mergulhado em silêncio grosso, um homem barbudo, de olhos injetados, ao lado do diretor, observava-nos. Visivelmente se controlava. Tive a impressão de que ele tremia, nervoso pela nossa presença. Era o assessor do diretor. Um investigador que este trouxera da delegacia de onde viera.

Parecia indignado com minha atitude de mostrar documentação. Sentiu-se agredido porque os encarei, como um homem. Queria-nos submetidos. Nossa parte, para ele, era obedecer e calar. Havia em nós o gosto da liberdade e a paixão pelo respeito. A educação universitária batia de frente com o autoritarismo a que a polícia do país tinha se habituado.

Eu aprendera na universidade que uma das piores conseqüências da ditadura militar no Brasil era o ranço do autoritarismo. Havia uma consciência de domínio e superioridade nos responsáveis pela organização e condução da pátria. Policiais, juízes, políticos e funcionários públicos se apartavam da igualdade constitucional. Criavam relações de exceção. Esqueciam que a primeira condição funcional deles era de servidores públicos.

O Barbudinho, como o chamamos dali em diante, nos acompanhou de volta à cela. Antes de bater a porta em nossa cara, efetuou várias ameaças. Disse que ficaria superatento e que não haveria moleza para nós. O delegado o encarregara de nos vigiar. Deveríamos sair da prisão para a escola e da escola para a prisão. Estaria de olho em nós. A polícia nas ruas também.

Calamos. Abaixamos a cabeça e simulamos acreditar em suas ameaças. Elas poderiam se concretizar. Estávamos nas mãos deles. Tentamos aparentar humildade. Satisfazer seu ego sedento de poder. Esperamos que passasse a tranca na porta para xingarmos. Simeão chorou de raiva e frustração.

Estávamos muito preocupados. A obrigação de voltar às catorze horas comprometeria todas as nossas atividades. Não poderíamos faltar às aulas. Estariam nos vigiando. Bem, só nos restava seguir o ritmo deles, até onde desse. Quando não desse mais, iríamos embora. Eu não podia. Tinha tantas responsabilidades, tantas pessoas confiavam em mim... Não podia decepcioná-las. Estava fodido, teria que suportar. Mas como? Com que nervos?

De manhã, quando saíamos, Simeão nos comunicou: não voltaria. Eu quis argumentar. Ele podia tentar mais um pouco, conosco. Mas o companheiro já estava preparado, iria para a casa de seu irmão, no Paraná, e viveria em paz.

Egoisticamente, pensamos — Rubão e eu — que aquilo podia nos prejudicar. Talvez não nos deixassem mais sair. Rubão sugeriu que fôssemos embora também. Não, eu não podia. E ele, iria para onde? Não tinha ninguém na vida. Na universidade procurei Gisela. A garota ficou indignada com o que acontecera. Queria ir ao juiz. Acreditava nas autoridades constituídas. Eu jamais acreditei.

As coisas entre mim e Isa não iam bem. Ela não conseguia falar comigo sem me censurar. Eu a necessitava mulher e companheira. Não conseguíamos conversar. Sábado, havia Camila. A cama já não estava dando certo. Eu queria mais do que ela estava disposta a me dar. Existia um ouriço, algo que perfurava e machucava toda vez que estávamos juntos. Seus olhos sempre me queimando com exigências.

Ela desenvolvia uma neurose. Não tinha nenhuma paciência, atacava pelos mínimos motivos. Minha impressão era que alguém a estava levando a se antagonizar comigo. Com as novas ordens, eu não poderia sair nem aos sábados. Entreguei o cargo de representante da classe ao Dênis.

Gisela era uma amiga muito querida. Mas não tinha maturidade para ser minha companheira. Menos ainda para entender meus problemas pessoais. No máximo poderíamos ir algumas vezes para a cama, não sempre. Ela não tinha experiência, não saberia o que fazer com um homem como eu. Eu precisava de uma mulher mesmo, muito mais que de um par de pernas abertas. Algo infinitamente mais complexo e vasto. E Isa fora isso para mim, por quase dois anos.

Eu a amava. Sobretudo porque lhe admirava a honestidade de princípios. Ela era o que dizia. Eu escutava e observava. Percebia o desenvolver de sua existência como algo limpo, puro. Isa era linda em sua humanidade e feminilidade. Só agora, após meses, eu teria alguma crítica a fazer. Particularmente quanto a sua impaciência. O modo de exigir, de querer mais que o possível. Mais do que dava. Não entendia que eu não acompanhava seu ritmo. Não conseguia.

Ela só bebia antes do almoço, aos sábados ou domingos. Se

eu bebesse nos fins de semana, beberia todo dia. Viraria alcoólatra, como meu pai. Não tinha o autocontrole dela. Se um dia na semana ela me convidasse para ir a sua casa fazer amor, eu quereria ir sempre. Ela não conseguia aceitar que, saindo na rua e tendo mulher, eu ainda precisasse me masturbar. Distanciávamo-nos sem que eu me desvinculasse emocionalmente.

Isa disse-me, por telefone, quando lhe resumi o que acontecera, que tínhamos o dever de voltar todo dia. Com ou sem Simeão. Eu devia aceitar provocações e deixar correr frouxo. Minha mãe também me aconselhava a calar e submeter-me. Ela sempre achava que eu devia conceder. Como toda pessoa vivida, sabia que a prepotência e o abuso não se firmavam no tempo.

O pessoal do CA e do DCE dividia-se. Nem todos pensavam que devíamos voltar. Nas classes, só respondemos presença. Passamos a manhã nas organizações estudantis, pedindo apoio.

Por fim, entristecidos, fomos para a Diretoria de Educação comunicar os últimos episódios. Dra. Marlene estava ciente da mudança da diretoria da prisão. Conversamos e decidimos interromper, temporariamente, nosso trabalho com os alunos-professores. Adiaríamos para sentir o que aconteceria.

O vice-reitor de Educação telefonaria para o diretor da penitenciária para falar sobre o projeto. Já imaginávamos qual seria a reação do homem. Policial, estava ali para reprimir. Não apoiaria uma escola melhor para os presos. Nos despedimos: a diretora, com os olhos rasos d'água; nós com o coração oprimido.

E fomos embora. O medo de voltar, o medo de não sair mais. Sempre o medo. Descemos do ônibus em Santana. Paramos num bar e tomamos três pingas cada um. Saímos com a boca cheia de chiclete de hortelã. Passamos por uma revista rigorosa. Os guardas provocavam para que reagíssemos. Quando entramos na cela, nos trancaram.

Florentino, como sempre, já havia retornado. Não sabia de

nada. Não participava de nada. Nós o considerávamos um alienado. Não contávamos com ele para coisa alguma.

Uma tristeza difusa nos tomou. O silêncio da prisão nos falava de uma paz enganosa. De qualquer jeito, agora estávamos ali. Irremediavelmente presos. Necessário ir em frente. Não seria mais possível voltar atrás.

À noite, Barbudinho veio nos buscar. O diretor nos esperava. Seu silêncio opressor, seu olhar arrogante nos diziam tudo. O homem nos interrogou sobre Simeão. Mas de um modo qual nós fôssemos responsáveis por ele. Como se as penas não fossem individualizadas. Não tínhamos notícias dele, por quê? O diretor foi obrigado a nos contar que Simeão não voltara. Ele não compreendia que, mesmo sabendo, não podíamos dizer. Era um policial, acostumado a intimidar, torturar e exigir. Jamais compreenderia nosso meio.

Calamo-nos. As ameaças vieram febris. O Barbudinho chegou a dizer que mandaria nos prender na rua, e no dia seguinte nos apresentaria como foragidos e recapturados. Seríamos encaminhados à cela-forte. Perderíamos todas as nossas regalias. Teríamos de falar para onde fora Simeão. Nós sabíamos, afirmava.

Ao mesmo tempo que coçava na garganta a vontade de dizer que o secretário de Justiça e o governador teriam conhecimento daquilo, eu sentia compulsão de rir. O delegado era apenas um pouco mais velho que nós, devia ter uns trinta e cinco anos, boa parte dos quais de ameaças e intimidações. O cabelo agrisalhado, o terno e a gravata não escondiam sua insegurança em relação à situação. O rosto vermelho, os olhos cruéis, os lábios finos de papel, nos diziam tudo.

Não sabíamos e nada tínhamos a dizer. O diretor mandou que o investigador nos reconduzisse à cela. O sujeito continuou cheio de ira. Ameaçou bater em nós. Baixamos a cabeça e calamos. Essa é uma das piores circunstâncias de estar preso. Ficar à mercê de pessoas estúpidas, ignorantes e covardes. Colocam-se em posição de superioridade para oprimir e humilhar. Na rua, são excelentes cidadãos, comedidos, honestíssimos. Na prisão crescem e prevalecem.

Rubão e eu concordamos em suportar. Não seria um covarde daqueles que iria jogar por terra nossos esforços. Não sei de onde conseguíamos forças. No fundo, a única salvação era não esperar salvação alguma. E que se danasse.

No dia seguinte saímos. Relatamos tudo o que nos estava acontecendo ao pessoal do centro acadêmico, do DCE, e a todos que conhecíamos. Eles foram unânimes em aconselhar que agüentássemos a barra. Estariam conosco. As duas Cristinas falaram até em paralisar a universidade e fazer passeata em frente à penitenciária. Radicais, como sempre. Mas imaginei a cena: centenas de estudantes com cartazes pedindo nossa liberação; televisão e jornais dando publicidade. Seria uma festa.

Na volta, estávamos vestindo o uniforme no xadrez, quando Barbudinho entrou. Junto, de escudeiro, o assistente penal de plantão. Na ausência do diretor, o assistente penal comandava. Mas o investigador vinha escoltado porque queria espezinhar. Devia ter bebido, pois, além das ameaças, vinha com ofensas.

Não consegui me conter. O desespero foi tão grande que comecei a chorar e xingar o filho-da-puta. Fui para cima dele. Queria agredi-lo. Falava de minha luta, do quanto me custara chegar até ali, do esforço que fizera para estudar sozinho, o qual ele queria destruir. O assistente penal, que me conhecia desde que eu entrara na prisão, ficou entre nós. Deteve-me, enquanto o canalha saía da cela. O homem não estava de meu lado, mas era testemunha do quanto fui provocado e compreendia minha explosão.

Driblei o assistente. Quando o barbudo percebeu que eu ia alcançá-lo, disparou galeria afora. Rubão, que era forte como um touro, grudou em mim. Segurou qual fosse uma morsa, até que eu me acalmasse. Não fora ele, e eu teria corrido atrás do infeliz. Nem sei o que faria se o pegasse, na fúria que me acometera.

Somente quando o assistente penal trancou a porta é que caí em mim. Havia atirado para o alto uma luta de anos. O maldito investigador tinha conseguido seu intento. Era essa sua finalidade, me provocar até que eu estourasse. E o sujeitinho trouxera o funcionário junto para testemunhar. Agora poderia me colocar no castigo e acabar com todos os meus benefícios. Como eu fora idiota! O excesso de adrenalina me deixou trêmulo, abalado. Não conseguia falar. Só me restava aguardar as conseqüências. Eu esperava o pior.

Após horas de torturante expectativa, o assistente abriu a porta do xadrez e adentrou. Perguntou, olhando na bolinha de meus olhos, se me sentia mais tranqüilo. Depois quis saber se estava satisfeito. Tentei uma posição defensiva. Expliquei que o filho do secretário de Justiça estudava em minha sala. Tanto ele como a reitoria da PUC estavam cientes da perseguição que aquele tira movia contra nós. Caso fossem tomadas medidas retaliativas, a universidade e o centro acadêmico de direito responderiam com medidas judiciais.

Era um senhor de certa idade. Aconselhou que me controlasse. Não me permitisse explosões como aquelas. Tentaria resolver o problema sem que houvesse maiores conseqüências. O fato era que o investigador não contava com uma reação tão forte de minha parte nem com a honestidade do assistente. Seu susto fora real.

Fiquei a noite toda em suspense. De manhã, o guarda abriu a porta normalmente, para que fôssemos à faculdade. Fomos saindo, certos de que seríamos barrados na portaria. Passei, qual nada houvesse acontecido. Ao atravessar a portaria, me pus a correr. Fiz um caminho diferente do rotineiro. Em vez de ônibus, peguei o metrô. Cheguei na universidade pela entrada de baixo.

Fui outra vez ao CA e ao Departamento Jurídico. Relatei tudo o que acontecera. Participei do começo das aulas e telefonei a todos. Receava que Barbudinho estivesse de tocaia. Minha amiga Gisela ofereceu-se para ir comigo até o portão da penitenciária. Confesso que me senti tentado a aceitar. Pelo menos seria uma garantia de que não me seqüestrariam. Mas eu não podia envolvê-la. O problema era inteiramente meu.

Minhas penas haviam caído para quarenta e nove anos. Eu cumprira doze. Se fugisse e me trancassem novamente, teria de cumprir no mínimo mais uns dez anos. O risco era enorme. Mas fazer o quê? Entrar na boca do lobo e esperar que ele não cravasse os dentes em mim? Eu tinha mesmo de parar com aquela vida. Não suportava mais. Os nervos esfarelados, podia explodir à menor pressão. Questionava se chegara a meu limite.

Na prisão, nada. Tudo estranho, muito estranho. Nenhuma represália, o que estava acontecendo? Eles não deixavam nada para lá. Esperei o resto da tarde. Parecia que as coisas fluíam com naturalidade. Desisti. Busquei não pensar para não descer ao caos.

De manhãzinha Rubens me comunicou que participaria de um assalto com um pessoal de Osasco. Tentei demovê-lo. Não precisava, nós continuaríamos a ajudá-lo. Não valia a pena arriscar, poderia acontecer o pior. Ele dizia estar preparado. Fizera ginástica e condicionamento físico por doze anos. Sentia-se em seu apogeu. Não tinha ninguém, precisava fazer seu pé-de-meia. Iria atrás de bastante dinheiro. Pediu-me que ficasse atento. Percebendo sua convicção, só me restou lhe desejar boa sorte.

Saí um pouco mais cedo. Fui direto à casa de Isa. Precisava desabafar um pouco e tentar fazer um amor gostoso. Estava procurando voltar a minhas bases. Ela, seca, neurótica, se fazendo de advogado do diabo. Defendia o novo diretor dizendo que era necessário disciplinar mesmo. Insinuava que eu exagerava quando contava sobre a perseguição do Barbudinho. Cedeu o corpo, mas sem vontade. Não houve prazer, apenas desafogo. Saí de seu apartamento pior do que entrei.

Corri para a PUC, sabia que a aula era séria. Fora avisado. O professor auxiliar nos deu uma tarefa que valia nota para o semestre: descobrir um novo fato social e criar uma lei, disciplinando e regularizando. A pesquisa precisava ser feita em jornais. Eu tinha condições, aprendera. Teria de procurar em arquivos de jornais e em bibliotecas. O trabalho deveria ser apresentado após as férias de julho. Durante as férias, teria tempo suficiente para executá-lo.

Almocei no restaurante da universidade com Gisela. Conversamos bastante, tomando café e fumando seus cigarros. Ela se preocupava muito com os irmãos e as namoradas deles. Uma das garotas engravidara e queria abortar. Gisela ficou puta da vida com isso.

Ao chegar à penitenciária, senti que mais alguma coisa havia desandado. A revista foi rigorosa, tensão no ar. Fiquei bastante surpreso ao saber da novidade. Rubão tinha sido atropelado na porta da penitenciária.

Quando cheguei à cela, lá estava ele. Todo machucado, gesso numa perna. Rompera os ligamentos do joelho esquerdo. Sofria um bocado. Saíra correndo, para não perder o encontro com os parceiros que o levariam ao roubo. Não olhara para os lados ao atravessar a avenida Ataliba Leonel. Um carro o pegou.

Pesadão, mais de cem quilos. Para ir ao banheiro, dava um trabalho enorme. Eu tinha de ser a muleta. Ele reclamava demais das dores e de meus modos ao auxiliá-lo. Também, pudera: eu nunca havia sido babá de marmanjo.

Do Barbudinho, nem notícia. Desaparecera de nossas vidas. Mas manifestava sua prepotência dentro da prisão. Lá que era lugar de ser valente. Não demoraria a encontrar o que estava caçando. No dia seguinte, ao sair, fui ver o carro que atropelara Rubens. Grade, capô e vidro dianteiro arregaçados. Olhando um e outro, difícil saber quem fora a vítima. O carro parecia mais danificado. Só que os doze anos de preparação do amigo agora equivaliam a nada. Ele até poderia ficar aleijado.

Tive de ir atrás dos negócios de Rubens. Nem fui à aula. Me dirigi para o fundão de Osasco em busca do Nei. Amigo que cumprira anos conosco. Nós três éramos metidos a atletas. Havíamos corrido anos a fio nos pátios e no campo da penitenciária. Graças a essa prática, eu sempre fora saudável.

Fui muito bem recebido. A afinidade maior de Nei era com o Rubens. Mas existia estima e respeito por mim. Ele me apresentou sua companheira, Sueli, e o menino deles, Juliano. Garoto lindo! Com a maior franjona e olhos de jabuticaba. Conquistei-o de imediato. Fiquei emocionadíssimo pela espontaneidade com que me acolheram. Pela primeira vez, desde que saíra, me senti em casa. Serviram-me suco de abacaxi batido na hora e bolo de cenoura.

Quando lhes contei sobre o acidente de Rubens, a comoção foi grande. O fortão era querido por ali. Parecia parente deles.

Saí da casa de Nei pleno de satisfação. Aquela família tinha me proporcionado um sentimento impagável. O amigo possuía uma Kombi. Vivia de carretos. De vez em quando fazia algumas "artes". Mas já estava em liberdade havia dois anos. Não se comprometia, só ia até onde sabia não correr riscos. Levou-me em sua perua até a estação de trem. Convidou-me a freqüentar sua casa, como fazia o Rubens. Uma amizade que eu desconhecia. Fora um prazer enorme encontrar numa situação melhor um parceiro de sofrimento. Ele podia até receber com alegria e generosidade.

Aqueles eram os últimos dias de aula. Não sabíamos o que ia acontecer dali para a frente. Minha relação com Isa balançava. Não falávamos do futuro.

Um dia antes de entrar em férias, fui consultar um advogado amigo da Ely. O homem defendera vários presos políticos durante a repressão. Daí a ligação com minha amiga. Ela prestara assistência a muitos desesperados daquela época.

Escritório simples e funcional. O homenzarrão barbudo me inspirou confiança. Fomos direto ao que interessava. Ele já havia estudado todos os meus processos. Foi claro ao afirmar que podia demorar um pouco mas resolveria minha situação. Me poria em liberdade. A Justiça é lenta, mas tem seus próprios caminhos.

Institucionalizada como gratificação, a corrupção funcionava com a maior naturalidade. Um presentinho aqui, um brinde acolá, e meus processos tramitariam com a leveza e a rapidez necessárias. O grande problema era o preço daquilo tudo. E, claro, seus honorários. Quando o advogado me informou a quantia, quase caí de costas. Respondi que só poderia contratá-lo se roubasse. Ele me disse que, se soubesse que meu dinheiro era roubado, não poderia aceitar. Parecia que eu era o único que ficaria preso no país.

Saí desanimado do escritório. Jamais conseguiria aquela quantia. Não queria me iludir, sabia que seria preso se tentasse roubar. Além do quê, tinha medo. Prisão, não mais. Depois, eu nem sabia se teria nervos e coragem para empunhar uma arma. Achava que gostava demais das pessoas para agredi-las. Atirar em alguém, nem pensar. E agora?

Voltei para a penitenciária com a cabeça a mil. Nem beber consegui, tamanha a preocupação. Precisava de espaço, de vida. Sonhava com minha cidade à noite, as luzes, o brilho, as cantinas, os shows, a vida estuante, quanta coisa... E, pelo visto, não mais. Então quando? E o que aconteceria durante as férias? Entrar para a cadeia, de certa forma, era segurança. O único mundo que, embora perigoso, eu conhecia.

10.

Início das férias. Começaria a fazer pesquisa nos jornais para encontrar um fato novo que merecesse uma lei nova. Aproveitaria também para resolver alguns problemas de Rubens.

A porta do xadrez nem abriu. O assistente penal mandou avisar que a ordem vinha da diretoria. Pronto, demorara mas chegara a represália. O que mais fariam? Passamos a manhã trancados na cela, esperando que se manifestassem. No espaço reduzido só cabiam o beliche e o pequeno armário para nossas roupas. Parecia uma caixa de sapatos, velha. Na hora do almoço, abriram, e fomos comer na cozinha. Não fecharam a porta. Não poderíamos ir além dali.

A cozinha era um salão com espaço do lado esquerdo para fazer saladas e frituras. Depois vinham a despensa e o refeitório dos guardas do lado direito. No meio, os panelões instalados numa plataforma cimentada no chão. Canos enormes de vapor. Canos mais estreitos de água, ligados às panelas de aço. As imensas tampas subiam e desciam movidas por molas internas.

Lá se cozinhava para duas mil e quinhentas pessoas, entre

presos e funcionários. Havia uma equipe de companheiros coordenada por um mestre. Eles eram responsáveis por todo aquele trabalho. No fundo, em outro prédio coligado, ficava a padaria. Forno, cilindros e salões. Controlados por outro mestre de ofício e sua equipe. Trabalhava muita gente ali, em turnos. Conhecíamos a maioria.

Para ir à cozinha, era preciso passar pelo corredor onde estávamos confinados em nossa cela. Então tínhamos contato com a prisão. Vários parceiros vieram visitar Rubens após o acidente. Tínhamos compromissos com os amigos lá de dentro. Fazíamos telefonemas, transmitíamos recados, levávamos e trazíamos papéis do fórum referentes a recursos processuais. Na medida de nossas possibilidades, prestávamos assistência a quem nos procurava. Uma obrigação, dever nosso.

O Budrim, um dos elementos da nova comissão dos presos, ainda clandestina, veio falar conosco. Soube que não nos deixaram sair e nos ofereceu ajuda. Se quiséssemos, eles paralisariam a cadeia. Promoveriam uma greve e reivindicariam nossa saída.

Sabíamos que eles tinham esse poder e que eram solidários conosco. Mas não queríamos. Estávamos em férias, e nossa autorização de saída era apenas para a freqüência de aulas. O diretor poderia permitir que saíssemos. Mas ficaria a critério dele. Forçar seria dar chance ao delegado para nos colocar como pivôs de motim. Iríamos parar na cela-forte. Nossa saída seria cortada definitivamente.

No dia seguinte, não abriram a porta nem sequer para nos alimentarmos. Os amigos da cozinha nos trouxeram o café-da-manhã e o almoço na cela. Alguém denunciara nosso contato com a comissão de presos. Muitos companheiros tinham nos procurado. Chamara atenção. Havia quinta-colunas em nosso meio. Gente próxima a nós.

Passamos três dias trancados. Começamos a reivindicar nosso direito de tomar sol. Não estávamos em regime de castigo. Tínhamos direito ao arejamento. O diretor, premido pela Lei, determinou que tomássemos sol no pátio do hospital. Mas sob a escolta do Choque da casa. Nos recusamos. O delegado queria nos humilhar. Na prisão, quem precisa de escolta para poder sair da cela são os alcagüetes, estupradores, policiais presos e demais patifes que correm risco de ser assassinados. Nós não precisávamos de seguro de vida. Preferíamos ficar ali presos.

Os dias se arrastavam. O tédio e a angústia foram tomando conta. Fumávamos maconha o dia inteiro para amortecer, insensibilizar. O pessoal amigo de pavilhão enviava através dos companheiros da cozinha. Eu estava viciado. Arrependimento feria fundo. Cada pega era uma paulada na consciência. Vivíamos dopados, dormindo, lendo, assistindo televisão e conversando.

Florentino, que antes de sair trabalhava na copa da diretoria, voltou a seu antigo setor. Enquanto ficávamos trancados, ele servia nossos algozes. E tudo por um prato de comida melhor e para se livrar da tranca. Que excelente advogado, juiz ou promotor daria!

Rubens necessitava de cuidados. Acordava à noite com dores atrozes. A cada movimento o amigo sofria. Busquei assisti-lo com o máximo de atenção. Mas ele se mostrava neurótico demais. Eu tentava entendê-lo. Um homem daquele tamanho e com tanta energia, sem poder se mexer. Era difícil, eu compreendia, mas discutíamos muito.

Isa veio no domingo. Eu a recebi na cela. Não permitiam que nos misturássemos, nem para receber visitas. Isa estava fechada. Bela em seu silêncio. Seus olhos de jade eram eloqüentes. A distância crescia, como uma trepadeira, pelas encostas, muros e muralhas. Falei tudo o que estava acontecendo, em desabafo, omitindo a parte da maconha. Ela se comoveu, mas não muito.

Havíamos aberto um espaço atrás do armário. Lá Isa se deu, meio a contragosto.

Passamos mais três semanas trancados na cela. Provavelmente eles se consideravam vingados. Rubens tomara uma decisão. Iria embora. Não suportava mais. Tentei demovê-lo, argumentar. Mas eu mesmo não via futuro ali. Os amigos do fundão diziam que a cadeia pegava fogo. Nós víamos passar pelo portão que dava para o hospital cadáveres ensangüentados e companheiros esfaqueados. A prisão entrara numa fase de descontrole. As dívidas estavam sendo cobradas. O delegado apoiava os funcionários repressores e a lei do cano de ferro.

A conversa de banho de sangue ressurgia. Agora com todas as possibilidades de realização. A penitenciária estava lotada de matadores de todo o sistema prisional do estado. Informações obscuras, nebulosas, metiam medo. Mas não medo de sermos assassinados pelos companheiros, pois não devíamos nada e nossa caminhada na prisão fora limpa. Sabíamos do ódio que a Polícia Militar nos devotava. Em caso de uma rebelião no nível que se projetava, eles entrariam atirando, certos da impunidade.

Rubão passou várias semanas tentando me convencer que não valia a pena o sacrifício de ficar. Tudo podia acontecer. Se ele fugisse, provavelmente eu seria recolhido. E ele já se decidira. O delegado fazia aquilo de caso pensado. Sacaneava ao máximo para que abandonássemos a luta. Decerto para demonstrar que não merecíamos aquela oportunidade.

Isa veio mais uma vez. Dentro dos olhos dela enxerguei uma mulher que eu queria para mim. Entre os prazeres já vividos, configuravam-se os possíveis do futuro. Sua franqueza e principalmente seu caráter íntegro me fascinavam. Mas eu estava confuso. Eu a perdia. Aquele sentimento, aquele fiapo de relação, me segurava e fazia combater a influência do companheiro.

Havia um problema me preocupando. Eu me afeiçoara ao

Rubens. Aqueles meses de convivência o provavam um grande amigo. Como ele fugiria, engessado daquele jeito? Eram noventa dias de gesso e repouso para que os ligamentos rompidos se consolidassem. Depois, viria a fisioterapia. Quem iria sustentá-lo? Ficaria na casa do Nei. Eu argumentava que o amigo tinha família. Não poderia financiá-lo por muito tempo. Estava disposto a depender do Nei? Ele já se definia. E eu, com a consciência pesada. Como deixá-lo assim? Fazia massagem, aplicava banho de luz numa caixa com lâmpadas que improvisamos. Ajudava-o a usar o banheiro e lavava suas roupas. Cuidava dele.

Não podia decepcionar Isa, Ely, minha mãe e todas as pessoas que confiavam em mim. Se eu fugisse, seria fechada a porta para outros presidiários que quisessem evoluir nos estudos. Mas também não podia me suprimir. Não podia viver somente o que os outros esperavam de mim. Aquilo me cansava.

As fontes de pressão aumentavam. O Rubens queria que eu fosse junto com ele. Seu estado físico mexia com minha consciência. E, agora, outra circunstância me ameaçava. Um amigo, que me apoiara em ocasião extremamente delicada, pedia a retribuição. Queria que eu lhe trouxesse uma arma para que pudesse tentar uma fuga. Eu conhecia sua situação processual. Ele cumpriria, no mínimo, trinta anos de prisão. Sua única esperança era a fuga.

Escorreguei. Não, não dava. Passava por revista na portaria. Mas eu e ele sabíamos que dava, bastava querer. O amigo não aceitou bem minha negativa. Senti que iria insistir. Ele teria que tentar qualquer coisa. Era jovem, trinta anos de prisão seria a morte para ele. Eu seria a chance de ele escapar de seu destino.

Estava tudo complicado. Eu enchia a cara de maconha para esquecer e dormir. Tinha que me posicionar a cada momento. Não podia fugir e ao mesmo tempo não via outra saída.

No fundo, também não me sentia contente, nem com a faculdade. Os movimentos estudantis e políticos, o envolvimento com o projeto de trazer a universidade para a prisão, a vida universitária e acadêmica me fascinavam. Mas eu já não acreditava no ideal de me formar. Aliás, acho que jamais acreditei de verdade. Que fazer?

Conforme ia se aproximando o dia de voltar às aulas, as dificuldades e dúvidas aumentavam. A necessidade de decidir era agora, a cada minuto. As forças diminuíam. Eu me segurava em minha lealdade aos amigos e no meu estremecido amor a Isa.

Não conseguia me alimentar direito. Emagrecia e estava uma pilha de nervos. Toda a minha vida em jogo, e eu não podia sequer conversar com alguém. Se abrisse para Rubens minha insegurança, o amigo entraria com uma argumentação mais sólida para me arrastar com ele. Se contasse para Isa, Ely ou minha mãe, elas nem argumentariam. Elas não tinham dúvida. Não podiam compreender o que eu vivia. Minha força estava nelas, e por elas eu ia seguindo de segundo em segundo.

Pensei muito nos dias que antecederam o reinício das aulas. Desde criança vivera na ilegalidade. Vivera fugindo e correndo sem parar e sem saber para onde ir. A polícia sempre estivera atrás de mim. Tudo fora uma roda-viva em que não dava para distinguir causas ou conseqüências. Agora a vida parecia mais ou menos assentada.

Eu podia andar com tranqüilidade pelas ruas. Os policiais jamais me paravam, nem sequer para pedir documentos. Houve ocasião em que até os provoquei um pouco. Queria esfregar na cara deles meu documento de estudante universitário. A vida acadêmica me interessava pela política, que fazia parte de minha existência. Amava as pessoas que conhecera. Isa, Ely, Lurdinha, Mitsuko, Marisa, Gisela, dra. Marlene, as Cristinas. Aprendera a viver no mundo dos "honestos", e gostava.

Decidi: iria conversar com Isa. Ela me compreenderia e me

ajudaria. Afinal, ainda era minha companheira. Resolveríamos tudo juntos.

Chegou o grande dia: 1º de agosto de 1984. Rubens, esforçando-se ao limite e com minha ajuda, conseguiu se aprontar. Eu o levaria. Ele havia treinado bastante. Com duas muletas, moviase. Nossa ordem de saída estava na portaria. O delegado não iria vacilar.

Eu praticamente perdera o semestre. O trabalho sobre uma nova lei valia nota, e eu não tivera condições de executá-lo. Não conseguira sair da cela durante as férias. Não me preocupava muito. Minha intenção era transferir a matrícula para o curso de história. Matéria que me interessava realmente. Odiava leis. Sabia da necessidade delas, mas queria distância.

Saímos pelos portões que os guardas abriram relutantemente. A cada dez passos (para Rubens eram pulos num pé só, feito saci), parávamos. Bagas de suor escorriam de sua testa. Toda vez que ele encostava a perna machucada no chão, seu rosto se contorcia. Foi uma luta para chegar até o ponto de ônibus. Mas o amigo era determinado.

Colocá-lo no ônibus, outra manobra. Ele subiu pela frente, com meu apoio. Eu desci, e subi novamente pela porta de trás, para pagar. Graças a Deus existiam os bancos para deficientes. Os passageiros que os ocupavam levantaram de imediato. Para descer, outro drama. Tive de usar de toda a minha força e habilidade. Para chegar até a universidade e a sua sala de aula, o homem chorou de dor. Sentou-se à carteira, as garotas o rodearam. Corri para minha classe. Depois do cumprimento de todos, expliquei o que acontecera. A professora chegou.

Eu não suportava ficar ali. Fui telefonar para minha mãe. Ela estava preocupada, apesar dos recados que eu mandava para tranqüilizá-la. Já Isa atendeu seca, sem carinho e com pressa. O diálogo ficava difícil. Eu precisava conversar com ela, expor o que me acontecia e pedir seu apoio.

Agora teria que ir para Osasco. Perguntar ao Nei, em nome do Rubens, se ele o aceitava em casa, foragido, até que se recuperasse. Corri, eram várias conduções para ir e voltar. Depois precisaria reconduzir o amigo à prisão até as catorze horas. Outra missão árdua. Mas estar solto, após um mês inteiro preso, andar nas ruas, nos ônibus, no trem, no meio de gente comum, que maravilha! Só o fato de não ver rostos deformados pelo ódio e não ouvir vozes roucas de raiva já era motivo de alegria.

Nei era realmente um grande amigo. Recebeu-me com a mesma generosidade de sempre. Não só aceitava o Rubão, como me convidou para que viesse também. Tentou me convencer que esse seria o melhor caminho. E se depois da fuga do amigo não me deixassem sair? Na casa havia um quarto vago. Ele compraria duas camas, e ficaríamos ali até que pudéssemos alugar uma casa. Sueli reforçava as palavras do marido. Juliano me reconhecia e me chamava para brincar. Não, eu não podia. Falei das pessoas que confiavam em mim. A mulher que eu amava não me aceitaria foragido.

Voltei às pressas para a universidade. Rubens me esperava, cercado do carinho das garotas, no DCE. Em seus olhos uma só pergunta. Quando afirmei que estava tudo certo, o homem relaxou na poltrona, suspirando. Ele temia que o Nei roesse a corda. Afinal, era o lar dele, podia querer preservá-lo.

Foi a maior dureza a viagem de volta. Caminhar cem metros com ele, um sacrifício imenso. Eu pensava que não existisse dor que eu não conhecesse. Mas vê-lo sofrer tanto doía. Amava aquele amigo. Suas dores e alegrias eram minhas.

Do ônibus, eu olhava as árvores, emocionado. Flores, o céu azul, tudo novo e lindo para mim. Mas, ao chegar às ruas que nos conduziam à penitenciária, o tempo fechava. O asfalto preto, as casas cinza e o mundo obscuro. Rubens ensopado da cabeça aos pés. Seu suor fedia em minha roupa. Parecia um milagre quando entramos em nossa cela.

Desenfaixei e tornei a enfaixar a perna do amigo, ajustando bem o gesso. Amarrei o plástico e ajudei-o a seguir para o chuveiro. Eu me tornara um enfermeiro muito eficiente naquele mês.

Comecei a juntar suas coisas numa sacola. Ele iria embora mesmo. Eu ia ficar sozinho. Após o banho, enxugando-se, ele me olhava. Acho, sentia a separação. Ainda tentou me convencer, e dessa vez apelou. Foi lá embaixo ao perguntar o que seria dele sem minha assistência e cuidado. Humilhava-se porque temia o futuro. E se sua perna não ficasse boa, como iria se sustentar?

Hora do almoço. O companheiro que nos trazia a comida trouxe também um recado. Era do amigo que queria a arma. Se eu me resolvesse a ajudá-lo, podia entregar ao portador do recado. Ela chegaria a suas mãos. O olhar do sujeito era ameaçador. Pelo visto, começariam a pressionar. Um aviso. Significava que eu, apesar de agora morar ali na frente, ainda estava a seu alcance.

Dia seguinte saímos logo cedo. Rubens se equilibrava melhor nas muletas, e eu levava sua sacola. Não despertava suspeitas, porque sempre levava roupas para Isa ou para minha mãe lavar na máquina. Não havia espaço para isso onde morávamos. Tomara uma decisão. Iria conversar com Isa de qualquer jeito. Precisava me abrir. Sentia-me só e inseguro. Minha sede de liberdade fora aguçada com a partida do amigo. Levei-o até a estação Sorocabana, de onde partia o trem para Osasco. Ele ficaria me esperando.

Corri para o apartamento de Isa. Ela atendeu a campainha, com uma pedra em cada mão. Perguntou o que eu queria. Não podia dar atenção a mim. Tinha de se arrumar para o trabalho e precisava levar Camila para a escola. Pensava que minha intenção era sexo, qual das outras vezes em que eu chegara cedo.

Mesmo assim, entrei. Ela veio falando atrás de mim feito gralha. Encaminhou-me para a cozinha. Ely dormia na sala e não podia ser acordada. Fiquei atordoado. Isa brigava comigo nem sei por quê, e não me deixou falar. Eu estava sendo expulso daquele mundo. Não fazia mais parte. Para ela, eu não era mais ninguém.

Saí dali quase corrido. Cheguei com um problema e fui embora com dois. Buscara apoio e tomara patadas. Estava aturdido, estupefato e só. Teria de decidir por mim mesmo. Vontade de me livrar da prisão, dos guardas, da diretoria, dos horários, dos ônibus lotados, dos companheiros que faziam ameaças veladas. Eu julgava que suportava aquilo por Isa. Não acreditava em futuro se não houvesse a quem me dedicar. Não conseguia alimentar motivo de vida em mim. Somente se houvesse a quem amar valia o sacrifício.

Encontrei Rubens na estação ferroviária. Em Osasco, apanhamos o ônibus que passava na Vila Iolanda. Eu havia esquecido que ainda precisaríamos caminhar um bom pedaço até a casa do Nei. O amigo sofreu demais. Parava a cada cinco, seis metros. O suor descia como se sua pele chorasse o esforço do corpo. Demoramos cerca de uma hora para chegar.

Fomos recebidos pela família reunida. Sorrisos brilhavam nos rostos dos três. Estavam realmente contentes em acolher o amigo. Eu estava caído, tamanha receptividade me reanimou. E me fez pensar em Isa. Talvez a pressa é que a tivesse tornado tão dura comigo. Quem sabe, agora mais calma, já no trabalho, ela tivesse repensado e me atendesse melhor?

Sueli me levou à casa da vizinha, onde havia telefone. Liguei e novamente fui tratado com estupidez. Não sei por que fiquei passivo diante daquela agressividade gratuita. Deixei que Isa me ferisse, me magoasse. Quando ela silenciou, fiz uma única pergunta. Nossa relação já era? Isa respondeu que sim. Estremeci.

Reagi batendo o telefone, sem querer saber de mais nada. Ouvira o suficiente.

A dona da casa me fitava, assustada. Pedi desculpas. Fui saindo, atrás de Sueli, que se virava para olhar para mim. Aquelas palavras — "já era" — penetraram em meu espírito como o sol a queimar. Quando ganhamos a rua, o vento soprava uma dor que se alargava, formando redemoinhos na minha frente. Todas as tristezas, antigas companheiras, fizeram-se próximas. As cadeias de meu medo estavam quebradas. Eu não precisava mais temer. Acontecera. De repente eu estava livre. Livre para quê? Não sabia. Segui Sueli meio sonâmbulo.

Sabia que aquilo estava demorando para terminar. Mas acabou por me surpreender. O impacto reverberava, e eu não sabia como reagir. Vingança foi o primeiro pensamento. Eu não podia sofrer tudo sozinho. A culpa não podia ser somente minha. Sempre eu? Seria possível que só eu estivesse errado no mundo? Alguém precisava sofrer comigo. Debatia-me. Uma espécie de loucura, não dava para entender.

Quando cheguei na casa do Nei, eu estava decidido. Também ficaria. Nem minhas coisas iria buscar. Não voltaria mais àquele inferno. Não havia mais por quê. Sairia fora, mas era como se estivesse apenas me esticando. Parte de mim permanecera ali, e me puxava.

E os outros? Isa não era a única. Ely, minha mãe, meus amigos, como ficariam? Decepcionados, com certeza. Eu também me decepcionara profundamente. Mas não dava para ser mais que eu mesmo.

Agora precisava do desconhecido. Do que da vida e de mim não era conhecido. O sabido era dor e tristeza. Eu conseguia agüentar melhor a pressão da minha consciência. Pensava, e logo pensar parecia uma mentira. Porque tudo parecia incerto, relativo. O real escapava-me ao longe, para dentro do labirinto das possibilidades e impossibilidades.

Quando comuniquei minha decisão à família e ao amigo, foi uma festa. Rubens fez o maior sacrifício. Levantou-se, pulando, arrastando a perna, veio me abraçar. Fui obrigado a abrir as pernas para nos sustentar e equilibrar. O cheiro agridoce de seu suor embrulhou meu estômago. Tive de usar toda a minha força para sentá-lo. Nei queria deixar claro que a casa era minha. Sueli acompanhava-o. O menino me olhava, sem entender. Peguei-o no colo e saí. Algo me sufocava.

Na rua, coloquei-o no chão e sentei-me na guia. Soltei a respiração. Estava livre. Até que enfim. Após doze anos, inspirava o ar da liberdade. Engraçado, não mudava nada. O ar era o mesmo, e eu ainda não me sentia livre como imaginava.

11.

Voltei a São Paulo. Agora vinha a parte mais difícil. Contar para a minha mãe. Entrei na revendedora de carros, ela estava no balcão, servindo café. A moça que trabalhava de caixa me presenteou com um sorriso. Simpatizava com ela, sempre gentil e atenciosa comigo. Todos gostavam de minha mãe e, por extensão, de mim também.

Sentei-me numa banqueta. Fiquei vendo-a trabalhar. Educada e bonitinha, a minha mãe... Lançava olhares que me inquiriam. Queria saber o que eu fazia ali àquela hora. Devia estar a caminho da prisão, eram quase duas da tarde. Conhecia-me demais e se preocupava.

Quando teve um tempo, veio até mim. Pedi que chamasse a outra copeira para ocupar seu posto e fosse lá fora comigo. Havia algo de extrema importância que precisava conversar com ela. Seus olhos se estreitaram, perguntavam o que eu tinha aprontado.

Saímos juntos, ela trêmula. Como doía! Percebi que por isso evitara aquele momento. Quando chegamos à esquina, criei coragem e lhe contei. Aquilo era igual bater em mãe. Expliquei que rompera com Isa e que não podia voltar para a prisão. Não agüentava mais. Ia cair no mundo.

Viajaria para o Rio e procuraria Eneida. Fora meu primeiro amor. Alguém importante demais para o meu desenvolvimento pessoal. Uma emoção profunda que dera sentido a minha existência. Minha mãe respeitava muito Eneida. Sabia que junto dela eu estaria bem.

Pediu, implorou que eu voltasse. Me deu a maior vontade de continuar a ser o filho que dona Eida adorava. Senti um vento frio zumbir no ouvido. Queria que ela fosse comigo até o banco e sacasse o dinheiro que havia lá. Minha reserva de segurança para qualquer eventualidade. Eu sempre pensara que poderia precisar fugir.

Foi comigo ao banco, relutantemente. Com o dinheiro em cima, me despedi. Vontade de sair correndo de toda a minha covardia. Sentia-me frouxo, canalha. Já não conseguia encarar minha mãe. Ela pediu que eu não me deixasse prender de novo. Não agüentava mais aquela vida de porta de cadeia. Respondi que, vivo, a polícia não me pegaria. Ela aprovou. Desse modo, parti mais aliviado.

Comprei calças, camisas e tênis. Cheguei, Rubens estava preocupado. Nei me aguardava, tinha novidades. Encontrara o Capoeira, um amigo dele, que o convidara para um roubo. Aceitara, mas com a condição de que eu participasse. Um carro de uma companhia de cigarros. Era só esperá-lo quando fosse fazer a primeira entrega, numa padaria na entrada de Osasco. Escutei calado. Na mente, a imagem: eu baleado e morto ao tentar assaltar o veículo. Não queria isso, sentia-me amedrontado. Mas agora eu nem tinha mais querer. Seria ação. As opções haviam sido feitas.

Improvisaram uma cama para mim. Ficamos conversando na cozinha, após uma janta muito gostosa. Acordaríamos cedo. Nei nos acompanharia, a mim e ao Capoeira. Tomaríamos o veículo e o levaríamos a um lugar predeterminado. Ali as caixas de cigarros seriam descarregadas. Sairíamos com a perua e a abandonaríamos na rua da feira. O Nei entraria com a Kombi dele, pegaria as caixas e voltaríamos para casa.

Não dormi, tenso. Não sabia como iria agir no assalto. Tinha receio de não corresponder às expectativas. De cometer algum erro. Seria censurado, desacreditado. Devia ser firme, intimidar fortemente e dominar. Não sabia se conseguiria atirar em alguém. Que sufoco! Arrependia-me.

De manhã cedinho, Nei me passou sua arma. Um revólver calibre .38, todo niquelado. Não fosse arma letal, até seria bonita. Na cintura, incomodava. Eu andava e temia que aquele trambolho escorregasse e fosse parar no meu pé. Sentia que todo mundo sabia que eu estava armado. E cada pessoa parecia um policial disfarçado a me espreitar. Bem, agora seria preciso me encher de firmeza e representar de modo convincente a cena do criminoso.

Passamos na casa do Capoeira. Ele nos aguardava no portão. Fui apresentado. Alto, magro, seu rosto comprido tinha algo de adolescente. Ele devia ser jovem. Mas os olhos tinham todas as idades. Com sua voz rouca cumprimentou-me, respeitoso. Escorregadio, olhava de lado. Não me inspirou confiança, mas o Nei o conhecia. Em silêncio, fomos até o limite de Osasco.

Entrei na padaria com a sensação de que todos sabiam que estávamos lá para roubar. A arma como que crescia e queria pular de minha cintura. Tomávamos café quando a perua chegou. Nei saiu. De repente, ele já estava na calçada, de arma na mão. Enquadrava os dois homens da companhia de cigarros. Abandonei o balcão e corri para o palco. Tinha de protagonizar minha parte na cena. Fiquei apenas com a arma na mão, os homens me olhavam. O Capoeira deu a volta e ligou o carro. Todos os papéis pareciam decorados, só eu não sabia o que fazer. A perua zarpava quando percebi que ia ficar ali, de arma na mão, com os dois homens me olhando assustados. Abri a porta, entrei, e eles correram para a padaria.

Notei a Kombi do Nei partindo quando viramos a esquina. Capoeira acelerava forte. O perigo agora era cruzar um carro da polícia. Não conversávamos, tensão total. Precisávamos chegar aonde se faria o transbordo dos cigarros antes de ser dado o alarme do assalto. Adentramos velozmente no fundo de Osasco.

Um pequeno depósito. Quando Capoeira abriu a porta, duas mulheres e um rapaz se puseram a transferir as caixas para a Kombi. Ajudamos. Poucas palavras foram trocadas, eu mesmo nada disse. Em questão de minutos, saímos com a perua da companhia de cigarros. Eu não pensava. Só observava atento. E não aparecia nunca a tal rua da feira. Tudo estranho e assustador. Chegamos ao destino, lugar bem escondido, propício. A polícia demoraria muito para encontrar o veículo.

Quando começamos a andar, a garganta seca foi se umedecendo. Eu sentia compulsão para falar. Contei tudo de mim ao parceiro, inadvertidamente. O sol aquecia o frio intenso que o medo me trouxera. Apanhamos um ônibus vazio. Desci atrás do Capoeira. Andamos mais um pouco, e reconheci a Vila Iolanda. Nos encaminhamos à casa do Nei.

Ele já chegara. A perua estava na garagem. Descarregaríamos à noite, para não chamar a atenção dos vizinhos. Entreguei a arma e relaxei. Em menos de uma hora havíamos encenado nosso espetáculo e tudo saíra certo, conforme planejado. Foi uma surpresa para mim. Estava preparado para desastres. Não, aquela vida não me servia mais. Meus nervos não agüentavam. Meus maxilares doíam por haverem ficado travados o tempo todo. Sentia-me cansado, dolorido, e um suor fedido me melava inteiro.

Rubens, como sempre, nos esperava na paranóia da preocupação. Ficara andando de muletas no quintal, sem parar. Sueli roera todas as unhas. Ainda bem que Juliano dormia. O único que não demonstrou emoção foi o Nei. Parecia frio. Ria com tranqüilidade, zombando de nosso nervosismo.

Tínhamos compradores para os cigarros. No dia seguinte já seriam vendidos. Sueli se propusera a alugar um quarto-e-cozinha para nós. Havia até algo em vista no fim da rua. Compraríamos móveis de segunda mão e montaríamos nossa casa. Ficamos ali, tomando cerveja, reavivando lembranças, fumando maconha e torcendo para o dia acabar rápido.

Aquele golpe correndo assim liso, de acordo com o planejado, derrubava dúvidas. Minha discussão com Rubens sobre o fato de o crime não compensar ia perdendo interesse. Mas eu sabia: o crime, como praticáramos, tinha como lógica a prisão ou a morte. Em determinado momento, ocorreria o elemento imprevisto e o trem descarrilaria. Não podia dar certo sempre. Seria contra a natureza das coisas. Eu pensava como poderia tirar o corpo fora. Ou então, depois que o amigo se tornasse capaz de ir por si mesmo, em sumir de São Paulo. Iria para o Rio de Janeiro procurar Eneida. Ela me ajudaria a arrumar um emprego e viver uma vida normal. Era tudo o que eu queria.

À noite, vaguei embaixo da cobertura do quintal. Do céu descia uma chuva que fugia na escuridão. Meu pensamento foi invadido por Isa. Um misto de raiva e afeto tumultuou-me a mente. Eu a culpava, justificando-me. Isa me abandonara no momento em que eu mais necessitava dela. Não fora eu que tinha sido fraco e me deixado levar pelas pressões.

Não, eu não podia me acusar. Isso me enfraqueceria. Agora eu precisava estar forte. Os dias foram passando. Sueli tornou-se uma amiga que me ouvia com afeto e interesse. O ambiente em que vivia aquela pequena família era por demais agradável. Batia uma imensa saudade de Isa e do lar que formávamos com Camila. Eu gostava muito de Isa. Muito mais do que imaginava. Ela era a base de meu equilíbrio. Dela retirava forças para suportar as pressões que me aturdiam. Sofria sua ausência. Saudades de seus olhos verdes, serenos, pousados em mim com amor.

Nei não conseguiu vender toda a mercadoria com a rapidez que esperávamos. Foi obrigado a negociar parcelas, e nosso capital foi escoando aos poucos. Assim íamos adiando as coisas que tínhamos por fazer. Passávamos os dias entorpecidos de maconha, conversando, lendo, e eu brincando com o menino. À noite, Nei nos levava nos locais de agito de Osasco. Encontrávamos vários malandros, enchíamos a cara de cerveja e vinho. Uma alegria artificial nos tomava.

Sentia-me mais preso que na faculdade. Adormecia toda noite cheio de tristeza, dúvidas. E acordava outro, longínquo, imerso em distância. O que existia dentro de mim, que ainda era eu? Pouco. Estava regredindo e perdido. Vivendo em ambientes que havia muito já não me interessavam. Mas alimentava a falsa ilusão de que, enquanto me mantivesse em movimento, estaria seguro.

Durante o dia, Rubens me enchia o saco com suas neuroses. Meu companheiro era Juliano. Garotinho cheio de vida e de amor. Sua paixão: empinar pipa. Comprei linha, papel de seda e taquara japonesa. Não perdera a habilidade. Virei menino. Passava horas de lata de linha na mão, brincando com ele. Sua felicidade me encantava. Aquele toquinho de gente conhecia o dicionário de um empinador de pipas. Aprendera vendo os outros garotos, do portão de casa. Só que falava todas as palavras de uma vez, feito uma metralhadora. Virava rei e ficava vermelho como o sol, pulando, com a linha na mão e a pipa no ar. Dava a impressão de que ele era a própria pipa, em seu extremo de liberdade. Poesia em ação, uma delícia de ver.

Eu abria os braços emocionado, e o garotinho se atirava. Apertava-o junto ao peito e transferia a ele todo o meu amor frustrado. Também a saudade de minha mãe e, incrível, meu amor por Camila. Amor à universidade, a meus amigos, ao mundo inteiro, ali, preso dentro de mim.

Sueli, mãe prestimosa mas também zelosa dona de casa, adorava quando eu saía com o menino para brincar. Assim tinha umas horas de sossego, porque Juliano era um azougue. Mas, quando estávamos na rua empinando pipa, ela ia nos ver. Ficava rindo dele, de sua alegria e vivacidade. Dizia-me que à noite, dormindo, ele conversava comigo sobre pipas.

Nei, além de viver na correria do trabalho com a perua o dia inteiro, exercia a função de educador do moleque. Não podia dar moleza. Ele já dominava a mãe tranqüilamente. Então, como eu corria por fora e não tinha de disciplinar ninguém, comigo era só alegria. Nós dois éramos felizes juntos. Íamos para todo canto, eu o adorava, sempre quisera ser pai.

O dinheiro começou a aparecer. Nei me deu um revólver Taurus, calibre .38, quase igual ao dele. Estávamos havia mais de dez dias enfurnados naquela casa. Queríamos um ar. O amigo nos levou a Osasco para que comprássemos roupas. Rubens tirara o gesso. Apoiava-se nas duas pernas, com alguma dor. Ainda necessitava da muleta para se locomover, mas melhorava a olhos vistos, graças a uma banha de carneiro que Sueli conseguira para nós. Esfregávamos naquele bendito joelho, toda noite. A articulação começava a reagir.

Nossa amiga não estava gostando nada de nossas saídas noturnas com seu marido. Imaginava que estivéssemos atrás de mulheres (e estávamos mesmo, só que sem sucesso) e que o Nei participasse de nossa busca. Conversei com ela, tentando tranqüilizá-la. Sueli o conhecera visitando um amigo na prisão. Apaixonou-se e esperou até ele sair em livramento condicional. A Kombi era fruto do fundo de garantia que recebera da empresa onde trabalhava antes de conhecê-lo. Contadora e modelista formada, fizera vários cursos e tinha bastante discernimento.

Não demorou para que ela encontrasse um lugar para nós. Uma colega separara-se do marido, queria alugar a casa e vender os móveis. Fomos ver. Era um corredor com quatro casinhas. A melhor era a que estava para alugar. A única que possuía banheiro interno. As outras dividiam um banheiro coletivo. Seria preciso depositar três meses. Móveis seminovos. A mãe da mulher separada é que veio conversar. Sueli assumiu nosso lado na negociação. Tinha tino comercial.

Gastamos parte de nosso dinheiro, mas arrematamos quase tudo. Só não ficamos com o berço e a cama de casal. Faltaram as camas. Nei nos deu uma, aquela onde Rubens dormia. Compramos outra para mim no centro de Osasco. As roupas de cama e as toalhas, Sueli arrumou. Alugamos a casa de manhã, e à noite nos mudamos com o pouco que tínhamos.

Ela comprou até mantimentos para cozinharmos, embora nos convocasse para almoçar e jantar em sua casa. Claro, declinaríamos o convite, mas às vezes estaríamos lá. Sua comida era gostosa demais. E eu precisava do menino.

Nei ainda me deu algum capital, e encerramos nossa negociação. Queríamos nos afastar dele para que voltasse a sua vida com Sueli. Ela nos conquistara. Sabíamos o quanto prezava a intimidade com o marido. Rubens continuava com dificuldade para se mover. Eu precisava encontrar parceiros. Perdi o senso do correto e quis vencer o medo.

Além de mim, havia o amigo para sustentar. Fazia uns vinte dias que fugíramos, a polícia nos procurava. E avidamente, sabíamos. O delegado-diretor devia ter tomado aquilo como uma afronta pessoal. Mobilizaria toda a polícia da cidade para nos recapturar.

Num de nossos passeios noturnos, havíamos reencontrado o Val. Amigo desde os tempos de Juizado de Menores. Nei nos falara muito mal dele. Viciado em cocaína na veia. O chamado "baque" (porque era mesmo um baque no coração). Por isso, estava desmoralizado. Nei nos desaconselhara a roubar com ele. Poderia nos prejudicar só para ter o dinheiro da droga. E Val nos convidara para que fôssemos a sua boca-de-fumo, no Km 18. Dizia que por lá veríamos muitos ladrões conhecidos.

Decidimos ir. Quem sabe não cruzaríamos com alguém que valesse a pena? Tínhamos de capitalizar, e rapidamente. Eu queria sumir de São Paulo. Rubens ia ficando bom. Eu não queria me envolver no submundo criminal. Mas precisava de dinheiro para construir uma nova oportunidade para mim longe daquilo. Já que era assim, então que fosse logo. Ficar adiando, vendo o tempo se arrastar por conta daquele resquício de liberdade, me cansava.

Quando chegamos, primeiro ficamos observando de longe. Uma rua estreita, asfaltada e completamente residencial. Abaixo, a avenida dos Autonomistas. Na entrada, uma boca de tráfico de cocaína, chamada de Borel. A boca-de-fumo era mais para o fundo, onde a rua terminava. Havia uma ponte de madeira, um valo enorme de esgoto. Do lado direito do valo, o campo de futebol da Ponte Preta e a fábrica Osram de lâmpadas. Do lado esquerdo, a boca.

Rapazes entravam e saíam de duas casas. Enxerguei o Val entre eles. Estava na cara que eram todos ladrões e viciados. A pior qualidade de malandros. Fomos. O amigo nos abraçou. Observei, ninguém estava bem ali. Olhos esgazeados, gestos bruscos, medo e susto. Segurei o cabo do revólver que trouxera na cintura, preventivamente.

Ao perceber meu movimento, Val tentou me serenar. Que não me preocupasse, dizia. Tinham roubado um carro e trocado por cocaína. Estavam usando. Simples. Olhei-o agressivo e perguntei por que me convidara a ir àquele lugar. Levou-nos à casa dele, logo em frente. Apresentou sua companheira, Graça. A mulher segurava um bebê. A sala possuía uma mesa e três cadeiras. Sentamo-nos, uma cerveja foi servida em copos americanos.

Eu ainda não me acostumara ao ambiente. Algo não ia bem por lá. Na minha garganta havia um nó. Eu engolia em seco a todo instante. Alguma coisa dentro de mim me dizia para fugir dali correndo. Não disse nada, suei frio.

Senti enorme alívio quando saímos para a rua. As coisas ao redor se fizeram mais distantes. Era noite, e esse fato suavizava tudo. Fomos apresentados a um monte de ladrões. Alguns pareciam ter certo destaque. Dois foram chamados para uma conversa em particular, o Toninho e o Zeca.

Val reinava. O dono da cocaína. Segundo ele, Toninho era um bom assaltante. Seus olhos estavam lá no fundão, circundados por olheiras. Sinistro, seco, chupado para dentro. Assustador. Zeca era o contraste. Boyzão, bermudas, cabelo enrolado, sorriso aberto e gestos largos. A simpatia personificada. Gostei dele. O Val não o via com bons olhos. O sujeito parecia fanfarrão, cheio de vantagens. Outros foram apresentados, mas nenhum que se sobressaísse.

Eu ainda reprovava o que havia de pior em mim. Mas já começava a pensar que era inevitável e que necessitava soltar. Zeca me agradava. Praticava uma modalidade de crime que eu não gostava mas era interessante. Menos risco e mais dinheiro. Se desse certo uma só vez, eu poderia deixar Rubens amparado por uns tempos e sumir de São Paulo. Agora precisava de coragem, meter os peitos. Estava armado, ia mesmo roubar. Então que roubasse uma vez para não ter que roubar mais.

Toninho era pau para toda obra. Parecia saído do fundo do tempo, obscuro como uma ratazana. Mas não era inteligente. Precisava de uma direção, segundo Val. Estava viciado demais no baque. Incontrolável. Roubava para sustentar o vício.

Voltamos para casa. Agora possuíamos nossa casa. Pobre e

triste casa. Mas sempre podíamos recorrer ao diálogo. Rubens tinha um bom papo e uma enorme capacidade de análise, embora prejudicada pela neurose. Ele gostara do pessoal. Não sabia por quê, simpatizara com o Zeca e não com o Toninho. Havia peso, densidade no ambiente, sentia vida, movimento e gente querendo. O quê, não dava para saber.

Enquanto o dinheiro desse, evitaríamos. Mas, se não encontrássemos ninguém, teríamos de apelar para aquele povo mesmo.

As noites sempre eram mais difíceis. Em duas delas Nei não apareceu. Pensamos, contentes, que Sueli estava curtindo o marido. Eram felizes, mereciam. Nos dias seguintes fui lá espiar: ela parecia bem, cantava e sorria abertamente. Mas sua alegria durou pouco. Logo o Nei nos procurou para sairmos juntos. Ele não ia atrás de mulher, nem de gandaia. Era outra coisa. Tinha mais a ver com estar presente, vivo, participante.

Numa dessas saídas, ele nos levou ao Young People. Um point da juventude classe-média de Osasco, na época. Restaurante e espaço para drinques, com guarda-sóis, muito vermelho em contraste com o branco. Achei estranho, na rua havia jovens aos montes. Todos convergiam para uma boate ao lado. Fomos olhar. Chamava-se Marditos. Com certa dificuldade, adentramos.

Num palco mais ou menos improvisado, uma garota cantava uma canção suave. Prestei atenção, ela imitava a Wanderléa, e a música me agradava, "A cigana". Muita gente. As mesas lotadas no centro, do lado esquerdo o balcão tomado. Imaginei que o dono devia estar feliz. Então percebi alguém nos chamando de uma das mesas próximas ao palco. O Zeca. Reconheci pelo cabelão enrolado. Fomos até ele, havia uma cadeira vazia e o garçom trouxe mais uma. Sentamos.

Ao lado dele, um amigo, o João. Um sujeito bastante simples, mas o cabelo de corte militar, o rosto escanhoado e, principalmente, seu olhar avaliador, me levantaram as antenas.

Não dava para conversar. O som do grupo que acompanhava a garota, o burburinho do pessoal, alucinante. Eu queria falar com o Zeca. Chamei-o para sair um pouco. Ele se divertia, jovem que era. Tudo produzia encanto e novidade. Era seu meio, mas consentiu.

Na rua, enquanto Rubens, que já sabia qual era a parada, conversava com o João e o Nei, tentei induzir o rapaz a me convidar para roubar. No fundo, eu torcia para que ele declinasse, educadamente. Mas nem precisou muita argumentação. Zeca estava sem parceiro e necessitava de alguém com certa presença física, educação e inteligência. Eu me encaixava como uma luva, segundo ele. Não queria fazer uma experiência?

O rapaz era saudável, meio espalhafatoso, e tinha boa apresentação. Falamos sobre rock, ele idealizava ir ao primeiro Rock in Rio. Seria em janeiro de 1985. Um sonho meu. Planejava ir ao Rio, assistir àquele que prometia ser o maior show de rock de todos os tempos, e ficar por lá mesmo.

Marcamos um encontro para o dia seguinte. Experimentaríamos a dupla. Caso desse certo, continuaríamos, mas eu pensava que, se desse certo, eu sumiria. Fomos para casa, eu e Rubens preocupados com Sueli. Queríamos que ela tivesse certeza de que não éramos nós que procurávamos o Nei. Combinamos até nos desviar dele para que não nos encontrasse.

Minha consciência atormentada foi racionalizando, sem nunca admitir o que eu estava por fazer. Indulgência, sim; rendição, jamais. De qualquer maneira, a liberdade era estar na rua. Eu sairia com o Zeca. Sua modalidade criminosa, chamada de "saidinha de banco", era simples. Mas a execução em seu mais alto nível exigia conhecimento, traquejo e paciência. Muita paciência.

O "trabalho" era em dupla. Bem-vestido e com boa aparência, um dos parceiros entrava num banco. Seguia para o balcão dos atendentes, posicionava-se próximo aos caixas. Pedia uma informação que, já se sabia, demoraria para ser fornecida. Então, o mais disfarçadamente possível, observava quem retirava dinheiro nos caixas. Quando alguém sacasse uma quantia elevada, ele saía atrás. Aquela seria a vítima. A abordagem se daria quando a pessoa parasse o carro ou quando surgisse a melhor oportunidade, longe dos aglomerados.

Zeca tinha uma motocicleta. Uma potente Honda 400cc. Quando nos encontramos no dia seguinte, estava motorizado. Combinamos que eu seria o olheiro. Fomos para o bairro da Lapa. Ele ficou com a arma, na esquina. Entrei num enorme Bradesco. Aquilo era fácil. Eu sempre acompanhava Gisela, Isa ou minha mãe até o banco. Vira várias pessoas retirando altas quantias em dinheiro. O problema seria indicar alguém. Achei que conseguiria ser insensível.

Pedi a uma simpática loirinha no balcão que procurasse saber se havia uma ordem de pagamento num nome fictício. Ela foi verificar. Fiquei olhando as pessoas na frente dos guichês dos caixas. Não me sentia bem. Parecia que todo mundo estava olhando para mim. Principalmente os guardas. Um senhor de idade recebeu quatro pilhas de maços de notas. O rapaz do caixa colocou dentro de um envelope pardo. Não. Um velhinho, não. Eu não ia ter coragem de pôr o revólver na cara dele. Esperei.

A graciosa loirinha veio me informar que não havia nenhuma ordem de pagamento naquele nome. Consultei o relógio e lhe disse que esperaria mais quinze minutos. Para ela ficar atenta no caso de sair aquela ordem. Apanhei um papel no bolso e fui sentar numa poltrona em frente aos caixas. Uma garota retirou uma quantia razoável e colocou na bolsa. Bonita e mulher, eu não ia assaltar. Depois veio uma senhora... Podia ser minha mãe, não dava.

A loirinha olhava para mim. Os guardas e um senhor de terno também. Precisava ir embora. Estava chamando demais a atenção. Não seria meu medo que me levava a pensar assim? Fui ao balcão perguntar novamente à garota sobre a ordem de pagamento. Nada, e dito com certa dose de impaciência. Seria preso ali. Saí do banco. Zeca me esperava na moto, contrafeito. Nada? Nada. Então iria ele. Eu seguraria o revólver e tomaria conta da moto.

Ele entrou, e eu respirei aliviado. Só aquele trem na cintura me incomodava. Estendi os olhos ao longe. Uma avenida imensa e carros para lá e para cá. Na calçada, gente de todo jeito. Entendi que tudo, passado, presente e futuro, era agora. Tudo era efêmero e morreria comigo. Minha vida, minha alma, estavam em minhas mãos. Eu não sabia o que fazer com aquilo. Tudo me possuía, eu não tinha nada nem ninguém. Bastava ver um carro da polícia para me contrair interiormente.

Zeca não demorou. Chegou apressado. Estávamos com sorte. Ele vira um office-boy fazer uma grande retirada e colocar numa pasta. Mas, e aí? Nisso um rapaz sai do banco. Era aquele. Subi na garupa e fomos atrás.

O rapaz estava completamente distraído. Na primeira esquina, Zeca subiu na calçada, embarreirando-o. Pulei da moto de arma na mão. O susto foi tamanho que o garoto deixou cair a pasta e quase entrou no muro ao lado.

Assim trêmulo, tão assustado quanto ele, meio sem sentir as pernas, apanhei a pasta. Ao comando do parceiro, subi na moto. Zeca voltou à rua, pessoas iam se aglomerando curiosas. Nós seguíamos avenida abaixo. A aceleração foi aumentando, e eu me sentia engolido pelo céu azul que se abria na nossa frente. A preocupação era sumir. Desaparecer. A polícia viria atrás, mas não nos alcançaria na velocidade em que estávamos.

Paramos na entrada de Osasco. Meu coração saltava, os olhos e o rosto queimavam, eu passava mal. Estava desesperado para me livrar daquele louco dirigindo aquela coisa barulhenta. Umas dez vezes pensei que ia morrer, ou que o vento me arrancaria do assento.

Zeca foi para a casa de sua tia, onde deixava o carro. Um enorme prédio de apartamentos na Vila Iara. Entramos na garagem de cima. Ele guardou a moto, e nós descemos para o salão de jogos. No banheiro, arrebentou a fechadura da pasta. Cinco pacotinhos de dinheiro em maços, presos por elástico. Deu-me dois, depois abriu outro e me deu metade. Saímos pela garagem de baixo, num fusca amarelinho. Da tia dele, dizia.

Levou-me à casa de João, onde estava morando. O sujeito havia sido expulso da Polícia Militar por roubo. Bem que eu sentira algo estranho nele. Mas era seu amigo de fato. Contou-me que tomara dois tiros nas costas, recente. Fora o ex-policial quem cuidara dele por três meses. Estava se recuperando ainda.

João cozinhava quando chegamos. Sujeito agradável, com um jeito generoso. Quase uma esposa para Zeca. Tirando as artes da cama: eles não eram homossexuais. Além de cozinhar, lavava e passava. O parceiro abastecia a casa.

Meu capital estava numa sacola plástica, junto com a arma. João saíra para buscar cerveja e cocaína. A boca ficava na rua de baixo, atrás da rua da cadeia. Tomei cerveja, mas, quando Zeca começou a furar os braços feito louco, saltei fora. João me acompanhou até o ponto do ônibus que passava na Vila Iolanda. Criticava o amigo. Dizia que agora ele ia ficar internado naquela paranóia até acabar o dinheiro.

O pior era que aquilo mexia comigo. Sentia vontade de experimentar. O pessoal que ia conhecendo usava. Mas eu resistia porque observava todos atolados na merda até o pescoço. Eu era bem idiota, mas não a esse ponto.

Cheguei em casa, e foi uma alegria imensa. Rubens estava qual um elástico, de tão tenso. Sorriu largo e, ávido, escutou meu relato. Vibrou profundamente. Claro que omiti medos, sustos e despreparo. Contamos o dinheiro. Quase o dobro do que eu ganhara com os cigarros. Mas aquilo não me incentivava. Cada vez eu queria mais distância daquela vida. Detestava ter de ameaçar as pessoas ou lhes fazer mal. E se o rapaz resolvesse encarar, ia ficar como? Atirar nele não sei se iria conseguir. Provavelmente atiraria, de medo. Aliás, nem sabia se o revólver funcionava. E se viesse polícia? Nem queria pensar.

Dividi o capital em três partes. Uma seria para minha viagem ao Rio; outra, para nos mantermos, e a terceira, uma reserva. Eu ia atrás de Isa. Saudade enorme. Estava escondido em Osasco havia um mês. E não parava de pensar nela, sentia sua falta. Precisava de um ponto de equilíbrio. Não conseguiria sobreviver muito tempo naquela insegurança.

Cheguei à estação D. Pedro II do metrô. Isa trabalhava na Comgás. Da estação dava para ver sua sala lá na empresa, pelas paredes de vidro. Telefonei. Quando ela atendeu, sua voz me emocionou. Perguntei se sabia quem falava. Sabia. Se queria se encontrar comigo. Não, não queria. Eu agora era um foragido. O sangue me subiu à cabeça. Filha-da-puta! Quis me vingar, agredi-la. Bati o telefone.

Liguei para minha mãe. Disse-lhe que estava bem e que a procuraria por aqueles dias. A polícia estivera em casa, e a vigiavam. Que eu tomasse cuidado, telefonasse antes de aparecer.

Eu queria pegar umas putas. Aquilo de estar em liberdade e ficar me masturbando fazia com que me sentisse preso. Eu passaria também na PUC. Sabia que seria perigoso. Se vigiavam minha mãe, deviam estar vigiando a universidade. Eu havia deixado crescer o bigode. Usava óculos escuros. Se entrasse e saísse rápido, nem perceberiam. Resolvi arriscar. Amigos, inimigos, precisava vê-los, respirar aquele ar e viver um pouquinho daquela vida.

Entrei pela passagem lateral, misturando-me aos estudantes. Invejava cada um deles. Dos mais humildes aos mais metidos. Segui para o escritório da parte esportiva do centro acadêmico de direito.

Atrás da escrivaninha, Gisela lia. Dei-lhe um susto. Quando me viu, teve uma reação inesperada. Projetou-se em minha direção qual atirada de uma catapulta. Recebi, surpreendido, o peso de seu corpo abraçando-se contra mim. A garota chorava, o rosto mergulhado em meu peito. Aos poucos foi relaxando e acalmando. Depois começou a falar atropeladamente.

Pensava que nunca mais me veria. A polícia estivera ali. Não a procuraram diretamente, mas perguntaram sobre ela. Gisela percebeu que a seguiam nos primeiros dias após minha fuga. Informavam-se junto às pessoas que me conheciam. Barbudinho com eles. Mostraram fotos minhas e de Rubens para muita gente. Davam um número de telefone, para o caso de nos verem. Haviam saído fotos e reportagens sobre mim e Rubens em quase todos os jornais. Fora escândalo e motivo para comentários durante semanas na universidade. Agora ninguém mais falava, fôramos esquecidos. A polícia não aparecera mais.

Gisela queria conversar comigo, sofrera demais minha ausência. Mas eu não podia ficar lá. Muita gente me conhecia. Ela dizia que eu ficara bem de óculos escuros. O bigode assentava legal. Eu só passara para vê-la, meus planos eram outros. Mas já fiquei com vontade de conversar com ela. Quando me abraçou, senti seus seios esmagados em meu peito. Algo mudara. Eu a esperaria no caminho para o apartamento. Ela se afastou, lançou-me uma última olhada, deu um pulinho e sorriu com malícia. Aquele pulinho e o sorriso mexeram com a minha libido. Será que sairia alguma coisa dali? Prometia.

Dei uma volta pela universidade, namorei cada canto e suas meninas. Passei próximo a minha ex-classe, com o coração na mão. Evitei os ex-colegas. Desci ao DCE, entrei na quadra, olhei de longe. O pessoal em plena atividade, efervescia. O CA de direito era mais perigoso. Por ali havia muitos policiais que procuravam formar-se. Esquivei-me de todos os conhecidos. Um mundo do qual me expulsara. E doía tudo aquilo, nos ossos, na alma.

Na verdade, eu estava em processo de fuga. A universidade, agora, era uma fase doloridamente vencida. Uma perda a ser assimilada.

12.

A garota descia a rua olhando para os lados, me procurando. Quando me viu, parou, nervosa. Abraçou-me e deu um beijo estalado. Peguei seus livros, cadernos, e fomos andando. Ela me contando que tivera que esperar o Chico (chefe do Departamento Jurídico) chegar para poder sair. Louca para estar comigo.

Eu pensava: será? Podia estar enganado, mas aquele sorriso, aquele jeitinho nervoso, pareciam de uma mulher querendo qualquer coisa. E qualquer coisa relativa a cama e emoções fortes. Aquilo me dava arrepio.

No elevador, ela me encarava. Avaliou, pareceu gostar do que viu. No apartamento, danou a falar da saudade que sentira de mim. Nos primeiros dias nem almoçava. Depois, quase nem ia ao DCE, eu não estava lá e aquela mulherada enchia o saco. Gisela não parava de se movimentar. Fomos para o quarto, quis me mostrar o colchão novo. Encostei na janela, uma brisa gostosa lambia minhas costas. A garota ia e vinha.

Então peguei sua mão e a puxei para mim. Ela veio, os olhos cheios de expectativa. Abracei-a devagar. Aconchegou-se, pequena e delicada. Meu pau estava qual uma pedra. Ela se encaixou e novamente comprimiu os seios contra mim. Beijei-a, ela aceitou. Juro que não esperava por aquilo. Nem por aquele gosto de mel... Quando a soltei, ela permaneceu. Aos poucos foi escapando, suave. Sentíamo-nos embaraçados. Éramos outros. Estávamos nos conhecendo naquele momento. Ela baixou os olhos e saiu jogando os quadris, livres na calça folgada. E que quadris! Por dentro algo se descolava de mim e se grudava nela. Eu ia comer aquela gracinha. Muito mais do que eu merecia. Nem sabia como iniciar, como chegar nela, estava tímido. Qual o próximo passo?

Ao voltar para o quarto, Gisela havia se decidido. Enfrentou meu olhar e veio para cima, dando mole. Segurei-lhe o rostinho, olhei fundo em seus olhos escuros. Beijei a testa e as pálpebras. Depois as bochechas, a ponta do nariz, os cantos da boca, o centro. Fui roçando os lábios secos nos seus, docemente. Só assim sabia tratar uma garota como aquela. Se bem que lá embaixo estávamos encaixados. Ela queria, e dava a impressão de querer muito. Tivera apenas um namorado. Durante cinco anos. O cara parecia o Woody Allen. Garoto, como ela, e só com ele estivera na cama. Ambos inexperientes.

Iniciei, meio forçado, a conversa. O que acontecera? Nós nos conhecíamos havia meses, estávamos sempre juntos, e ela nunca me dera uma só entrada. Muito pelo contrário. Quando, no começo, abri espaço para fazer as jogadas, ela sempre me desestimulou. De repente assim, solta, naturalmente aberta. Parecia até que acabara de me conhecer.

Depois que eu fugi, ela entendeu minha importância. Então começou a pensar e me comparou com os rapazes da sua turma. Mas eu era um homem, e ela uma garota de dezoito anos. Um relacionamento comigo teria de ser sério, comprometido. Sentia-se menina.

Mas e agora? Sentira minha falta e queria experimentar ser mulher. Eu teria que ter paciência, se a quisesse. Ela desejava aprender e queria muito experimentar.

Aquele "muito" me deixou tarado. Acelerei, enfiei a mão e a boca em todos os cantos e reentrâncias. Quando soltei seus seios duros, bojudos, ela disse que não podia naquele momento. Pronto, pensei. Era bom demais para ser verdade. Ela faria duas provas bimestrais a partir das treze horas e não havia almoçado. Perguntou se eu tinha camisinha. Não, não tinha. Então ela não podia. Engravidar, não. E aí, como eu ia ficar com aquele pedaço de ferro no meio das pernas?

Perguntou se eu queria encontrá-la à noite, depois das provas sua mãe viria de Santos para vê-la. Claro. Marcamos encontro na lanchonete da entrada da rua de baixo da universidade, às vinte e uma horas. E aí, o que faríamos? Ela estaria a minha disposição, eu que comandaria. Mas que viesse prevenido. Nunca mais, em tempo algum, ela me pegaria desprevenido novamente.

Fizemos um lanche apressado, e levei-a até a porta da classe, abraçados qual novos namorados. Tudo era alegria e promessa. Dei-lhe um beijo na frente de seus colegas, um desafio. Largamo-nos com a professora já na sala.

Eu não tinha o que fazer até as nove da noite. Fui para o meu lugar preferido. Avenida Paulista. Andei da Consolação à Treze de Maio. Numa calçada, depois na outra. Bem devagar, contemplando os prédios, as pessoas, os jardins, o museu. As mulheres eram lindas. Provavelmente, sem as mulheres eu perderia a vontade de viver. Passei a tarde passeando, tomando sorvete e comendo frutas. Gostoso, sem horário marcado e sem compromisso. Apenas passeando, misturado à gente da minha cidade.

Às nove em ponto, eu estava na porta da lanchonete. Leve, imaginava viver emoções inesquecíveis. Era todo expectativa. Carente, muito necessitado de amor e carinho. A mente desesperadamente despreparada. Era uma reunião de frustrações antigas, amadurecidas em dor, mergulhando meu presente em angústia. Agora aquela menina vinha me trazer esperanças.

Eu observava a bagunça que um grupo de rapazes fazia no outro lado do balcão, quando ela chegou. Veio vestida formalmente. Blusa azul, de um tecido muito fino, calça preta, também fina, sapato alto e cabelo arrumadinho. Uma princesa. Deu-me um beijo na boca, acomodou-se a meu lado e sorriu. Elogiei, sorriu mais aberto ainda. Ah! Linda mesmo, parecia um anjo. Mas um anjo gostoso, com uma bundinha divina! Perguntei se queria ir a algum lugar especial. Sim, queria. Um restaurante tipo americano, com reservados e música ambiente. Era na avenida Brigadeiro Luís Antônio, desejava conhecer.

Apanhamos um táxi. Ela contando da mãe, que viera de Santos cheia de novidades. Duas cunhadas estavam grávidas. Um irmão sofrera um acidente de moto mas já se recuperara. Eu conhecia sua mãe. Ela possuía uma fazenda de criação de gado reprodutor. Sustentava os seis filhos.

O restaurante era desses com divisórias almofadadas para casal. Tudo em azul e branco, desde a roupa das garçonetes até as paredes. Bem americano mesmo. Sentamos num reservado. Queríamos conversar e namorar.

E aquele era o lugar certo. Depois de jantarmos, tomamos Cointreau e pedimos sorvete em taças enormes, crianças de novo. Mas agora com beijinhos e carinho de casal apaixonado. Tarde a levei para casa, ambos embebedados e alegres.

Sua colega de apartamento dormia, não sei com quem, à porta trancada. Gisela caiu de atravessado na cama. Deitei ao lado, ela fechou os olhos. Eu a despi rápido, com leves carícias. Eu quis que apagasse a luz, e ela acendeu o abajur, virando-se. Lambi e possuí minha pequena amante, requintadamente, com toda a delicadeza e vigor de que me sentia capaz. Cheguei perto, muito perto, do fim do mundo.

Ela dormiu em meus braços, nenenzinha satisfeita. Acordei pensando estar preso, estranhando a cama. Era tudo sonho. Quando eu abrisse os olhos, veria a porta de aço e as paredes. Então ouvi a voz dela cantando fininho. Parecia um passarinho dobrando o canto. Abri os olhos. Tudo era verdadeiro. Amei a liberdade, e ali ficaram, por terra, todos os meus escrúpulos e arrependimentos. Quem não aceitasse que continuasse não aceitando. Eu estava livre e ia fazer tudo para permanecer livre. Só aquele instante valera todo o sofrimento. Ri de meus remorsos. Faria tudo novamente, só por aquele acordar.

Na cozinha, peguei-a por trás, no fogão. Ganhei um beijo rápido de pescoço virado. Um sorriso que tinha algo de agradecimento e carinho. O calor dela invadiu meu corpo, ah, meu Deus! Quis arrastá-la para a cama outra vez, ou abaixar sua calça e resolver tudo ali mesmo. Mas ela não podia, tinha de ir trabalhar. Sempre o trabalho.

Tomei banho e voltei para o quarto. Na cama, os lençóis eram cinzas, restos de incêndio. Me vesti, também precisava correr. Rubens devia estar aflito. Era a primeira vez que eu passava a noite fora, depois da fuga. Ele sabia que eu viera para São Paulo. Até desaconselhara.

Na rua, senti o sol me espiando satisfeito. O mundo era azul e a vida linda. Cheguei apaziguado a Osasco. Meu amigo, ao ver minha alegria, pensou eu houvesse reatado com Isa. Um torpor, uma vagareza, um mel derramavam-se de meus olhos. Quando contei, ele não quis acreditar.

Fomos para a casa do Zeca. Saído da paranóia do baque, ele mergulhava na letargia da maconha. Perdido e sem saliva, igual a uma dessas folhinhas secas que o vento colhe. Aflito, apagado, apanhado de surpresa pelo momento. Tomava chá, começava a conversar.

Havia gastado todo o seu dinheiro na droga e me pedia emprestado. João fez sinal que não. Se eu desse, ele correria comprar mais. Menti. Gastara tudo, mas dei o que tinha no bolso para João preparar um almoço reforçado para nós. Então chegaram duas garotas. Nilsa, namorada do Zeca. E Biana, uma mulata bonita, coxas grossas e sorriso atrevido. João me contou que era ladra bastante destacada. Fora mulher de alguns bandidos. A polícia matara todos.

Zeca conseguia agregar pessoas ao redor dele por conta de sua generosidade. E em especial por conta das drogas. Viciados o procuravam constantemente, era um ponto de referência. Se não tinha droga, sabia quem tinha. Sempre agradável e gentil com todos. Percebi que falava a meu respeito com sua namorada e Biana, enquanto eu conversava com João.

A mulata me lançava longos olhares. Decerto Zeca enchera minha bola. Todo exagerado, parecia gostar de mim de verdade. Fumamos um enorme baseado em conjunto. Somente Nilsa não quis. Tinha vida regular. Morava na casa dos pais e trabalhava. Sua única loucura era gostar do amigo ali. Mas ele era mesmo diferente. Não era exatamente um malandro, nem um bandido contumaz. Drogas, vida de boy pelas danceterias, roupas de grife, e aventura. Roubava para curtir o que considerava viver bem.

Dei uma boa olhada na fêmea que se apresentava. Eu não era daqueles que chamam a atenção. Fisicamente, bastante comum e simples. Estatura baixa, robusto, olhos e cabelos castanhos. Feições normais, nada que me diferenciasse. Creio que um dos motivos de haver me precipitado crime adentro fora a tentativa de alcançar algum destaque. E, claro, de conseguir capital para comprar reconhecimento. O que será que o amigo dissera àquela deliciosa garota que a deixara assim oferecida?

Começamos a conversar. Zeca tinha contado que eu fugira da Penitenciária do Estado. Um grande bandido e ladrão. Um perigo para a sociedade. Ele queria que a mulata se interessasse por mim. Sabia os valores que ela apreciava. Eu entrei no jogo mais que depressa e posei de bandidão tranqüilamente. Quando a moça ficou de pé, reparei melhor nela e pude avaliar minha sorte. Um avião. Tudo gostosura, uma manga sumarenta. Então havia um mistério. Não era possível. Com tudo aquilo, boca de lábios cheios, olhos de mel, corpão exuberante, assim solta? Não tinha dono? Ainda mais imersa no submundo do crime e do vício? O que havia de errado com aquela fruta? Estaria bichada?

Rubens não queria permanecer naquela casa. Muito ladrão e droga misturados, não ia dar certo. Meu alter-ego. Eu o escutava. Sempre o achara sensato em questão de segurança. O limite entre o mundo exterior e o mundo interior era muito frágil. Em alguns momentos nem parecia existir.

Aproximei-me de Biana. Nós nos encontraríamos, oportunamente. Ela freqüentava o Km 18, conhecia o Val. De repente eu tinha um encontro marcado. Iria procurá-la. Fomos para o quintal, seus olhos prometiam. Foi muito difícil sair dali. A vontade era ficar e cair na gandaia com eles. Mas eu não podia.

Corremos para a casa de nossos amigos. O ambiente familiar constituído por Nei e Sueli. Senti saudades de Isa. Às vezes pensava se não devia sair andando pela rua até ser atropelado. Precisava daqueles olhos verdes deitados em mim, com amor.

Desabafei com Sueli. Passamos a noite jogando cartas e conversando. Juliano não desgrudou enquanto a mãe não o colocou para dormir. Na marra, claro. Por ele, ficaria conosco a vida toda.

Fomos para casa de manhã. O céu amanhecia. Eu sabia que aquilo podia parecer um começo, mas era alguma espécie de fim. A consciência, uma lâmina a fatiar a alma.

13.

Evitei Gisela o quanto pude. Não, eu não ia me apaixonar. Jogava. Agora queria que ela sentisse minha ausência, após momentos tão íntimos. Estava muito confuso, vivendo o irreal, e tateava tentando encontrar um chão firme.

Numa das vezes em que fui ao Km 18, conheci uma garota a quem chamavam de Morena Gengerê. Ela fumava maconha numa roda de malandros. Linda, grande, gostosíssima. Todos a queriam. Eu também entrei na fila. Comecei a freqüentar aquele lugar. A garota fora criada com a rapaziada dali. Todos a respeitavam. Trabalhava numa banca de jogo do bicho, em Carapicuíba.

Quase toda noite eu aparecia lá. Até que reencontrei Biana. Estava na casa do Val assistindo televisão quando ela chegou, esbaforida. Procurava cocaína, meio louca e sem dinheiro. Olhei fundo naqueles olhos de mel e a quis, completamente. Não a quis para amar, namorar, nada. Havia algo de animal nela que me deu ânsia de dominar e controlar. Sem dó.

Na terceira vez que vi Biana, e dessa vez eu a procurara, saímos juntos. Val tinha trocado um carro roubado por cocaína, com um boliviano. Deu-me uma certa quantia contada em gramas. Sabia qual era minha finalidade com a droga. A Morena Gengerê era saradona e só fumava baseado. Eu já a tentara com dinheiro. Cantara para jantar, uma noitada, e nada. Ela gostava do Índio. Sócio do Val na boca-de-fumo. Não queria saber de mim, mas eu insistia. Assim como todos por ali.

Biana estava no bar do Borel quando a encontrei. Entrei e fiquei do outro lado do balcão, só observando. Bonita, o rosto miúdo, os olhos e a boca grandes impressionavam. Estava ansiosa, junto com um rapaz novo. Este a segurava e, percebi, posava de dono. Ela se esquivava. Quando me viu, irradiou um sorriso que iluminou todo o seu rosto. Me senti achado.

Deu a volta pelo balcão e chegou me abraçando. Beijou meu rosto, quase lhe ataquei a boca. A custo me contive. Era uma boca muito atraente. Farta, carnuda, feita para ser saboreada. Perguntei se queria beber algo. Claro. Maria-mole (conhaque com martíni). Eu tomava um vinho seco. Daqueles de bar, que amarram na boca como caqui verde. Nem o vinho do Porto me saberia tão delicioso.

Bebemos, Biana tentava perscrutar meus pensamentos através dos olhos. Meu desejo era pólvora à espera da fagulha. Ela queria saber como eu estava. Se ainda roubava com o Zeca, se o vira. Não, eu não tinha parceiro fixo. Ela parecia cheia de respeito e admiração. Alimentei-a. Queria parceiros para roubar bancos. Formava equipe. E ela? Fazia espiantando em lojas. Estaria bem, não fosse a cocaína.

Tivera dois maridos assaltantes, e ambos a polícia matara. Viúva negra. Brincando, Val me advertira: cuidado! Perguntei do presente. Ela estava só. Algumas paqueras, mas nada sério. Tinha um filho. Ficava em casa, o irmão cuidava na sua ausência.

Eu já tinha a ficha. Aquele irmão matara um irmão deles, em casa, na frente da mãe, numa discussão. Cumprira anos de cadeia. A mãe morrera, e Biana morava com ele em Quitaúna, na casa da família. O sujeito era surdo-mudo e meio maluco, vivia às suas custas. Fazia pequenos biscates como servente de pedreiro. Mas e o sujeito que estava com ela e nos olhava aborrecido? Eu saíra de casa a fim de procurá-la. Precisava de uma mulher. O rapaz não era ninguém. Um ladrãozinho viciado à caça de cocaína de graça, como ela. Quando falei que tinha o pó brilhante, seus olhos se arregalaram. Os dentes bateram nos meus, na pressa do beijo. Era uma piranha viciada. Tudo bem, seria uma operação de compra e venda.

Perguntei onde ela queria usar a droga. Em sua casa seria mais tranqüilo. Ela prepararia uma refeição para nós, e ficaríamos o resto do dia de lazer. Combinado. Rubens abandonara as muletas e andava apoiado numa bengala. Agora ele mesmo fazia as massagens e o banho de luz. Aos poucos ia se recuperando e me deixando em paz. Passamos na boca do Val para avisar aonde eu iria. Previa ficar fora o dia todo e também a noite. Aquela cocaína ia render.

Pegamos um ônibus. O dia, um deleite. Aquela garota com aquela bunda enorme colada em meu corpo, a caminho do prazer, puxa, era grandioso! Descemos em frente ao quartel. Os dois sentinelas de fuzil em punho não assustavam. Pareciam soldadinhos de chumbo, inofensivos. Caminhamos por entre ruelas, quase um labirinto. Aproximamo-nos de uma casa em obras. A escada de pau, difícil acesso. Ela me explicou que estava construindo um quarto para o filho, na parte da frente.

Lá em cima, o irmão nos esperava com um menininho. Estava na cara que o sujeito era meio pancada. Cheguei arrumando a arma na cintura, para que ele sentisse a força. O garoto pulou na mãe. Me olhava por cima do ombro dela. Perguntava sobre mim no seu ouvido. Sorri toda a minha simpatia. Ele retribuiu, hesitante.

Biana conversou com o irmão por sinais. O menino pulou de alegria. Ia brincar com os primos. A garota mandara o irmão levá-lo para a casa da irmã deles. Era perto dali. Perguntou-me se eu tinha um baseado para dar ao rapaz. Não por acaso, eu estava com um caroço da erva. Achava gostoso fazer sexo depois de fumar. Reparti com o sujeito. Seu sorriso ia de orelha a orelha. Dava uns guinchos estranhos de agradecimento. Por uns baseados eu podia comer a irmã dele, tranqüilamente.

Vestiu o garoto, mandou que ele se despedisse de mim. Seu sorriso era lindo, os olhos se fechavam como os de um oriental. Beijei-lhe o rosto, ergui-o no alto, chacoalhei. Seu sorriso se expandiu. Eu sempre me dera muito bem com crianças. Espontâneas, naturais, fáceis de amar.

Mal eles saíram, a devassa sentou-se em meu colo e veio com aquela boca deliciosa. Era uma flor vermelha, quase densa, que fluía úmida e sedenta. Em seus olhos uma dor fininha, grave em tristeza. Chupei sua boca, agoniado para abatê-la.

Ela queria tomar um baque antes. Dizia que aumentava seu tesão. Tudo pelo seu tesão. Eu me desesperava, daria tudo que me pedisse. Coloquei o saquinho de pó na mesa. Devia ter dez gramas. Ela não esperava por tanto. Arregalou novamente os olhões, vagabunda. Deu-me um beijo e correu para o quarto. Voltou só de calcinha e seringa hipodérmica na mão. Lavou, esguichou e veio com a colher. Preparou, colocou na seringa. Pediu que eu segurasse seu braço. As veias saltavam.

Seus olhos eram de vidro amarelo. Uma dor inteira como uma pedra, sólida como um punho. Furou-se e injetou. Confirmou. Jogou-se contra mim. Peguei seus seios pequenos que cabiam um em cada mão. Não demorou. Abaixou-se, agora descabelada, suando forte, molhando minha roupa. Apanhou a colher e preparou outra dose. Arranquei sua calcinha. Enquanto lhe segurava o braço, coloquei-me entre suas nádegas carnudas, como quisera fazer desde que a conhecera. Quando, após mais uma dose, jogou-se para mim, entrei. Não tentou se esquivar. Acolheu-me. Fui fundo, todo.

Era louca. Eu entrava e saía. Abaixou-se. Facilitando, pensei; gostou, ô que bom! Mas nada. Apenas preparava mais uma dose. Aquilo me irritou, acabou com o respeito. Peguei-a pelas nádegas e me afundei com força. Ela foi para a frente, cheia. Não largou a colher e a seringa. Soltei-me. Agora era sadismo. Coloquei toda a força e pressão. Só escutei seu gemido quando ela conseguiu se injetar novamente e me apertou dentro de si. Uma dor negra e gostosa. Explodi. Senti que jorrava qual urinasse. Imaginei, em minha viagem, que me liquefazia.

Minhas pernas bambeavam. Segui, me equilibrando, para o banheiro. Tomei um banho, minha mente acelerava-se. Sentia-me qual houvesse retornado à escuridão de onde vim. Botei a roupa e voltei para a cozinha. A mulher ainda se aplicava, agora sentada, suja e nua. Apanhei o que restava de cocaína, joguei na pia e abri a torneira. Ela estava louca, queria lamber a pia. Mas era mansa, frágil demais. Parecia feita de louça, cada vez mais delicada e afinando.

Levei-a até o chuveiro, cheio de compaixão. Agora totalmente arrependido. Eu a usara de maneira vil. Abusara de sua fragilidade, e aquilo me doía. Nauseabundo, me enojava de mim mesmo. Esperei que se banhasse, envolvi-a na toalha molhada com que me enxugara. Ela tremia. Enxuguei-a vigorosamente, tentando passar calor a sua pele. Deitei-a na cama e a cobri. Ela me olhava o tempo todo. Seus olhos, uma mancha mole e amarela de desespero. A dor era pastosa.

Sentei-me ao lado da cama e fiquei alisando o cabelo dela, condoído, quase chorando. Sua dor era tão minha... Dormiu. Seu sono era inquieto, tentei fazer uma oração por sua paz, mas não soube. A garota dormia profundo agora. Eu queria sair fora daquela casa, daquele clima. Mas não conseguia.

Fui para o quintal. Brinquedos quebrados do menino, material de construção, desolação e abandono. No tanque, montes de roupas de molho. Voltei para a casa. Lavei a louça. Mexi no armário. Encontrei ovos, café, pão e um queijo macio. Fiz um omelete, passei o café.

Acordei Biana, que se debatia em pesadelo. Trouxe-lhe café quente e um sanduíche de omelete. Sorriu, alimentou-se sem nada dizer. Parecia estar saindo de um torpor, envergonhada. Levantou-se da cama para ir ao banheiro, nua. A visão daquele corpo cheio e bem formado me excitou novamente. Voltou de calcinha, com os seios saltando.

Pedia desculpas pelo seu comportamento. Ficava fissurada quando se aplicava. Eu quis me desculpar pelo que havia feito, mas ela disse que tinha gostado. Fizera parte de sua loucura. Estranhei. Perguntei se não a machucara. Não, estava acostumada. Aquilo me excitou mais ainda. Ela gostava. Afinal encontrara alguém que gostava. Aquilo estava dentro de mim, e eu me censurava por me sentir animal com aquelas vontades.

Passamos à cozinha, ela principiou a preparar uma refeição. Escurecia. Logo seu filho iria voltar. Pensei em ir embora, mas algo me segurava ali. Biana adivinhou meu pensamento. Não queria ficar de lazer com ela? Ainda tinha maconha? Não queria ir com ela ao açougue? Não saíra para vender roupas e estava dura. Fiquei curioso a respeito das roupas. Voltamos ao quarto, e ela tirou do armário duas trouxas enormes. Abriu. Roupas aos montes, novas e com etiqueta. Claro, roubadas. Apanhou uma camiseta colorida e me deu. Experimentei, serviu certinho.

Contou-me como roubava nas lojas e falou de suas parceiras. Os esquemas que usava para vender as mercadorias. Começava a ficar gostoso estar com ela. O problema era a paranóia da cocaína. Fomos ao açougue de braço dado. Os beijos esquentaram. Aquela boca era uma delícia. Estávamos namorando. O menino chegou. Banho nele, janta e sono. O irmão dormia no quarto em construção. Fumamos e fomos para a cama. Então ela quis me mostrar que conhecia das artes do sexo, mas eu não estava bem e não consegui gozar.

Amanheci com a mente na prisão. A penitenciária parecia uma extensão de mim mesmo. Um braço, uma perna, quem sabe um pulmão ou até o coração. Biana estava de pé. Nem tomei o café que me preparava. Precisava sair ao ar livre. Respirar fundo. À noite voltaria.

Peguei o trem e fui para o Km 18. Na casa do Val, convulsão. Até Rubens estava lá. O caso era sério. A Morena Gengerê e o Índio, sócio do Val, tinham inventado um esquema de roubar os bicheiros. Não sei bem o mecanismo. Parece que ela, de dentro da banca do jogo, falsificava alguns volantes. Os prêmios eram baixos, para não chamar atenção. Ele, com os volantes adulterados, ia receber o prêmio. Vinham com esse golpe fazia um certo tempo.

Algo devia ter despertado suspeitas. Naquele dia o Índio fora receber, e os bicheiros se recusaram a pagar. A Morena fora afastada e ameaçada. Eles não sabiam como ocorria o golpe. Imaginavam fosse por ali. Haviam afrontado o Índio, quase o chutaram para fora da banca. Era preciso fazer alguma coisa.

Estavam armados. Toninho — como sempre, pau para toda obra —, o Índio e o Val. Convidaram-me. Iriam assaltar a banca. Eu não tinha como sair fora. O convite fora direto, na frente de todos. Esquivar-me seria interpretado como covardia e desconsideração para com os amigos. Um pedido de ajuda, eles precisavam de apoio armado. Meio a contragosto, os segui. Bem, pelo menos eram criminosos, como nós. Não podiam apresentar queixa.

Foi fácil demais. Eles não acreditavam que alguém ousasse.

A polícia estava subornada. A banca ficava no fundo de uma loja lotérica. Entramos, os parceiros sacaram as armas e anunciaram o assalto. Mostrei minha arma *pro forma*. Já estava tudo dominado. Havia três homens gordos e uma garota. Na mesa, pacotes de dinheiro feitos de papéis escritos. O Índio foi recolhendo e enfiando num saco de lixo. Ele era louco. Claramente louco. Afrontava os bicheiros e dizia que fazia aquilo porque fora roubado. Ganhara e não recebera.

No final, os parceiros aproveitaram o embalo e limparam a loja. Fomos embora a pé, numa boa, e apanhamos o ônibus. No caminho vimos as viaturas da polícia passarem cantando sinistramente em direção ao centro de Carapicuíba. Quando chegamos à casa do Val é que soubemos: uma grande operação fora montada para capturar assaltantes perigosos que haviam roubado uma lotérica. Não esperavam que fugíssemos de ônibus. Os bicheiros nos denunciaram. Perderam a moral e a razão. Agora estavam em dívida conosco.

Voltei para casa com uma sacolinha de dinheiro e todos os cheques que roubamos. Rubens me aguardava, apreensivo como sempre. Quando lhe contei, vaticinou: o Índio e o Val seriam presos. O Km 18 iria se coalhar de polícia, e Toninho e eu seríamos procurados. Como eu não era conhecido dos tiras de Osasco, bastava não aparecer que estaria tudo bem. Rubens manjava a política criminal da região. Os bicheiros funcionavam sob a proteção e parceria da polícia.

À noite, fui para a casa de Biana. Ela estivera no Km 18. Val e Índio tinham sido presos. Toninho estava sendo caçado. E eu? Ela soubera que havia mais um e imaginou fosse eu. Não, eu não tinha nada com aquilo. Brinquei com o Juninho. Menino quieto, dormia além da conta. Dormi na casa dela novamente. Acostumava-me àquela loucura. Isa era passado, agora saudade era Gisela. Queria vê-la, ficar com ela, esquecer Osasco, sumir. O Rio de Janeiro estava longe demais.

Passei quase uma semana enfurnado na casa de Biana. Só saía quando Nei vinha de perua, junto com Rubens, me buscar à noite. Ao longo das horas, já não sabia para onde ir. Estava viciado em Biana, como cachorro em cadela. Às vezes ela desaparecia o dia todo. Voltava descabelada, com os braços furados de cima a baixo. E vinha na missão obsessiva de dar banho no filho e colocá-lo na cama.

Toninho bateu na porta alta madrugada. Vinha apavorado. Passara a noite tomando baque com uma garota, num hotel no centro de Osasco. De repente, havia um tira no quarto. Deu-lhe um monte de tiros, e saiu correndo e atirando para trás. Apanhou um ônibus e veio para a casa de Biana. Sabia que eu o socorreria.

Seu coração estava superacelerado. Ele suava um fedor enorme. Falou e caiu. Biana me ajudou a colocá-lo no sofá. A língua começou a enrolar, e ele a sufocar-se. A garota tinha experiência. Enfiou os dedos garganta adentro e puxou a língua: era uma overdose. Mandou que eu socasse o peito dele. Soquei com vontade. Só faltava o sujeito morrer ali.

Arrastamos Toninho para o banheiro, abri-lhe o chuveiro em cima. Não resolveu. Pegamos o cara, cada um segurando embaixo de um braço, e fomos para o quintal. Ficamos andando, forçando-o a dar passadas. Aos poucos ele voltou. Depois, jogado no sofá, dormiu.

De manhã cedo acordei com cheiro de café. É, eu estava livre ainda. Só isso já tornava o dia desejável. Dei um tapa naquele bundão gostoso do meu lado e fui tomar banho. Só então percebi que, se Biana estava na cama, quem fazia café era o Toninho. Quando cheguei à cozinha, ele se alimentava.

Veio me agradecer. Queria abraçar e tudo. Não, jamais gostei dessas manifestações emotivas. Aconselhei-o a largar a droga.

Fora o terceiro ataque numa semana, confessou. Seu corpo não suportava mais. Ele precisava parar mesmo. Pensava em ir para Santos. Não conhecia ninguém lá. Não teria a droga e descansaria o corpo.

A idéia me contagiou. Fazia mais de doze anos que eu não sentia a força, o cheiro e a beleza do mar. E precisava daquela imensidão. Sempre achei o mar a mais bela das maravilhas da natureza. Gisela passava os fins de semana com a família, e eu tinha seu endereço. Aproveitaria para vê-la. Mataria as saudades. Escaparia da armadilha macia de Biana, que, sabia, me levaria para a prisão novamente.

Iria com ele. Passaríamos em casa, pegaríamos dinheiro, convidaríamos Rubens e iríamos direto. Roupas de praia, compraríamos por lá. Não avisaríamos ninguém. Nem Biana. Mulher atrapalhava, e eu queria aventura. Havia Gisela, e a cidade, eu sabia, era uma enorme babilônia. Sempre fora. Saímos, largando Biana na cama, de bunda para cima.

Rubens mais que aprovou a idéia. Banho de mar seria bom para sua perna. Apanhamos um táxi até a rodoviária. Assim, num estalo, já sentíamos o cheiro do mar na descida da serra.

A cidade não mudara muito desde a minha infância e adolescência. Eu ainda sabia onde ficavam as lojas, as pensões e a boca-do-lixo. Compramos toalhas, calções, chinelos, bermudas e camisetas. De táxi, fomos para a praia do Zé Menino. Ao passarmos pela avenida Presidente Wilson, a maresia e as ondas quebrando me emocionaram profundamente. Escurecia quando nos instalamos na pensão mais próxima do mar. A praia ficou para o dia seguinte.

Mas havia a boca-do-lixo. Eu lembrava sua efervescência em meus tempos de adolescente. Sabia exatamente aonde ir. Chegamos à Conselheiro Ramalho e me surpreendi. Como o movimento tinha crescido! A rua parecia as do centro de São Paulo em horário de pico. Muitas mulheres, estrangeiros, gente que não acabava mais. Uma grandiosa festa. Adorei! Fomos andando, apreciando as mulheres que se ofereciam às dúzias. As boates se multiplicavam, os neons as anunciavam em cores hipnóticas. Entramos e saímos de várias, até que chegamos à Love Story.

Uma megaboate. Muitas mesas, show de strippers, garçonetes de biquíni. Som de alegria, gargalhadas, gritinhos femininos e música agitada. Diversas mulheres rodeando as mesas, e gente de todo tipo.

Uma das garçonetes nos encaminhou a uma mesa. Nós três pedimos uísque. E, claro, veio o do Paraguai numa garrafa de Passport. Sabor de mijo. Não demorou, fomos abordados por três garotas. Duas catarinenses, loironas, lindas e muito sorridentes. A terceira era paraguaia. Assim índia, cabelos lisos, bem compridos, tipo Perla, uma cantora que então fazia sucesso.

Queriam beber. Os parceiros, ingênuos, não sabiam que se tratava de funcionárias da casa, com a função de nos fazer gastar. O dinheiro era deles. Rubens tinha o seu, tudo que eu levava eu dividia com ele. Deixei. Tentei entender a paraguaia. Sempre gostei de castelhano, soa bem. Ela era mesmo uma profissional. Bebeu seu chá da cor do uísque se esfregando em mim. Apalpava meu pau duro. Perguntei seu preço, e saímos andando de mãos dadas para os fundos da boate. Cara, portanto tinha de ser boa.

Sentia-me triste. Aquilo tudo me sabia a um interregno. Apenas uma bolha de sabão. Logo minha realidade carcerária, dura e pesada, se faria presente. Eu seria preso ou morto, e rápido. Procurei me enganar, pensar que era feliz. Pelo menos teria histórias autênticas para contar aos verdadeiros companheiros: os presos, meus irmãos de sofrimento. Sempre achei que havia certa nobreza em cada um deles. Homens encarcerados tornavam-se graves e densos de existência e história.

Comi a paraguaia de todos os jeitos. Fiz valer o preço que

pagara. Mas me restou uma sensação de falta. Eu sabia, pagaria caro cada gotinha de prazer que arrancasse da vida. De súbito, Santos, paradoxalmente, no meio de toda aquela alegria artificiosa, derramava-se em pessimismo. Prenúncios de dor. Em Osasco me sentia mais seguro.

Os parceiros haviam sumido da mesa. Deixaram recado, estavam na área. Tomei mais uma bebida, e eles foram chegando. As loiras esmerilharam os caras, tanto na cama como no bolso. A conta foi salgada. Dividimos por três, e nosso capital encurtou. Começamos a nos preocupar. Se gastássemos naquele ritmo, logo teríamos de voltar a São Paulo e fazer qualquer coisa. Chegamos na pensão meio bêbados. Algo doía. Era como eu houvesse tocado num bicho e aguardasse a mordida.

Acordei cedo. Os parceiros roncavam. Vesti o calção, apanhei a toalha e desci com intenção de mar. Atravessei a Presidente Wilson, botei os pés na areia e me senti livre. Inteiramente livre. A maresia entrava pelo nariz, pelos olhos, me enchendo de uma energia estranha. Enorme. Joguei a toalha no chão e me precipitei para o mar, que me sugava. A água estava fria, pesada. Fui invadindo, hipnotizado. Beleza demais para quem não sabia nadar. Engoli tanta água que tive que voltar correndo para a praia.

Saía água de mim por todo lado. Acho que até pelos ouvidos. Vomitei um pouco. Estava me afogando e nem tinha percebido. Sentei na areia, a água cobrindo minhas pernas. Controlei a respiração, lembrando as lições de ioga. Olhei o mar, o céu azul, o sol, e me senti feliz por estar vivo e solto no mundo. Inúmeras vezes montara castelos de areia na mente, imaginando estar numa praia, num dia de sol. Agora conseguira. E era bom, muito bom.

Olhei as garotas de tanguinha e me perdi do tempo, do espaço e da vida. Meus olhos iam e vinham em bundinhas, bundões, extasiados com tanta beleza. Viver era maravilhoso! Quanta emoção, quanta vontade de eternizar aquilo tudo. Chegava a doer pensar que eu não poderia ficar ali para sempre, com as ondas espumando em minha barriga. Levantei e saí andando levemente. Olhava as garotas, o mar, os navios no fundo. Nem sabia para onde estava indo. Esqueci toalha, passado e que pudesse existir um futuro.

Se eu não conhecesse Santos desde criança, teria me perdido. Andei do Zé Menino até o Boqueirão. Cansei. Voltei de ônibus, não paguei porque não levara dinheiro. Ao chegar, encontrei os companheiros com fome e perguntando onde eu estivera. Fomos almoçar na cozinha da pensão.

Assentou a comida, fomos para a praia. Uma alegria ver a felicidade do Rubens ao se jogar no mar e engolir a água salgada. Curtimos bastante. As garotas, o mundo inteiro de prazer. À noite, claro, a zona. Love Story de novo, além de outras boates: ABC House, Chave de Ouro, Paradiso, e a melhor de todas, a My Love. Ali acabei enchendo a cara e gastando com uma loiraça, dessas enormes, de corpo exuberante. Uma decepção na cama.

Passamos cerca de uma semana naquela gandaia. A grana chegava ao fim. Teríamos de voltar para São Paulo. Nas boates, conhecemos alguns malandros. Um deles, um alemãozinho, nos falou de um agiota que funcionava numa loja de tintas, no centro de Santos. Rubens se interessou e foi ver. Disse-nos que era um lugar grande. O homem do dinheiro ficava no escritório, no fundo. Seria fácil tomar a loja e o sujeito, mas era no centro, cheio de gente. Teria que ser a pé, carro ali não entrava. Eu já não estava gostando daquilo.

14.

Na sexta pela manhã acordamos, Toninho e eu, de ressaca. Gosto de pólvora molhada na boca. Cabeça pesada. Seu Júlio, catarinense (a pensão chamava-se O Catarinense), gostava de nós. Na verdade, gostava de nosso dinheiro, mas nos tratava muito bem para ganhá-lo. Preparou uma beberagem à base de tomate batido no liquidificador que ajudou demais. Num minuto estávamos refeitos.

Toninho recobrava a saúde rapidamente. Já era outro. Nem falava em cocaína; mulher era muito melhor. Segredou-me que fazia mais de mês que não se relacionava com a companheira. A droga cortava sua vontade e acabava com sua energia. Ele ainda não era de minha confiança. Havia algo desequilibrado na sua pessoa. Me assustava.

Saímos na Presidente Wilson. Na esquina sentamos à mesa de um restaurante, ao ar livre, cobertos por um imenso guarda-sol. Pedimos porções de camarão frito e chopes a dois graus centígrados. Nos acomodamos de frente para o mar. Admirávamos o panorama e as mulheres. Mexíamos com aquelas que passavam. Com elegância, sem ofensas. Algumas até sorriam, outras nem olhavam para nós.

Duas garotas vinham na ilha da avenida. Uma loirinha de cabelo curto e uma morena com o cabelo mais curto ainda. Quase carequinha, uma graça. Comentei com Toninho: "Olha que loirinha gostosa!". Ele concordou. Ambas de bermuda, as coxas da loira grossas, bronzeadas. A morena não lhe ficava atrás. Quando chegaram a um ponto de onde nos podiam ouvir, mexemos. Exageramos.

Elas atravessaram a rua e vieram para cima de nós. Olhei para o parceiro; achei que viriam tomar satisfações. Preparei-me para pedir desculpas, se a bronca não fosse humilhante. Se ferisse, eu daria o troco na mesma moeda.

Chegaram e ficaram olhando a mesa. Convidei para sentar. Pareciam ter fome. Disse-lhes que pedissem o que quisessem. Ajeitaram-se nas cadeiras e se apresentaram. Diziam-se irmãs. Não havia nada de semelhante entre elas. Irmãs de guerra.

Paulistanas. Tinham fome. Gastaram tudo o que trouxeram. Estavam num acampamento na praia do Perequê. O garçom veio com o menu. Escolheram apressadas. Falaram que queriam assistir ao show da Blitz. Seria no Caiçara Clube, naquela noite. Ofereceram-se. Se pagássemos as entradas, fariam programa conosco. "Claro, claro", respondemos em uníssono.

Toninho me olhou sorrindo, aproximando sua cadeira da morena. A loira a meu alcance. Mas para onde iríamos? Elas conheciam um motel na entrada da Praia Grande. Era excelente. Nem acabaram de comer direito, pagamos a conta e fomos procurar um táxi. Agora seria nossa vez de comer. E combinamos: trocaríamos de parceira o tempo inteiro. Seria gandaia total, de despedida.

Nem avisamos Rubens. Motel cinco estrelas. Nosso capital foi todo. Alugamos dois quartos mas ficamos num só. As meninas chegaram já à vontade. Levei a loirinha para a hidromassagem, e Toninho se deitou com a morena. Trocamos de lugar, e depois acabamos os quatro na cama. Quando a loira dormiu, fomos os dois na morena. Satisfiz todas as fantasias e taras.

Conversamos. Também queríamos assistir ao show. A Blitz era o grupo do momento, estava no auge. Eu nunca tinha ido a um show de rock. Queria conhecer. Gostava muito de música, e rock era minha preferência. Toninho queria o que as garotas ofereciam, estaria com elas onde fosse. O problema era dinheiro. O nosso, agora, era pouco. Que fazer? A única alternativa seria visitar o agiota. A decisão foi repentina. Nem pensamos muito, diante daquelas garotas nuas na cama.

Dissemos que iríamos buscar dinheiro, que elas nos esperassem. Voltaríamos. Deixamos nossas identidades na portaria do motel. Apanhamos um táxi para o Zé Menino. Pegamos as armas e avisamos Rubens. Ele criticou. Nem conhecíamos o agiota. Bem, fora ele que nos contara sobre o cara. Não havia segredos. O homem estaria nos fundos, no escritório. Não era isso? "Pois é, meu amigo, nós vamos lá." Desaconselhou-nos. Se saísse tiro, seríamos presos. Eu não atiraria em ninguém. Tudo daria certo.

Seguimos de táxi para o centro da cidade. Chegamos às quatro da tarde. Passamos em frente à loja. Toninho entrou, pediu informação e saiu. Um homem gordo enchia a escrivaninha. Três pessoas no balcão, duas comprando. Eu tremia. Vontade de ir embora. Voltar para São Paulo e esquecer aquilo tudo. Mas por lá também teria de correr atrás de grana. Estava fodido. Coragem, eu me dizia. Teria de esperar que fechassem, e então invadir. Mas não ia agüentar aquela pressão ali, de tocaia. "Ou vai ou racha." Toninho queria esperar.

Invadi. Fui até os vendedores como quem vai fazer uma compra. Algo em mim cedia, qual fosse o chão onde eu pisava. Olhei aquela gente sorrindo, receptiva, do outro lado do balcão. Toninho passou por mim e se dirigiu para o fundo da loja. Observei. Havia um homem gordo, nebuloso, detrás do vidro grosso.

Saquei da arma, ainda hesitante, quando vi o parceiro adentrando o escritório. Afirmei que era um assalto. Um grito rouco que teimava em não sair da garganta. Um senhor com um bigodinho antigo e ar de dono riu de mim. Quis saber que brincadeira era aquela. Engatilhei o revólver na cara dele. Na mesma hora me perguntei se não tinha esquecido de colocar balas no tambor. Às vezes eu fazia isso, o revólver ficava mais leve e não escorregava cintura abaixo. Então o homem se assustou. Mandei, já berrando, que pusesse as mãos em cima do balcão. As coisas ameaçavam sair do controle.

Ele obedeceu, estremecendo. Visivelmente contrariado. Parece que sentia minha relutância. Os outros o acompanharam. Era de fato o dono. Eu os seguraria até o parceiro deixar o escritório com o dinheiro. Depois os levaria para o fundo.

Rendia-os quando Toninho passou por mim apressado. Dizia: "Ô sócio, ô sócio, o cara está reagindo!". Olhei para a direita. A três passos, um rapaz com uma foice armada no alto, na descendente, para me abater. Só deu tempo de eu me deslocar para o lado e atirar. Nem vi onde atirei. O revólver saltou de minha mão. Segurei-o, instintivamente. A explosão foi a de uma bomba, ensurdecedora. O rapaz foi jogado para trás como uma trouxa de pano molhado, inerte.

Toninho lá fora, pronto para fugir. Coloquei a arma quente na cinta, virei as costas e saí andando. Quando cheguei à calçada, ouvi tiros ao longe. O parceiro corria no meio da rua. Corri atrás, desconcertado, apenas seguindo-o. Senti uma fisgada na perna esquerda. Fui jogado para a frente. Consegui me equilibrar. Estava meio surdo. Os disparos, muitos, pareciam aquelas bombinhas de festas juninas.

O companheiro caiu na minha frente. Parei quando suplicou socorro. Me escondi atrás de um poste. Sei lá de onde arranquei coragem. Saquei da arma e meti fogo nos dois sujeitos que corriam na nossa direção. Vi que se esconderam e correram, agora de volta. Toninho, de pé, passou por mim e sorriu, já empunhando a arma.

Separamo-nos. Juntos, não teríamos chances. Se bem que eu não pensava mais. Puro instinto e gestos cortando o ar. Comecei a ouvir com clareza. Tiros aos montes pipocavam. Não dava para ver de onde vinham. Só ouvi gritarem sobre uma camisa azul. *Eu* vestia uma camisa azul. Minha mão direita pulou para a frente, num movimento involuntário. A arma caiu. Uma mancha branca foi se cobrindo de vermelho em minha mão. Entrei numa loja, as mulheres gritaram, corri para o fundo. Minha perna ia ficando dura. Subi no que parecia ser o telhado do banheiro. Cheguei ao telhado da loja. Pulei para outro telhado, afundei o pé. Doeu muito mas nem parei para olhar. Pulei para o telhado seguinte. Fui indo, sem direção, para onde os telhados me levavam.

Num deles, afundei e caí. Em cima de uns armários. Escorreguei para o chão e escutei gritaria. Pessoas tentaram me pegar. Corri para a rua. Algo bateu na minha bunda, me jogando para a frente. Caí, tiros, tiros. O medo era um clarão explodindo diante dos meus olhos.

Me rodearam, começaram a me chutar. Não doía. Senti-me esgotado, uma folha leve ao vento. Havia uma desordem em minha consciência. Eu quase fugia do corpo, tinha a sensação de que me esticava, alongava. Chutes na cabeça, no rosto.

Estava morto, pensei. Enxergava tudo mas não sentia nada. Como me diziam que era a morte, nas reuniões kardecistas no presídio.

Um soldado com feições nipônicas gritava, de arma na mão. Virou-me de bruços, destro, algemou minhas mãos nas costas.

Aquilo parece que me trouxe de volta. O sujeito me puxou pelas algemas, forçando-me a levantar. De pé, a perna esquerda enrijecida, não tinha firmeza. Atravessei a rua manquitolando, empurrado por ele. Outros soldados me cercavam, também empunhando armas, também aos berros.

Eu caíra em frente ao corpo de bombeiros da cidade. Botaram-me na primeira sala do prédio. Atiraram-me no chão e recomeçaram a chutar. Eu nem sequer tentava me defender. Algo amortecia. Talvez a adrenalina. Novamente meu anjo japonês me socorreu. Tirou-me do meio dos outros soldados e foi me levando para fora, eu arrastando a perna. A panturrilha começava a queimar. A nádega e a mão direita também. As dores voltaram. Os ossos agora doíam como se tivessem sido marretados.

Fui jogado numa viatura. Meu pé esquerdo, encharcado de sangue, dançava no tênis. Saltei de dor ao contato com o assento. Dor, dor, dor. Uma neblina me nublava os olhos, eu chorava. Não de dor, mas por estar irremediavelmente preso mais uma vez. Terrível, pensei fosse melhor morrer. Na hora do pega-pra-capar, porém, o medo me fez correr, subir, atirar e tudo.

O carro seguiu até o local do assalto. Os policiais queriam que o dono do estabelecimento fosse até a delegacia, para fazerem o auto de prisão em flagrante. A calçada cheia de curiosos. Quando o soldado japonês entrou na loja, eles cercaram a viatura. E começaram a chacoalhar, queriam tombá-la comigo dentro. Um tijolo atravessou o vidro de trás e caiu nas minhas costas, sem machucar. As mãos doíam. Eu não podia nem me proteger. Mas não me assustei. Tudo parecia muito irreal.

Mais uma vez o homem de olhos puxados me salvou. Voltou de arma na mão e deu três tiros para o ar. O povo dispersou-se. Ele entrou rápido na viatura e mandou o outro soldado dirigir. Fomos para a delegacia. Doía tudo. As algemas rasgavam os pulsos. A boca sangrava, toda cortada por dentro. A mão criava uma crosta. A perna e a nádega, além de queimar, pulsavam. Tanta dor, que eu me soltara num lapso escuro do tempo, viscoso e denso.

Adentrei o 1º distrito sob socos e pontapés. O delegado, um senhor de idade avançada, ao me ver banhado em sangue, assustou-se. Exigiu que me deixassem no banco, em paz. Eu gemia, gania de dor, frustração e desespero.

O delegado mandou que um investigador me conduzisse a uma sala. O escrivão procurou tirar meu depoimento. Dei um nome falso que inventei na hora. José Carlos Gonzaga. Nascera e residia no Rio de Janeiro. Era estudante de direito da PUC do Rio, quarto ano. Viciado em cocaína. Viera para Santos fugindo dos traficantes a quem devia. Encontrara o Baianinho na boca-do-lixo. Ele era da cidade. Compramos droga fiado. Ele me convidou para fazer o roubo, para pagarmos a dívida e conseguirmos mais pó.

O rapaz reagira, eu atirara em suas pernas e correra. E a arma? O Baianinho me dera. Torcia para o Toninho não ser apanhado. Desmantelaria minha história. O velho delegado não queria acreditar. Perguntou-me detalhes de uma universidade. Eu tinha tudo fresco na mente. Me saí bem.

O flagrante foi interrompido. Chegara o chefe dos investigadores do distrito. Queria me interrogar. Mandaram um policial ao hospital para saber do rapaz em quem eu atirara. Estava sendo operado. O tiro o apanhara na virilha. Sem risco de vida, felizmente. Fora socorrido a tempo.

Fui levado para uma sala e desalgemado. Os pulsos estavam roxos e cortados. A perna endurecera de vez. Lembrei do Rubens com a perna dura dele. O tiro na mão abrira a carne e raspara o osso. Apenas inchara, não quebrara nada. Eu fora atingido também no alto da nádega direita, a bala saíra já próximo à perna. Transpassara sem ferir muito. O tiro na panturrilha é que estava complicado. A bala permanecia ali.

Tive que contar a história de novo. No final tomei um tapa no rosto que me jogou no chão. Chutes na coluna e na cabeça. Eu estava mentindo, diziam. Sangue para todo lado. Nas paredes e nos tiras. Minha mão, agora esmagada, espirrava sangue.

Sangrando pela boca e cuspindo sangue, repeti tudo o que dissera. Eles queriam saber do Baianinho, meu parceiro. O Toninho tomara um ônibus de assalto e fora para o Gonzaga. Baleado e sangrando. Eles o caçavam como a um animal. Com certeza, do Gonzaga ele fora para a pensão no Zé Menino buscar socorro com Rubens. Para a polícia, eu o conhecera naqueles dias, não poderia saber para onde tinha ido, não conhecia a cidade. Ele devia estar escondido em algum morro ou favela.

As vítimas começaram a aparecer. Olhavam-me com ódio e xingavam. Só não vinham me bater porque os policiais, contrariamente, me protegiam. Eu estava todo sujo de sangue. A cabeça sangrara em vários pontos abertos a coronhadas. A roupa, uma mancha só. Eu devia estar parecendo um bicho.

Fizeram seus depoimentos. Todos omitiram o fato de que a vítima viera para cima de mim com a foice armada. Na declaração deles, o rapaz pensou que fosse uma brincadeira. Por isso viera para o meu lado. Eu atirara por ser mau e perverso. Não pude assinar. Carimbei com o dedão.

Colocaram-me num elevador. Fui para o quarto andar da Cadeia Pública de Santos. Levaram-me à carceragem. O carcereiro assinou meu recebimento. Duas horas antes eu andava livre e solto pelas ruas.

15.

Lá estava eu, de novo preso. A depressão tomou conta. A operação do rapaz em quem eu atirara fora bem-sucedida. Ele figurava como vítima de uma besta-fera, que atirara pelo prazer de ferir.

Puseram-me na primeira cela, na galeria ímpar do quarto andar. Xadrez de triagem. Apenas um estágio para quem chegava, antes da alocação na prisão propriamente dita. Na frente, a grade inteiriça com uma porta também gradeada. Cela estreita, cerca de dois metros de largura por quatro de fundo. Uma meia-parede separava a privada no fundo. Sombrias paredes pintadas de cinza-chumbo. Baixos-relevos cavados no reboco. Nomes e curtas frases. Nada mais, além do chão gelado.

Mal entrei, a dor se apossou de mim. Não era possível suportar. Havia dois sujeitos no xadrez que, quando me viram ganir como um cão, meteram os pés na grade. Os outros presos da galeria pegaram o embalo. O barulho ficou ensurdecedor. Os carcereiros apareceram, e a zoeira parou como que por encanto.

Um dos rapazes da cela os chamou. Abriram a porta, e o outro companheiro me ajudou a caminhar para a carceragem. Eu iria à Santa Casa. Mais de dez soldados me escoltavam. Temiam meus parceiros viessem me buscar.

O médico me atendeu condignamente. Deu anestesia local para costurar minha mão. Limpou a nádega e fez curativo. Tirou a bala da perna pelo mesmo buraco de entrada. Disse-me que o osso da minha perna era duro como ferro. A bala parara nele, sem danificar. A anestesia pegou só superficialmente. Gritei e chorei. Quando pensei não fosse suportar mais, cessou tudo. Devo ter desmaiado.

Logo estava bem e de pé. A perna esquerda dura, doloridíssima, os braços quase imobilizados por injeções. Os bolsos cheios de antibióticos e sedativos. Voltei para a viatura como saci, e algemado. Os soldados xingavam. Sacavam as armas e apontavam para minha cara, ameaçadores. Sedado, eu olhava com desdém. Nada podiam fazer, nem bater em mim. Teriam de me apresentar inteiro, como saíra do hospital.

Nada daquilo tudo podia interessar-me. Minha luta era mais comigo mesmo. Para não permitir que eu pensasse. Para não me deixar lembrar. O fim do mundo era apenas o fim do mundo, naquele momento. Desastre maior fora eu me deixar prender.

Recolocaram-me no xadrez. Foi entrar e a dor acionar seu esmeril. Dor, dor, dor. Os companheiros bateram na "lata", a chapa de aço soldada para proteger a tranca. Fui levado à carceragem, o enfermeiro aplicou duas injeções. Passou na hora.

O carcereiro ficou com metade de meu dinheiro. Em compensação, entrei com relógio e corrente de prata. Os rapazes me acomodaram num canto sobre um cobertor. Enquanto eu estivera no hospital, chegara um jovem de feições delicadas, o Márcio. Outro rapaz ficou próximo à porta. Márcio me ajudava. Parecia solícito demais, assim assustado, com medo. O efeito das injeções cessou. Não dormi a noite inteira. Chorei muito, chorei tudo.

De manhã cedo, uns malandros vieram perguntar sobre o sujeito que fora preso em tiroteio com a polícia no centro da cidade. Traziam jornal com fotos minhas e de minha arma. Trataram-me com deferência. Se eu precisasse de alguma coisa, era só mandar o faxina da galeria avisá-los. Quem ficava na faxina ou distribuía a alimentação, eu sabia, em geral era pessoa de respeito na cadeia. Não podia ter manchas no passado e devia estar disposto a tudo. Procuravam por alguém. Falaram no nome de Márcio. Este manteve silêncio, tentou esconder-se. Observei e fiquei quieto. O rapaz me olhava e tremia.

Não demorou para que voltassem. Agora traziam os faxinas do andar. Apresentaram-me. Meu conceito estava crescendo. Chamaram Márcio na grade. Agarraram-no pela camisa. Socaram e cutucaram com vassouras até que a camisa cedeu. Ele foi parar no fundo da cela, a cara quebrada. Mostraram-me a foto dele no jornal. Havia estuprado, matado e enterrado embaixo de sua cama a enteada de cinco anos. Por isso toda aquela solicitude.

O outro rapaz do xadrez deu-lhe um monte de chutes. O que eu poderia fazer? Jamais gostei de me aproveitar de ninguém. Não sujaria minhas mãos batendo num sujeito que nem sequer reagia. Mesmo se eu passasse a vida toda ali, seria incapaz de lhe fazer mal. Depois, não estava em condições de bater em ninguém.

Os carcereiros adentraram a galeria, e o pessoal se dispersou. Pedi ao jovem que parasse de judiar de Márcio. Precisava dele até para ir ao banheiro. A perna doía, mas doía mais pensar. Eu até que estava gostando daquela dor física, no fundo. O sofrimento é discreto, geme baixinho por baixo da vida. Não manda aviso prévio, abre-se sobre o peito.

Um faxineiro trouxe-me uma pequena cota de maconha. Amostra e cortesia dos manos que vieram me conhecer. Se eu gostasse, havia mais, até para venda. Fumei com o rapaz moreno, que era conhecido por lá. Aliás, quase todos se conheciam. A cidade era pequena. Eu não podia falar que fugira da penitenciária. Eles nem desconfiavam de minhas origens. Eu era carioca e pronto. Fiquei com medo de ser reconhecido pelos poucos malandros de São Paulo que se encontravam presos ali. Temia que toda a polícia pudesse ficar sabendo.

Dormi de tarde, acordei com gemidos. O jovem moreno estava trepado nas costas do Márcio. Gemia a cada avanço. Surrealismo puro, aquilo. Acordar com alguém sendo comido parecia mais prisão ainda, mas era excitante. O estuprador era apertado, dizia o moreno. Conversava comigo, sorrindo, e cutucava mais fundo. O outro gemia. Fiquei apreciando de pau duro.

Márcio me olhou, os olhos dele pareciam vidrados. Sofria, fazia caretas, mas havia algo de louco em seus olhos. Como se ele estivesse sendo chicoteado e merecesse. Suportava o castigo com coragem. Demorou para o atacante ter seu prazer. Até cheguei a sentir vontade de subir nas costas de Márcio. Mas seria ridículo. Só faltava aquilo para me tornar um preso também de alma.

Fui alocado no xadrez 15. No fim da mesma galeria. Era uma cela maior. Cerca de cinco metros por quatro. Uma separação para o banheiro, que teria um metro e meio de largura. De um lado a privada, do outro a ducha. No meio a chamada "barraca", em cima do lavatório. Era onde se guardava parte dos mantimentos. Média de treze a quinze habitantes. Não havia camas, tinham sido destruídas nas múltiplas rebeliões ali ocorridas. Prisão antiga, para mais de trinta anos. Encanamento, eletricidade e esgoto deteriorados.

Cheguei procurando manter o procedimento. Mesmo capenga, fui cumprimentando a todos e me encaminhando para o banheiro. Tomaria um banho, como era de praxe. Eles me observavam, mas não senti hostilidade; curiosidade somente. Um rapaz barbudo, magro, da minha altura, veio em meu socorro. Trouxe toalha e sabonete. Apertou-me a mão, apresentou-se. João Aires, dali de Santos. Era viajado e morava em São Paulo antes de ser preso.

Havia uma televisão preto-e-branco ligada. O pessoal, enquanto eu tomava banho, via novela. Eu estava com o material para fazer curativos. O enfermeiro me fornecera para que eu não o importunasse. O curativo na perna era fácil, assim como o da mão. Mas o da nádega era impraticável. Pedi para o João fazer. Nem o conhecia e estava lhe mostrando a bunda. Mas o sujeito tinha uma mente civilizada. Sem vícios carcerários.

Acomodou-me a seu lado. Conversamos muito. Contei-lhe do meu drama, tudo, desabafei. Meus olhos se encheram de água. Para um malandro com formação prisional, aquilo seria clara manifestação de fraqueza. Mas João tinha uma mentalidade desenvolvida. Falava inglês, morara nos Estados Unidos, estivera na Jamaica e na África do Sul. Praticara assaltos milionários e vivera em alto estilo.

Contou-me da mulher, do filho, João Paulo, e de sua mãe, dona Anália. Passamos a noite conversando. Eu precisava de alguém. Em poucos dias nos tornamos grandes amigos.

No domingo vieram sua mãe e sua irmã. Tentei conquistá-las. Dona Anália estava com mais de setenta anos. Embora sua paixão fosse o filho caçula, Dé, no momento João era o que mais sofria. Comovente vê-la enfiar os dedos pelos cabelos dele para acarinhá-lo. A irmã, mais dura, mas não menos dedicada.

Só o fato de ser apresentado como amigo do João me categorizou como pessoa especial para aquela senhora. Instantaneamente fui aceito. Por intermédio dela e da filha, busquei contatar minha mãe, Gisela, Rubens, e saber notícias do Toninho. Passei grande parte do horário de visita falando com dona Anália. Gostei dela. Era natural, espontânea.

No xadrez, João dividia comigo tudo o que a mãe e a irmã lhe trouxeram. Conversamos bastante. O amigo, apaixonado por rock, tinha um radiogravador de carro com caixas de som. Suas fitas-cassetes provinham, na maioria, dos Estados Unidos. Estivera por lá pouco tempo antes de ser preso. Uma de suas irmãs morava em Nova York e lhe remetia novidades. Ele adorava Fred Mercury, do Queen, Black Sabbath, Iron Maiden, Alice Cooper, The Cure, Rolling Stones, Phil Collins, David Byrne etc. E me dava lições superentusiasmadas sobre rock. Homem inteiramente musical. Em casa, possuía complexa aparelhagem de som.

Eu não queria pensar em mim. Cada vez que eu imaginava que a polícia acabaria por descobrir meu nome verdadeiro, a depressão se instalava. Seguindo a trilha desse pensamento, vinha a imagem da entrada da Penitenciária do Estado. Junto, a certeza de que eu iria cumprir trinta anos de prisão. Ficaria livre com cinqüenta anos de idade. Quem sabe doente do corpo e da mente, como aqueles que vi saírem após o cumprimento da pena máxima.

Na segunda-feira, subi ao recreio. O mesmo espaço em que recebíamos visitas. O quarto e o quinto andar do prédio do Palácio da Polícia eram de xadrezes. O solário era o pátio de recreação. Teria cerca de cinqüenta metros por quinze. Duas privadas escondidas por chapas de aço, no fundo. Uma arena.

João não freqüentava o pátio, a não ser durante as visitações. Tornara-se por demais conhecido, famoso na crônica criminal da cidade. Causava inveja. E falava demais. Vangloriava-se de seus feitos. Relacionado com a polícia local. Aquela era uma prisão extremamente perigosa, como eu viria a saber mais tarde. João vivia enclausurado em dois metros quadrados, onde cabiam seu colchão e o aparelho de som.

Eu precisava me esconder. Não podia aparecer muito. Mesmo assim, sempre iria ao pátio. Não podia deixar que pensassem que estava com medo. Mas havia quem me conhecesse. Conversei com todos e pedi que não comentassem. Meu nome agora era Gonzaga. Ficava associado à praia e ao bairro santista. Era como eu fosse dali da cidade.

Na segunda vez em que fui ao recreio, Márcio subiu também, louco. Eu o tinha alertado para que solicitasse seguro de vida. Não haveria chances para ele, eu sabia. Quando me viu, veio conversar. Os companheiros do xadrez dele exigiram que fosse ao pátio. Alertei-o novamente. Devia seguir para a carceragem e pedir para ficar separado. Eu ouvira os comentários. Crimes eram rotina no presídio.

Eu nem quis conversar com ele. Observava-o. Não podia ficar de pé, minha perna doía e latejava. Em volta do pátio, uma muralha. Lá no alto, guardas armados de metralhadora.

De repente, tumulto. Os companheiros aglomeraram-se. Márcio no centro. Logo o grupo caminhava com ele suspenso no ar. Os guardas nem se interessavam. Rotina. Foi jogado na privada turca, e cerca de quatro algozes o espancaram violentamente. Quando cansaram, entraram outros. Por cerca de duas horas, chutaram seu cadáver e deram pauladas. Foi um alívio imenso quando se fez silêncio.

Decerto, estupro é um crime hediondo. Mas quem éramos nós para julgar, condenar e executar assim de modo tão cruel? Dificilmente alguém, sozinho, teria a sanha de matar a pancadas um sujeito que mal conhecesse. No meio da multidão, porém, toda covardia é encorajada. Eu entendia, era indispensável mostrar à sociedade que não aceitávamos aquilo. Éramos ladrões, traficantes e assassinos, mas estupradores, jamais. Tínhamos filhos também e exigíamos respeito às crianças.

Voltei para a cela traumatizado. Vira muitos serem assassinados na prisão, mas assim, a socos e pontapés, fora a primeira vez. Fiquei o resto da semana no xadrez, dando razão ao amigo

João por não sair. E havia também a perna baleada. Tomei injeções de Benzetacil e diversos comprimidos. As feridas foram cicatrizando.

No fim da semana, recebi uma sacola com comestíveis e cigarros. Hollywood, minha marca preferida. Fora Gisela quem depositara. A gatinha deixava seu recado. Não me visitaria, mas, se eu precisasse de alguma coisa, era só pedir. Aquilo me emocionou muito. A primeira pessoa que me procurava.

Minha maior preocupação: minha mãe. Como iria receber a notícia? Iria me rejeitar? Eu não acreditava. Ela sempre viria me ver. No entanto, estava apreensivo. Sua censura era o que mais me feria. Depois da prisão. A reprovação de Ely também. Provavelmente a amiga estava perplexa com minha fuga. Colocava muita fé em mim. Mas o que eu podia fazer? O respeito e a consideração por ela não foram suficientes para me segurar. Eu errara, e errara feio. Mas e daí? A vida continuava, e eu não podia parar para ficar me corroendo de remorsos. Precisava me concentrar para poder sobreviver naquele ambiente tão hostil.

Os guardas encontraram o rapaz morto no banheiro e nem sequer perguntaram quem o matara. Apenas recolheram o cadáver. João me esclareceu: a regra ali era aquela. Matava-se por qualquer motivo. Morria gente quase todo dia. As facas eram feitas com pedaços de duralumínio das esquadrias das janelas e com canos de ferro arrancados do encanamento. Os companheiros amassavam, depois cortavam, raspando e afiando no chão de cimento rústico dos xadrezes.

Entreguei-me ao vício de fumar maconha. Acordava com um baseado na boca e à noite desmaiava, entorpecido. Não podia me dar ao luxo de pensar. João não fumava. Dizia que maconha cheirava a pobreza. Usava cocaína. Gastei dinheiro, relógio e corrente de prata em pouco tempo. Precisava me acalmar, comer e dormir bem.

Assisti a mais dois assassinatos no pátio. João e eu decidimos nos armar. Compramos dois pedaços de vidro de um faxineiro. Um dos companheiros da cela roubou um pedaço de cano de ferro na carceragem. Eu fizera curso de ajustagem mecânica no SENAI da Penitenciária do Estado. Era capaz de transformar aqueles materiais em facas improvisadas, com certa facilidade. Passamos três dias trabalhando as armas.

O Choque da PM adentrava a prisão para revistar de três em três meses. Colocavam-nos somente de short no solário. Mas nunca nos pegavam desprevenidos. Nossas armas eram para autodefesa, não atacaríamos ninguém, pelo menos fora isso que combináramos.

Aos poucos, conseguimos lâminas. Eu desparafusava a parte de trás da tevê, que era do João, e encaixava-as, pressionando com panos. Se chacoalhassem, não seriam denunciadas. Eu encabava, afiava e distribuía entre nós do xadrez, quando subíamos ao solário. Formamos uma estratégia de defesa coletiva embaixo da primeira trave da quadra no pátio. Era nosso ponto de referência. Geralmente, ficavam dois ou três de nós por ali, armados. O risco de sermos assassinados era enorme.

Na cela, a maioria consistia em réus primários. Não dávamos trabalho. Ninguém mudava abruptamente de xadrez ou pedia seguro de vida. Nenhum de nós aparecia machucado ou furado na enfermaria. Tratávamos os funcionários com educação e distanciamento. Somente os carcereiros que gostavam de uma transação é que paravam na nossa porta.

Quando os carcereiros distribuíam os novos companheiros pelos xadrezes, para nós só mandavam aqueles em melhor situação econômica. Estes já chegavam na prisão pedindo e pagando para serem colocados em local favorável. As demais celas, com raras exceções, eram um inferno. Brigas constantes, muita gente ferida, e quem podia mais chorava menos. Por conta disso, não passávamos necessidades. Tínhamos um fogão elétrico e uma resistência elétrica para esquentar água, chamada "perereca".

A comida era intragável. A mãe do João nos trazia tomate, cebola, alho e outros temperos, além do complemento (lingüiça, salsicha, pedacinhos de frango). Então incrementávamos a refeição. Os dois últimos a chegar no xadrez tornavam-se os faxinas fixos. Quando surgia alguém com condições, pagava outro para fazer o trabalho em seu lugar. Eu, como cheguei ferido, fui excluído dessa regra.

A maior parte daqueles companheiros não eram ladrões profissionais. Assaltantes, ali, só o João, o André Luiz e eu. Os outros, vendedores de cocaína, bobalhões que cometiam pequenos roubos, ou matadores (a maioria de mulheres ou do "ricardão" que andara comendo suas mulheres). De vez em quando, aparecia algum inocente (flagrantes forjados pela polícia). Então nós, os chamados bandidos, é que dominávamos politicamente a cela. E dependia de nós a filosofia de comportamento e relação. O João era de boa paz, eu, mais ainda, e o André, um rapaz que seguia o que disséssemos.

Os bandidões santistas da cadeia não gostavam de paulistanos. Com freqüência estes últimos eram mortos por motivos fúteis, irrelevantes. De mim nada podiam falar. Tinham lido a reportagem (exagerada) de quase meia página sobre o tiroteio no centro da cidade. Como fora do xadrez eu falava pouco e só me viam com gente respeitada entre eles, comigo não havia problemas. Mas eu sabia que não me olhavam com bons olhos.

João, meu companheiro de angústias e tristezas. Conversávamos e assistíamos filmes a noite toda. Num dia de semana, dona Anália mandou recado de que minha mãe viria no domingo.

Ao mesmo tempo que fiquei contente, preocupei-me. Como iria encará-la?

E minha mãe veio. Recebi, pela manhã, as coisas que ela trouxe. A visita seria à tarde. Eu estava muito nervoso. Quando a vi subindo as escadas, meu coração ficou pequenino. Me senti um verme. Quantas dificuldades ela ultrapassara para chegar até seu único filho! Eu tinha medo de seus olhos me acusarem.

Mas minha mãe, tão sofrida e frustrada, a tudo perdoava. Estaria comigo mesmo que o mundo estivesse contra. Ao me ver, abriu um enorme sorriso. Seus olhos, o corpo todo era felicidade. Senti que minha vida dependia daquela pequena mulher, eu ainda era seu filhinho. Ela não me condenava.

Meu pai quis proibi-la de me visitar. Mas ela sustentava a casa. A vontade dele nem sequer foi considerada. Conversamos bastante. Como sempre, era um prazer imenso nosso diálogo. Ela, sutil, tinha uma ironia fina. Lia muito, acompanhava seu tempo. Assistia televisão, batia papo com todas as garotas do trabalho. Auto-suficiente e, a seu modo, emancipada.

Viria todo mês, sempre na primeira semana após o pagamento. Ainda guardava algum dinheiro meu. Mandaria para dona Anália, que o faria chegar até mim. As visitas de João passaram a ser minhas também. Quando a mulher dele vinha, dona Anália me procurava na cela. Buscava o carcereiro para que me soltasse. Gostava muito de mim e de dona Eida. O que fizesse pelo filho faria por mim. Trazia comestíveis para nós dois. Quando minha mãe ainda não me enviava dinheiro, ela dava do dela mesmo. Sabia que era para o baseado. Ela dizia que era para meu remedinho. Conhecia o efeito calmante que a erva exercia sobre mim. Várias vezes conversou comigo dopado, e ria do meu jeito manso e alegre.

Além de dona Anália gostar de mim de verdade, havia um componente fundamental: daquela maneira ela me levava a compromissar-me em defender seu filho. A velha era a mais esperta de toda a família. Uma família em que todos se viravam. Ela subalugava quartos para prostitutas. A filha mais velha costurava e prestava serviços para as garotas, que faziam shows em boates. Seus filhos e netos estavam envolvidos em roubos e tráfico. Conheci alguns na minha caminhada por presídios. Me adotaram qual eu fosse um deles.

No primeiro domingo em que minha mãe veio, logo depois que ela foi embora, nos reunimos em torno da trave de defesa coletiva. Usando aquela estrutura, mais lençóis e tapetes, havíamos construído uma barraca para proteger do sol nossos visitantes. Ficamos ali, conversando. Sabíamos que iria ocorrer um assassinato. Estávamos atentos, todos armados, esperando. Bastou a última visita descer, e começou.

Dois irmãos tentavam matar o Baianão. Um homem enorme. Ele descera do seguro de vida, onde havia sido colocado por aqueles irmãos. Pelas leis da cadeia, teriam que matá-lo ou expulsá-lo do convívio. Os matadores portavam facas improvisadas. Uma luta de gigantes, pois eles também eram grandes. A guerra durou cerca de vinte minutos. O sujeito pulava fora das facadas e acertava socos e pontapés em seus agressores. Todos assistíamos sem fazer nada para ajudá-lo. Ninguém queria ser a próxima vítima.

Somente após muitas furadas e cortes, porque os irmãos estavam decididos, o Baianão caiu. Então não houve mais chance. Ele tinha levado em torno de cem facadas. O matador mais novo colheu sangue com as mãos e bebeu. Depois tentaram abrir o peito do cara. Queriam lhe arrancar o coração. As facas estavam rombudas de tanto atravessar a vítima e bater no cimento. Eles não conseguiram. Arrastaram o cadáver pelo pátio e jogaram no banheiro. Lavaram-se. Quando as portas foram abertas para que voltássemos para as celas, eles desceram tranqüilos, comentando.

Os guardas passaram pela galeria com o cadáver estendido sobre um cobertor. Como sempre, nem sequer perguntaram o que acontecera. Menos um para alimentarem. Naquela semana até os que ficavam de metralhadora nas passarelas em cima do pátio se recolheram. Estava liberado; podia-se matar sem restrições, na certeza da impunidade. Existiam companheiros com meia dúzia de crimes cometidos ali, na prisão. Não eram nem ao menos incomodados.

Vários dias transcorreram. Fui conduzido ao fórum da cidade. Contei outra história ao juiz. Eu não tivera nada a ver com aquilo. Passava pela rua, ouvi os tiros, senti que me acertavam, então fugi em desespero. Tomei mais tiros, até que um policial me socorreu. Depois fui jogado no meio de soldados que queriam me matar a pontapés. Levado ao corpo de bombeiros, me bateram de novo. Em seguida, na delegacia, outra surra. Desconhecia por quê. Só fiquei sabendo quando me deram as folhas para assinar. E, ao me recusar a fazê-lo, apanhei mais ainda. Exibi marcas ainda vivas nos braços, nas costas e no rosto.

O juiz mandou que o escrivão registrasse tudo o que eu dissera. No fim, perguntou se eu achava que podia atirar num homem que estava trabalhando e as coisas ficarem por aquilo mesmo. Continuei afirmando que não atirara em ninguém. Quando a autoridade percebeu que eu não ia contar nada, deu por encerrado meu depoimento. Os guardas que me conduziram de volta queriam bater em mim.

16.

Em nosso xadrez chegou um traficante de apelido Capoeira (outro). Havia tomado tiros de alguns malandros na rua. A perna, dura, não dobrava. Estava assustado. Sabia que a cadeia pegava fogo e temia ser extorquido. Pagara aos carcereiros para ser colocado numa cela tranqüila.

Veio falar comigo logo de cara. Pensou eu fosse o mais velho ali. Fora apanhado vendendo meio quilo de maconha. Uma garota comprara e pagara com notas marcadas pela polícia. Quando os investigadores o prenderam, ele ainda estava com o dinheiro marcado. Tinha quase cinqüenta quilos da erva em casa. Precisava vender antes que ela ressecasse. Droga de primeira. Domingo experimentaríamos. Sua mulher traria pelo menos o de fumar.

Por essa época chegou também o Edmílson, que eu conhecia da penitenciária. Viera assaltar um banco em Santos e caíra em flagrante. Era chapa de uns malandros que trabalhavam e moravam no xadrez da faxina. Chegou e já foi direto para lá.

A faxina dominava a prisão. Era necessário ser muito conceituado para estar naquele setor. Eu e Edmílson andávamos sempre juntos. Ele jogava baralho conosco todo dia, na grade. Os aliados dele tornaram-se meus considerados. Eu me posicionava bem, politicamente. A cadeia era perigosa demais para se ficar isolado. Indispensável saber antecipadamente o que ia acontecer.

Então chegou o Dé, irmão caçula do João. O tumulto em pessoa. O mais querido e protegido de dona Anália. Um dínamo de forças que se entrechocavam. Explodia e extravasava energia por todos os poros. Uma ansiedade doentia, nervosa e estúpida.

Grande, forte, comia como um leão. Desesperadamente, qual fosse faltar no momento seguinte. Suava igual a um porco e não engordava. Lembrava Fred Mercury, com aquele bigodinho indefectível. Defecava muito. Falava muito. Brigava e discutia muito e com todo mundo. João não o suportava. Aliás, ninguém, a não ser dona Anália, o suportava. Para ela, o filho era um santinho. O melhor dos meninos.

Ultimamente ele se viciara em baque. Fumava e se drogava muito também. Estava dando o maior trabalho para os parentes e amigos. Gente da família e de fora dela dera graças a Deus pela sua prisão. As pessoas que gostavam dele estavam vendo a hora em que alguém o mataria. Sobretudo por conta de dívidas e problemas relacionados a sua compulsão para consumir drogas.

Uma época delicada para mim. Aquela rotina, aquela monotonia miserável expropriava-me da força e consistência de minha existência. Tudo muito adverso. Às vezes fugia-me a vontade de vencer. Eu me deixava viver, só. Precisava fazer alguma coisa.

Dé chegou nos trazendo problemas. Tinha roubado um revólver junto com outro malandro, o Cabelo, que acabara preso em outro roubo. A arma ficara com o irmão do João. Cabelo mandou a companheira procurá-lo para receber sua parte na venda da arma. Parece que a mulher do sujeito chegou intimando. Dé, como não poderia deixar de ser, não pagou e maltratou. O problema era que Cabelo estava ali havia mais tempo. Morava em xadrez de malandros de conceito. Precisava cobrar para permanecer de acordo com o conceito reinante. Caso contrário, seria desclassificado e expulso desrespeitosamente.

João não quis subir com o irmão ao solário. Dizia que ele caçava suas confusões sozinho e devia resolvê-las também sozinho. Subi eu, bobão, que não sabia de nada, nem conhecia a figura que escoltava. Costumava me envolver nas encrencas dos outros.

Fiquei andando com ele no pátio, para lá e para cá. A rodinha dos inimigos foi se formando. Quando Cabelo o chamou para conversar, foi sozinho. Deixei-os. Quando o grupo se aproximou, cheguei junto. Não sabia, mas eles estavam armados. Planejavam uma surra. Queriam desmoralizá-lo e extorqui-lo. Exigiam que pagasse o revólver e uma indenização. Caso se recusasse, subiriam o gás dele, isto é, o matariam.

Serjão tomou a palavra. Disse que precisava acertar com conversa. Afirmou que me conhecia de São Paulo e que era preciso me respeitar. Até hoje não sei por que ele achava isso, mas ótimo! O que os convenceu mesmo foi que Dé, de imediato, assumiu o erro. Prontificou-se a pagar o revólver. Sobre o fato de ter maltratado a companheira do malandro ofendido, justificou que ela o intimidara desrespeitosamente. Ele não tinha dito que não iria pagar. Mas que a transação fora com o marido dela e era com ele que acertaria. Ele conversava bem.

Cabelo concordou logo. Tudo o que queria era sair dali com sua moral em pé e a promessa de pagamento. Os demais, não satisfeitos e aborrecidos com minha intervenção, já que queriam ver o circo pegar fogo, viram-se obrigados a engolir em seco. Acabou o debate, e eu voltei à cela com o cara inteiro.

Para nosso xadrez veio outro malandro que saíra do castigo. O Thomaz. Cumprira pena na Penitenciária do Estado. Bem mais velho que nós. Um piolho, como diziam. Traficante por profissão, vício e gosto. Conhecia mil maneiras de colocar droga para dentro da prisão. O velho sempre me pedia para ajudá-lo a enrolar as "balas" de maconha que vendia. Gostava que eu enrolasse seus baseados, fumávamos juntos.

Dé se dava mal com ele. Elementos opostos. Thomaz, um daqueles descendentes de portugueses avermelhados, enormes, tinha a economia no sangue. Dé era perdulário. Gastava o que tinha e o que não tinha. Vivia cada dia.

Na política do xadrez, João sempre do meu lado. Mesmo contra Dé. Se eu fechasse questão, ele me apoiava. Thomaz não fazia parte dessa família. Sabia que éramos fortes assim, mais ou menos unidos. A cela, com cerca de um metro quadrado e meio para cada um de nós, era um bairro. Tinha famílias. Relacionava-se com o resto da cidade, o presídio.

Eu discordava frontalmente do velho Thomaz. Como discordava do Dé. E até do João, quando este manifestava seu individualismo e sentimento de superioridade. A visão de vida do velho era extremamente retrógrada. Para ele valia a lei dos mais fortes. Fodam-se os mais fracos. Contra sindicatos e partidos de esquerda. Gostava da ditadura dos militares. Discutíamos demais.

Já o Dé, sua infantilidade me dava vontade de esganá-lo. Ele se julgava o centro do mundo. Todos tinham de viver em torno das vontades dele. Eu o afrontava constantemente, pelo prazer de lhe quebrar a prepotência. Ele não me suportava, mas ao mesmo tempo precisava de mim. Sabia que o conhecia. E que conhecia seu lado bom também. Quando ele conseguia escapar da compulsão, era pessoa generosa e amiga. Capaz de coragem e afeto. Atributos que sobravam no irmão dele. A ambos, porém, faltava autocrítica. Bem, mas o que poderia dizer eu, com minha autocrítica tão prejudicada? De qualquer maneira, nos relacionávamos. Nos magoávamos mutuamente, mas sem grandes conseqüências.

O velho Thomaz jogava no bicho todo dia. Jogava ternos invertidos. Ganhava com freqüência. O carcereiro apontava o jogo e vinha trazer os prêmios. O bicho da cidade pagava a polícia toda. Até os carcereiros recebiam sua cota no fim de cada mês. Uma cidade maluca! Tudo controlado pelo grupo no poder. E tudo seguia um rumo ditado por eles.

Sua mãe, dona Elsa, o apoiava no que fosse preciso. Ele sustentava a casa e era o chefe da família. Possuía um armazém no porto que alugava a uma empresa de transportes. Sustentava mãe, mulher, filho, nora e neto. O filho se acomodara à situação e não trabalhava. A mulher tinha casos com garotões de praia da idade do filho. Apenas a mãe o amava o suficiente para se deixar manipular.

Por causa dos inúmeros crimes que aconteciam ali, passávamos quase o tempo todo no xadrez. Revezavam-nos em alas para a recreação. Como havia quatro alas, no final tínhamos quatro horas de recreação por semana. E mesmo assim as mortes continuavam ocorrendo.

E, nas celas superlotadas, vivíamos o inferno. Só amolentados pela maconha e abobados pelos comprimidos de diazepam receitados a quem pedisse pelo médico que atendia uma vez por semana, suportávamos viver sem nos rebelar.

Quem tivesse maconha era rei. Teria tudo o que de melhor a prisão pudesse oferecer. O tráfico corria solto. Thomaz era dos mais destacados. Dispunha de drogas com mais freqüência. Procurava conquistar minha amizade e, desse modo, ter certo controle político do xadrez. A maioria ali confiava em mim. Se havia algum problema, era a mim que recorriam.

Dona Anália trouxe algumas garotas que moravam nos quartos dela para me conhecerem. Lindas garotas que, em consideração à velha senhora, vinham fazer caridade para o preso.

Capoeira e eu armamos uma barraca com lençóis, cola e cabos de vassoura. Havia um fundo falso onde cabia um colchonete, separado por grosso cobertor. Uma repartição camuflada. Seria nosso quarto para receber as mulheres. Na frente, a sala familiar.

Rubens apareceu. Consegui mandar recado, e ele veio. Disse-me para registrar Biana como minha visitante. Deixou uma quantia em dinheiro com dona Anália. Estava andando bem. Toninho, quase recuperado do tiro que tomara quando fui preso. Estavam ambos na casa de Biana. Desconfiei que meu amigo Rubão havia se amasiado com ela. Bom para eles.

A prisão fedia a merda e maconha. O prédio estava superlotado e detonado. Três décadas de habitantes que odiavam o local destruíram quanto podiam. Os xadrezes e as galerias minavam esgoto, pareciam cavernas com estalactites verdes.

Reformariam a cadeia. Seria interditada uma galeria por vez, para conserto geral. Nossa ala foi a primeira. Fomos, cerca de oitenta presos, morar todos juntos numa cela enorme, que fora construída para ser sala de trabalho. Ficou mais perigoso.

No segundo dia no novo xadrez, o Sargentinho, malandro conhecido na cidade, foi assassinado. Quando o carcereiro apareceu, os responsáveis pelo feito disseram que tinha sido um linchamento. Se colasse, ficaria por aquilo mesmo. Caso contrário, havia um sujeito para se apresentar como autor do crime. Deu certo. O cadáver foi retirado, e não se falou mais no assunto.

Mas nos ressabiamos, receando sermos os próximos. Então, ficávamos armados o tempo todo. Cada cela possuía seu esquema de autoproteção. Os territórios foram delimitados, cercamos os espaços com colchões. Qualquer avanço seria tomado como invasão, e a resistência seria encarniçada.

A malandragem de Santos tinha muitos destaques. Inclusive quadrilhas que agiam como piratas. Invadiam e tomavam navios estrangeiros de assalto. E a polícia fazendo vista grossa para o que acontecia. Cobrava a parte dela associando-se ao crime ou extorquindo criminosos.

Dentro da cadeia não havia meios de ganhar a vida, além do tráfico de drogas. Claro, existia a possibilidade do artesanato. Mas só para quem tinha o dom e mercado para vender. Fora isso dependíamos do que nos traziam os visitantes. E nem todos tinham quem se interessasse por eles. A situação parecia insustentável. Mas, incrível, se sustentava, e os dias passavam.

João foi trabalhar no setor jurídico da prisão, a Judiciária. Acabaram as aulas de inglês e de rock. Perdi o companheiro de diálogos. Havia que morar no xadrez da faxina. Foi difícil, porque eu voltara a ler, e, como devorávamos os mesmos livros, nossos comentários enriqueciam as leituras. Aprendemos muito juntos. Principalmente, aprendemos a nos gostar e a respeitar um ao outro.

Biana veio me visitar. Realmente, unira-se a Rubão. Amigaram-se, como dizia. O engraçado era que vieram para se justificar. Pensavam estar me traindo. Ela relaxou e chegou a soltar um longo suspiro quando deixei claro estar contente com aquilo. Eu gostava dos dois. Ela se julgava comprometida comigo. Libereios para que fossem felizes. O que o futuro provou não ser possível. Ambos morreram de AIDS.

A história por trás de minha prisão tinha sido repleta de momentos angustiantes. Toninho fora atravessado por uma bala. Tendo tomado o ônibus de assalto e chegado ao Gonzaga sangrando e passando mal, conseguira um táxi e se dirigira à pensão. Rubens o instalou no quarto. Sangrava demais, a barriga perfurada. O dono da pensão, avisado, foi ver. O catarinense era do molho também, já fora ladrão. Prestou-lhe os primeiros socorros. Depois disse ao Rubens que o amigo precisava ir a um hospital para ser operado, caso contrário morreria.

Rubão deu-lhe uma garrafa de pinga e viajou para São Paulo. Em Osasco, procurou um conhecido nosso, motorista de táxi. Voltou com ele para Santos. Levaram Toninho, inconsciente, a um hospital em Osasco. Biana foi atrás da sua mulher. Depois de sair do hospital, Toninho não podia ficar em casa, a polícia o caçava. Foi para a casa de Biana. Ela e Rubens cuidaram dele. O parceiro estava se recuperando, em breve iria roubar novamente. Um assaltante que eu conhecera na prisão havia se agregado a eles. Rubens e Biana tinham deixado um dinheiro com dona Anália. Viriam de vez em quando. Desejei-lhes sorte e pedi que não me esquecessem.

Tempos depois de ter saído para trabalhar na Judiciária, João conseguiu me tirar para que o auxiliasse. Ele não entendia quase nada do assunto. Petições e pequenos recursos, eu sabia fazer. E datilografava bem. Fora meu meio de vida na prisão por muito tempo. Rapidamente organizamos as coisas. Começamos a incomodar o diretor da cadeia e o juiz da Vara de Execuções. Enviávamos um sem-número de pedidos de benefícios.

Certo dia o diretor nos chamou. Afirmou que me excluíra da Judiciária. Eu quis saber por quê. Ele disse apenas que eu estava fora da realidade, não deu nenhuma outra explicação, mas o motivo era óbvio.

Eu tinha sido condenado no flagrante. Dez anos de reclusão. Apelei ao Tribunal. Sabia que merecia a pena. Fora assaltar e atirara num jovem. Mas tantos haviam cometido crimes maiores e estavam soltos... Eu sempre achava um jeito de escapar ao sentimento de culpa. Não podia ficar me acusando o tempo inteiro. E precisava de todas as minhas forças para sobreviver ao desastre.

Voltamos para nossa galeria, já reformada. Agora era a vez dos outros. Fomos habitar o xadrez 12. A cadeia consistia em duas galerias no quarto andar e duas no quinto, cerca de sessenta metros, com oito celas cada. Havia outra ala para os que viviam em seguro de vida. Estupradores, alcagüetes, companheiros que tinham inimigos mortais no convívio. E uma pequena ala para presos primários e para menores de vinte e um anos.

Dé trouxe um rapaz de apelido Maconheirinho para o nosso xadrez. Seu amigo da rua. Na cadeia, conceituado como nefasto. Sujeito egoísta e briguento. Muitos não gostavam dele, e havia até quem desejasse matá-lo. Eu não sabia disso, aceitei meio a contragosto. Amigo do Dé, não poderia ser muito boa coisa.

Capoeira veio falar de uma baiana, Conceição, que ele andara comendo na rua pouco antes de ser preso. Pediu-me que a registrasse em meu nome, como visitante. Se eu conseguisse comer, seria comigo mesmo. Ele não obstaria.

O interesse de Capoeira era outro. Queria que ela trouxesse maconha. Pelo jeito da sua mulher, ele não tinha bom gosto. Imaginei que a baiana não me apeteceria. Mas, como estava preso e só, tudo bem.

Quando, ao cabo de duas semanas de espera, Conceição chegou, fiquei de queixo caído. Uma jovem com um corpaço. Coxas grossas, bunda redonda e assim, toda nervosa, excitante. Baiana, mas muito paulista. Vivera a maior parte da vida em São Paulo. Prostituía-se nas boates. Tinha uma filha de cinco anos, que deixava com a mãe na capital. Sustentava ambas.

Capoeira era seu amigo, dizia. Viera vê-lo apenas. Não queria nada com preso. "Tudo bem", eu lhe disse. "Mas vamos conversar", também queria ser amigo dela. Nessa de amizade, veio mais duas vezes. Na terceira, decidi. Ou ia para a barraca do amor ou tiraria o nome dela da visita. Foi "para conhecer", como disse. Dentro, quis continuar a historinha de somente amizade. Quando percebeu, eu já tinha desabotoado tudo. Que material!

Derreteu-se quando parti para as carícias profundas. Ela pensou que seria só uma rapidinha e pronto. Quase um michê. Ligou o motorzinho e tentou me fazer gozar. Não seria fácil assim.

Calor forte, a gente suava até parado. Eu queria impressionar. Suamos todos os nossos sais minerais. Eu tinha que fazer aquilo e daquele jeito. Tratava-se de uma profissional. Só respeitaria quem ela não pudesse enganar. Um jogo que seria vencido pelo mais esperto. Necessário malhar enquanto o ferro estivesse quente. Depois que esfriasse, não pegaria mais a forma que eu desejava.

No domingo seguinte de manhã, chegaram duas sacolas repletas de alimentos e outra com roupas de marca. Só mimos. Fora Conceição quem mandara. Gastara uma nota preta ali.

As visitas chegaram depois do almoço. A baiana foi uma das primeiras a entrar. Fumamos um baseado que ela trouxera na boca. Parecia me querer demais. Estranhei, achei que mentia. Um homem sabe quando uma mulher o quer de verdade. Claro, há sempre os que querem se deixar enganar. Eu me julgava esperto. Usava a roupa que ela me dera. Conceição disse que eu estava lindo e que me queria o mais bem-vestido da prisão.

Não gostei. E fui agressivo. Nunca fora cafetão de puta nenhuma. Preferia ser ladrão e bandido. Desci no xadrez, troquei de roupa, coloquei a nova numa sacola e voltei. Jamais aceitaria que uma mulher vendesse o corpo para me sustentar. Joguei no colo dela a sacola e o recorte do jornal com a reportagem sobre minha prisão. A garota me olhava, abobalhada.

Nisso chegou dona Anália e me chamou. Perguntou por que eu estava bravo. Nem expliquei direito. Tirou dinheiro do bolso da saia e me deu. O que restava do que o Rubens trouxera. Então cresci para cima da baiana. Não precisava do que ela queria me dar. Meus parceiros não me deixavam em falta.

Seus olhos se encheram de lágrimas. Aquilo diluiu minha raiva. Sentei-me a seu lado, e aos poucos ela foi saindo daquela tristeza. Quando falou, foi baixinho como numa oração.

Contou sua vida. Disse que, quando trabalhava numa grande loja em São Paulo, todos queriam comê-la. O homem de quem gostava fez-lhe um filho e sumiu. O que ela ganhava mal dava para sustentar a criança.

Um dia viajou para Santos com uma amiga. À noite, foram passear e acabaram num hotel com dois marinheiros. O que ela ganhou equivalia a seu mês de salário. E fora rápido, sem dor, até legal. Dali para a frente, descia a serra nos fins de semana. Conheceu alguns malandros do cais, começou a fumar maconha, cheirar umas carreiras de cocaína. Gostou da gandaia, das roupas bonitas e dos malandros. Foi despedida por falta de comparecimento. Então se mudou para Santos e inverteu a agenda: agora, nos fins de semana visitava a família e a filha.

Acostumara-se a malandrecos do cais que roubavam para usufruir prazeres. Eu, agora, posava de grande assaltante de bancos. Claro, na cadeia valia a propaganda. Todo mundo mentia vantagens. Eu é que não ia ficar por baixo. Manjava o esquema. Em São Paulo, todos me conheciam. Mas ali eu era um bandido com certo mistério. Com o tempo, aos que importavam contei que era paulistano. Sabia muito bem como me promover. Afinal, já somava treze para catorze anos de prisão. Aprendera a me colocar em posição de respeito.

Quando menos esperávamos, a visita findou-se.

17.

Na quinta-feira, não esperava que alguém quisesse me ver. De repente, chegaram sacolas cheias de comestíveis e um tênis de couro branco. Era Conceição novamente. Viria à tarde. Estávamos numa fase difícil de conseguir drogas. Corria o ano de 1985. Muito dinheiro no bolso de todos. Até na cadeia houve reflexo dessa abundância. A quantidade de visitantes crescera sensivelmente. O volume de sacolas também. A miséria comum à prisão afastou-se umas tantas polegadas.

Alguns companheiros conseguiram colocar umas poucas gramas de maconha para dentro do presídio. A procura era muito maior que a oferta. O preço aumentara. Só dava para a gente adquirir umas balinhas no domingo e na segunda. Depois, somente na outra visita. Secava. Nós pensávamos num esquema novo.

No xadrez, eu desenvolvia uma filosofia de convivência pacífica. Divisão de tudo entre todos e luta contra abusos. Isso contagiava o pessoal. Toda manhã, dobrávamos os colchões, deixando o salão livre. Então, de toalha enrolada nas mãos, praticávamos boxe. Quase sempre começávamos Dé e eu, depois entrava o André. Em seguida todos, vencendo o medo. Eu apanhava com freqüência do Dé. Às vezes até o André me batia, e eu ganhava dos restantes. De quando em quando fazia cinco, seis lutas com adversários diferentes. Evitava machucar e procurava disciplinar os demais nesse sentido. Como sempre, Dé era a pedra no sapato. Invariavelmente machucava alguém. Sobretudo a mim, que não rejeitava combate. Os outros fugiam dele. Queriam lutar comigo.

Depois, tomávamos banho. Quando percebíamos, era hora do almoço. Comíamos, fumávamos um baseado (quando tinha) e dormíamos. Começávamos a assistir televisão no meio da tarde e atravessávamos a madrugada.

Conceição foi uma das primeiras visitas a entrar. Vestido estampado justo, realçando e valorizando a silhueta. Viera preparada para matar. Havia feito escova no cabelo, produzira-se qual fosse a uma festa. Olhei bem e pensei: isso vai dar um trabalho...

Ela queria me conquistar. Não por amor ou simples bem-querer. Era orgulho, vaidade e principalmente desejo de domínio. Existia também um componente de vingança. Ela queria me fazer comer em sua mão. Tinha o direito de tentar. Eu não entregaria os pontos, jamais. Que continuasse lutando. Muito bom assim.

Abraçou-me como se fosse ela o homem. O quartinho da barraca estava vago, de modo que aproveitei o embalo. Havia tempo para dar uma. Eu queria, a embalagem já me seduzira. A calcinha e o sutiã vermelhos realçaram a pele fresca e saudável. O perfume, com certeza, era contrabandeado. Subia um cheiro gostoso, muito suave.

Mestiça. Mulata clara de lábios grossos e nariz fininho. Pestanas enormes. Uma expressão de boneca, enquanto esperava meu ataque. Devorei tudo. Fiquei solto, expandi em ondas elétricas, tateando, tentando virar do avesso.

Foi muito bom, consegui abstrair o lugar e a pessoa. Ela quis saber se eu tinha gostado. Sorri. Não podia dizer; era um jogo.

Depois procurou se informar se eu achara. O quê? Um caroço de maconha. Onde? No pacote de bolachas. Eu nem havia mexido nas sacolas.

Capoeira, esposa e filha se encontravam na sala de estar. Desci, abri uma sacola e achei o torrão de erva prensada. Umas cinqüenta gramas. Subi e a enquadrei. Era louca? Queria ser presa em flagrante? Aquilo era pedir para ser presa e para me mandarem para a cela-forte.

Conceição botou a maior banca. Ganhara a amizade de uma das funcionárias que efetuava a revista nas sacolas. A mulher confiava nela e mexia nas coisas por cima. Ela trouxera a erva no bolso da saia e, quando a funcionária acabou de revistar, colocou no pacote de bolachas. Simples.

Os assassinatos se sucediam na cadeia. No mês de agosto foram mortos vinte e sete companheiros. Havia presos que já estavam matando por prazer. A impunidade produzia o excesso e promovia a loucura.

Meu coração se guardava no mundo pessoal de minhas lembranças. Isa voltava a ser a mulher querida. Agora idealizada pela imaginação, que esquecia tudo para lembrar um pouco. Gisela, a doce menina, por mais três vezes depositara comestíveis para mim. Nenhum bilhete, nada. Só coisas.

João veio até a porta de nosso xadrez, chamou seu irmão e disse-lhe que o Pedrão estava ali. Dé explicou: tratava-se de um amigo dos dois, companheiro de farras e curtições. Parecia muito querido por eles. Havia sido preso com certa quantidade de cocaína. Era secretário no sindicato dos estivadores e nas horas vagas traficava papelotes.

Depois de batalhar muito, João o trouxe para nossa cela. O carcereiro abriu a porta para um barbudo enorme, quase dois metros de altura. Pedrão! Como chegou apenas com a roupa do corpo, foi instalado entre mim e Dé. Ficamos os três em dois colchões. Claro, o Dé e eu caindo nas beiradas, e ele refestelado no centro. O sujeito mostrava-se angustiado e ansioso demais. Jamais fora preso. O choque estava sendo violento.

Antes de ele entrar no xadrez, Dé contou que Sílvia, irmã de Pedrão, era uma das maiores beldades santistas. Havia disputado o título de Miss Santos, anos antes. Lindíssima! Tinha uma boa cabeça também, salientou João. Todos que a conheciam eram seus fãs e lhe prestavam as mais profundas homenagens.

Pedro de imediato me conquistou. O que tinha de grande tinha de simpatia e humildade. Eu era pequeno perto dele, mas no relacionamento estávamos do mesmo tamanho. Ele não conseguia dormir. Passei três noites conversando com o novo amigo. Dormia durante o dia. Estava disposto a dialogar com ele o tempo que necessitasse.

Falava de sua vida. Morava com os pais. Amasiara-se com uma mulher bastante conhecida no meio criminal e na polícia, traficante de cocaína. Fora através dela que se envolvera com drogas e tráfico. A amante estava condenada num processo por tráfico. Não era capturada porque sempre pagava alguma coisa aos tiras. Estavam separados no momento, haviam brigado. Ele gostava muito dela. A família não aceitava, mas não interferia.

A maior preocupação de Pedro era o impacto que sua prisão causaria aos pais e à irmã. Para a mãe, seria um choque tremendo. O pai, estivador aposentado, já vira de tudo, mas não esperava por aquilo. A irmã sabia de sua vida. Ele estava com medo de ficar preso e ser condenado.

Pedrão fora criado no leite e no mel. Jamais conhecera a dor e o sofrimento em suas formas mais brutais. Aquilo para ele era um inferno. O pai, seu Messias, um amigão. Reencarnacionista e espírita. Criara os filhos dentro de suas convicções e com todo o amor. Pedrão dizia que eu iria gostar muito dele. Achava-nos parecidos em termos de idéias.

Domingo Conceição não veio. Fora passar o fim de semana com a mãe e a filha. Emprestei minha parte na barraca para o Pedrão. Quando chegaram seu pai e sua irmã, fiquei surpreso. A cadeia parou para olhar. A garota era realmente uma parada. Morena alta, um palmo a mais que eu. Olhos azuis. Cabelos até os ombros, soltos.

Eu não estava preparado para beleza tamanha. Areia demais para o meu carrinho de mão. Era para ser respeitada como um espetáculo da natureza. Seu Messias, desses homens que, de tão naturalmente fortes, precisam andar de braços abertos. Maior que Pedrão e Sílvia, gordo também. Mas de uma gordura maciça. Fora estivador por trinta anos numa época em que era tudo no braço, sem máquinas.

Quando o cumprimentei, minha mão sumiu dentro da manopla do homem. Ao sentir a dor, fitei-o. Ele sorria e olhava nos meus olhos. Percebeu. Desapertou a morsa na hora. Desmanchou-se em desculpas. Seus olhos desapareceram nas maçãs avermelhadas. Sorri em retorno. A garota (se é que cabe chamar aquela mulheraça de garota) veio delicada, com sua mão consistente mas inteiramente feminina. Quanta maciez! Acomodei-os na barraca, protegidos do sol.

A família tinha muito que falar e que chorar. Fui conversar com dona Anália. Dei boas risadas com seu jeito de nordestina arretada. Quando voltei, pai e filha estavam recompostos e me sorriram. Decerto Pedro contou sobre minha assistência a ele. Apanhei a garrafa térmica e lhes ofereci café. Agradeceram o apoio ao familiar querido.

Seu Messias queria falar comigo. O filho lhe dissera que eu

conhecia a filosofia espírita. A conversa fluiu bem, senti instantaneamente um grande carinho por eles. Sílvia conseguia conversar com uma simplicidade comovente. Tinha namorado e gostava dele. Fazia-se respeitar como pessoa sensível e de caráter bem formado.

Eu estava mais impressionado com seu Messias. Aos sessenta anos, passava uma idéia de força, energia e caráter que parecia garantir tranqüilidade e segurança. Senti que, tanto ele como os filhos, gostaram de mim de verdade.

Fui construindo amizade com seu Messias e Sílvia. E, claro, recebendo Conceição. Aprendi a fazer umas colchas de linha num tear de tábua. Demorava uma semana para montar. Dona Eida trazia as linhas e vendia as colchas. Seu Messias vendia também. Ensinei alguns companheiros de cela, fornecia material e eles teciam peças para mim. Pagava em cigarros, dinheiro e até maconha, quando Conceição trazia.

Aos poucos, o xadrez começou a virar fábrica. O que eu arrecadava se transformava em alimentação e droga para nós. Trabalhava mais para segurar a cabeça. Vivia uma dor surda, angustiosa. Eu não produzira nada que prestasse. Não fizera nada de bom. Minha vida tinha sido inútil. Ninguém, a não ser minha mãe, gostava de mim de verdade. Sentia um vazio imenso, um buraco negro que se revelava impreenchível.

Às vezes essas depressões me pegavam pelo dia todo. Ficava calado, me fechava, o mundo e as pessoas sumiam. As noites me fugiam lentamente, em insônias incontroláveis. Martírio sem explicação. Então fumava enormes baseados. Lutava para amortecer o desespero que me tomava. Vivia abestalhado.

Quando não tinha droga, ficava a ponto de enlouquecer. Não comia, não conversava com ninguém. Com o tempo, nem a droga ajudava. Bastava pensar em passar o resto da vida preso, e a depressão já começava a me devorar. Tornava-se claro como minha existência era pequena e mesquinha. Mas a vontade de viver ainda vinha maior que tudo, mesmo que eu não soubesse para quê. Então descobri o trabalho.

Seu Messias que me falou dessa terapia. Depois de se aposentar, ele sofria das mesmas pressões interiores. Então passara a se dedicar a uma atividade de que gostava. Escultura em madeira. Lutava para preencher o espaço vazio. Desse modo administrava melhor sua vida. Fazia visitas a favelas, casas de pessoas pobres e hospitais. E agora, mesmo quando o filho não estivesse mais ali, viria nos visitar sempre que fosse possível. Venderia nossos artesanatos. Era a forma que encontrara para combater a angústia, e estava dando certo.

Embarquei nessa. Trabalhava no tear o dia todo e parte da noite. Conversava, assistia tevê e tecia ao mesmo tempo.

No meu xadrez, só eu estava para ficar. Os demais, condenados a dois, três ou no máximo seis anos, como o André. O que era isso para quem tinha sessenta anos de condenação? Minha idade, trinta e três. A cadeia, em cima do Palácio da Polícia, transformava-se em minha casa. Pouco saía para o solário, agora. Buscava mais trabalho do que qualquer outra coisa.

A comida da prisão me fazia mal. Furúnculos enormes começaram a aparecer, um após outro. E nos lugares mais improváveis. Na bunda, no saco, nos braços, axilas. Minha mãe me trazia antibióticos e vitaminas. O médico da firma lhe dava. Depois surgiram feridas nas articulações dos pés e das mãos.

Procurávamos manter a higiene na cela. Lavávamos as paredes com água quente. Eu chamava a atenção dos mais porcos e preguiçosos para que tomassem banho. As roupas tinham que estar limpas. Quem não se adaptasse às regras, que procurasse outro xadrez. Mesmo assim, vivíamos com coceira, doenças de pele, escabiose e feridas. Problemas ligados a fungos, umidade e falta de limpeza da própria prisão. Aquela cadeia fora condenada várias vezes pela Saúde Pública. Mas quem ia ligar para a saúde dos presos? Queriam mais que houvesse uma grande epidemia que nos matasse a todos.

Sílvia tornou-se uma grande amiga. Correspondia-se comigo, conversávamos sobre todos os assuntos. Às vezes desabafava, contando até as brigas com o namorado. O sujeito tinha uma das pernas quase toda de platina e ainda cheirava. A amiga amava muito os pais. Particularmente seu Messias, a quem devotava verdadeira adoração. Por conta disso, fazia tudo para não levar tristezas a ele. Era moça honesta e trabalhadora, gerente de uma grande loja em Santos.

Pedrão foi ao fórum esperando ser libertado após a audiência. Voltou afirmando que iria embora à noite. Dera tudo certo, todos os familiares compareceram, além de amigos e do advogado. O juiz concedera que respondesse o processo em liberdade provisória. Trabalhador, o companheiro tinha endereço fixo, família de tradição na estiva, e era réu primário. Só se poderia esperar isso mesmo.

Ficamos, no xadrez, na expectativa. Pedro prometeu a mim e ao Dé que viria todo domingo depositar comestíveis. Pensei fosse promessa vã. Viria alguns domingos, depois nos esqueceria. E nós a ele, conseqüentemente, com imenso pesar.

A espera da soltura durou uma eternidade. O amigo achava que não sairia mais. Seus nervos não agüentavam, estava quase se desmanchando em lágrimas. Um homenzarrão daqueles chorando seria um espetáculo que não agradaria a ninguém. Todos ficaram tensos. O ar carregado.

Quando o carcereiro apontou na galeria, houve um clamor geral. Chegou na porta da cela e, depois de fazer umas graças, chamou Pedrão. O cara ficou em pé como uma mola, e se despediu, meio atordoado. Foi um alívio para nós todos. Eu senti um vazio, uma tristeza. Em pouco tempo, ele e sua família tinham me conquistado inteiramente.

Domingo, conforme o prometido, logo cedo o Pedro estava no posto de gasolina que dava para a janela de nosso xadrez. Buzinou em cima de sua Honda CB 400, com Sílvia na garupa. Gritamos, eles acenaram. Quase derrubamos a grade para responder com toda a veemência. Não demorou, e então chegou uma enorme caixa de papelão com comestíveis e roupas. Dali para a frente, pelo resto do tempo que fiquei preso em Santos, todo domingo eles vinham fazer uma presença.

Dias depois, seu Messias apareceu na porta da cela, todo risonho. Havia conseguido do diretor autorização para adentrar o presídio sempre que precisasse. Apanharia nossos artesanatos para vender lá fora. Trouxe-me o capital de duas colchas que vendera para mim. Coloquei-o em contato com outros artesãos. Aquele homem grande, de coração maior ainda, nunca mais nos deixou. Eu o amava como a um pai.

Maconheirinho foi transferido, e botaram outro preso em nosso xadrez. Um nordestino típico, magro e pequeno. Mas rijo e forte como pau de aroeira. Seu Luiz não tinha nada a ver com o crime. Nós o recebemos bem, como fazíamos com todos que chegavam. Rápido desenvolveu uma amizade conosco.

Sua história era bem comum. Casado, com vários filhos, vivia numa cidade do interior de São Paulo. Empreiteiro de obras, passava a semana trabalhando em Santos e morando em pensões. Voltava para casa somente aos sábados.

Até que um de seus pedreiros lhe apresentou a irmã. Esta, bem mais nova, conquistou-o na cama. Tornou-se sua amante. Seu Luiz montou casa com ela em Santos, e estava cada vez mais apaixonado. A vizinha contou-lhe que, quando ele viajava, a garota colocava um rapaz dentro de casa. Indignado, o sujeito decidiu tirar aquilo a limpo.

Fingiu que iria viajar e, quando não era esperado, apareceu. Realmente, a amante estava com um homem, e na cama. Ele apanhou uma faca na cozinha e caminhou para cima do rapaz. Este não teve chances: morreu esfaqueado na hora. A mulher correu, pulou o muro, ele pulou atrás. Picou-a de faca, sem dó. Matou-a na hora também. A polícia chegou. Seu Luiz os esperava, sentado na cozinha, a faca em cima da mesa.

Um homem de meia-idade. Pouco ou nada tinha a ver conosco, senão por seu modo explosivo e violento de resolver os problemas. Analfabeto de pai e mãe. Ignorante como só ele, mas bom nas contas e para negociar.

Não sei se por compaixão de seu sofrimento, agora que ele, de cabeça fria, estava a pensar na mulher e nos filhos pequenos, tomei-o sob minha proteção. Aos poucos, construí uma amizade. Eu, tido como bandido assaltante, amigo de um trabalhador inveterado. Busquei, assim meio sem ter mais que dizer, convencê-lo de que Deus proveria sua família. Recordei palavras de uma mulher do meu passado, a qual me ensinara fé e esperança. Uma fé que agora era um fio de seda, vagamente lembrada. Mas que já me sustentara com bravura em piores momentos.

Nos primeiros dias morando conosco, o nordestino aprendeu a trabalhar no meu tear. Montamos outro para ele. Escrevi carta para a esposa, interpretando suas palavras. Ela veio, com as duas crianças menores, uma delas de peito. Deixei-os na barraca, para que se entendessem. A mulher o amava. Perdoou-o e passou a visitá-lo freqüentemente.

A primeira coisa que seu Luiz pediu foi linha. Aquilo que para mim era um meio de segurar a cabeça, para ele seria um meio de vida. O homem danou a produzir. Dia e noite, sem parar. Eu o orientava e ajudava a fechar colchas, toalhas de mesa e tudo o que tecia. Não demorou para que me propusesse sociedade. Sua mulher venderia nossos trabalhos.

Mas o companheiro era negociante. Gostava de ouro e relógios. A esposa lhe trouxe dinheiro. Logo ele começou a comprar tudo o que aparecia de bom, legítimo e a preço de banana. Antes trazia para que eu identificasse e avaliasse. Eu conhecia os preços na prisão. Sabia, mais ou menos, o que era ouro. Relógios, conhecia razoavelmente também. Ainda não havia isso de mercadoria de primeira e de segunda linha. Ou era autêntico ou porcaria, fácil de aferir.

Mesmo depois que deixamos de ser sócios, seu Luiz continuou a me procurar antes de negociar. Eu gostava dele e o ajudava sempre que podia. Agora ele morava num xadrez não muito respeitado, cujos habitantes eram heterogêneos e sem conceito. O individualismo era a norma. Sem um esquema de apoio e proteção, eu sabia que sua hora iria chegar. E não demorou.

Lazão e Quincas eram dois malandrecos do centro de Santos. Moravam no quinto andar. Estavam envolvidos em vários crimes ali da cadeia. Eram "trapeadores" na rua. Tinham uma técnica supereficiente. Pegavam a vítima pelas costas e pelo pescoço. Com a cana do braço afundavam o pomo-de-adão do sujeito, que perdia os sentidos instantaneamente. Recuperava em segundos, também. Nesse átimo, roubavam-lhe.

Devem ter planejado. Foram fazer negócio com seu Luiz. Quando ele sacou a quantia, pegaram-no pelo pescoço. Como o homem era tinhoso, riscaram-lhe com uma faca a barriga e o peito. Tomaram tudo o que estava com o amigo. Relógio, correntinha de ouro e dinheiro. Fomos nós que passamos iodo nos cortes, que foram superficiais mas suficientes. Na prisão há um ditado: "Otário é a imagem do cão". Naquele caso, se comprovaria. Aconselhei-o a que parasse de negociar. Ele não tinha mais cobertura.

Não parou. Novamente foi assaltado. Os mesmos. Daquela vez o pegaram com o xadrez aberto e levaram tudo o que possuía. Nem o colchão deixaram. Ainda lhe deram uns cutucões de faca na bunda. Veio chorando desabafar comigo. Senti ânsia de comprar a guerra. Revoltante a covardia dos caras. Abusavam do infeliz, que não sabia reagir. Seu Luiz falava em vingança. Ele, um empreiteiro, que da vida só conhecia a construção. Trabalhava em pequenos reparos e reformas na cadeia.

Acho que foi dois dias depois. Nos soltavam para a recreação no solário, quando ouvimos um tumulto vindo do saguão, onde desembocavam as galerias. Corremos para ver o que estava acontecendo. Podia ser um dos nossos. Quando chegamos, o susto.

Seu Luiz com uma picareta erguida no ar. O Lazão caído, todo ensangüentado. A ferramenta desceu e afundou no peito do infeliz, provavelmente já morto. O sangue espirrou. Sangue grosso, que chegou quase aos pedaços nas paredes e nos que assistiam. Ficamos ali, hipnotizados pelo horror. A picareta subia e descia. Os olhos do nordestino eram brasas saltando de uma cara de diabo.

Cansado, seu Luiz encostou-se na parede e foi deslizando para baixo. Então reparei que de sua barriga e de seu peito minava sangue. Fora esfaqueado. Dois companheiros acudiram comigo. Erguemos o homem, que estava estranhamente leve. Corremos com ele para a carceragem. Colocamos na maca da enfermaria e, a pedido do carcereiro, fomos buscar Lazão.

Ao chegar, ficamos sabendo que havia outro cadáver. Entre os dois lances da escada jazia um rapaz. Na parte de trás de sua cabeça, um enorme buraco. O sangue descia pelos degraus, grosso. Já fedia. Quincas, ou o que restara dele.

Arrastamos os cadáveres para a carceragem. Os faxinas usaram toda a água da caixa para lavar aquela desgraça. Fomos para o pátio de recreação, chocados. Estávamos acostumados a violências extremas, mas a brutalidade que acabáramos de presenciar superava tudo.

No coração um desejo desesperado de sair dali e nunca mais voltar. Eu não pertencia àquela loucura. Queria paz. Uma vontade de chorar, sem lágrimas. Chorar a alma e minha vida inteira, jogada fora idiotamente. O arrependimento, contra o qual lutara aquele tempo todo, se abateu sem dó sobre mim. Como eu fora louco! Como doía a consciência de meus erros! Massacrava. Enchi a cara de maconha, buscando amortecer.

Estava ali fazia um ano e oito meses. Meu pai havia telefonado para a Penitenciária do Estado e denunciado que eu estava preso em Santos, com outro nome. Foi minha mãe que me contou. Tudo por ciúmes, porque ela me visitava uma vez por mês. Não dava nem para odiá-lo. Aquilo só podia ser loucura e obsessão.

Mesmo assim, eu quis confirmar. Entrei com o pedido de promoção ao segundo estágio da pena. Minha pena, pela lei, nem dava aquele direito. Pelo menos minha pena em Santos. Pensei pudesse haver algum engano. Uma confusão burocrática, e eu escaparia por entre os dedos da Justiça. Já tinham acontecido alguns casos. A penitenciária ainda não comunicara nada à Cadeia de Santos.

Quando veio a sentença do juiz é que me vi perdido de fato. Até aquele momento tudo foram nuvens, fumaça, e eu me sentira no ar. Havia alguma esperança. Eu não sabia de onde conseguira tirar tal idéia. Além da negativa à progressão ao segundo estágio da pena, estavam ali todas as minhas condenações e vida pregressa.

18.

Não se fizeram esperar. Alguns dias depois, fomos chamados, eu e mais quatro. Estavam nos removendo, e nem sabíamos para onde.

Subimos a serra chacoalhando e suando no carro de presos. A cada buraco em que o motorista parecia fazer questão de passar, éramos jogados para cima e para os lados. O carro era de aço, e estávamos algemados. Eu ficava o tempo inteiro travando os esfíncteres. Rezava. Implorando a tudo o que pudesse me fazer resistir. Só o que desejava era a dignidade de não me borrar todo ali.

Chegamos. Enfim estávamos numa nova prisão. Demos graças por isso. Que maravilha, poder ir ao banheiro... O lugar era por demais estranho. Antes de uma rebelião em que mataram muitos loucos aprisionados, fora o Manicômio Judiciário. Agora, em razão da falta de vagas no sistema prisional de São Paulo, se transformara na Penitenciária de Franco da Rocha. Pareceria mais um casarão antigo, não fossem as grades. Meus amigos tinham arrecadado todo o dinheiro vivo que possuíam e me deram. Estava com um bolo de notas no bolso. E carregava um saco enorme de roupas que me pertenciam.

Fomos encostados a uma parede, na parte administrativa. Fui, enfim, autorizado a ir ao banheiro. Era quase um milagre. Me esvaziei, parecia que até as tripas desciam. Tinha a impressão de que tudo agora era mais fácil e leve. Estávamos mais próximos de São Paulo, minha cidade. Havia presos circulando por ali. Faxineiros, decerto.

Chamei um deles. Perguntei, arriscando, se haveria condições de passar o dinheiro para dentro. Seríamos revistados, e nosso capital ficaria registrado em nosso nome. Eu sabia que presos não portavam dinheiro em penitenciárias. O sujeito deu uma volta, olhou bem, e disse que eu lhe passasse a grana. Chamava-se Leno, e nos forneceu o número de sua cela, para que o procurássemos no dia seguinte.

Levados ao setor de inclusão, fomos devidamente revistados. Deixaram conosco quase toda a roupa que trouxemos. Também, não havia uniformes ali. Aliás, não havia quase nada, além das grades, presos, poucos guardas e a indefectível muralha.

Readquiri meu nome de nascimento. Já tinha desacostumado. Puseram-nos para dentro da cadeia, e fomos colocados um em cada xadrez. Fui morar no 20. Era uma cela enorme, cheia de beliches. No meio, uma televisão preto-e-branco, ligada. Os companheiros olhavam, avaliando. Procurei alguém que pudesse me dar informações. Um rapaz magro e alto, bem novo, aproximouse. Convidou-me para morar na cama em cima da dele. Ajudou a levar minhas coisas para o canto onde ficava o beliche.

Era o Carlinhos. Morava em Mauá. Estava preso havia poucos meses e era assaltante. Fora condenado a muitos anos e tinha muitos processos a sumariar. Simpatizei com o sujeito de imediato. O pensamento dele só funcionava para fugas. Conseguira fugir de vários distritos policiais.

Pensei: é por aqui que vou amarrar meu burro. Estava lotado de condenações. Se tivesse que cumprir, seriam trinta anos ou mais, inexoravelmente. Fugir parecia a única alternativa. A prisão era esquisita, tudo difícil, confuso. Seria preciso construir uma situação, abrir espaço, enfrentar barras, estabelecer posição e conceito. Eu queria refletir.

Aquela era cadeia grande, com espaço para andar e viver. Até com chances de fugir. Eu já conquistava um aliado, aparentemente seguro e firme. Tinha que começar tudo de novo. Podia ficar muito melhor do que estava.

Dia seguinte, Careca (apelido de Carlinhos) foi me mostrar a penitenciária. Depois de quase dois anos num espaço reduzido, para mim o lugar era gigantesco. Pátios imensos, salões, xadrezes e enormes galerias.

No pátio coberto, apelidado de "serra pelada", funcionava uma fábrica de pregadores de roupa. Trabalhavam no local cerca de duzentos e cinqüenta companheiros. Havia quase uma centena de mesas com pequenas máquinas manuais. Ali se encaixavam os palitos e a mola que compunham o pregador. Parecia um formigueiro colossal, cheio de formiguinhas afoitas. O único meio de vida da cadeia.

Éramos em torno de mil presos, sem fazer nada, a não ser pregadores. O que se ganhava era irrisório. Trabalhava-se de manhã à noite para ter, no fim do dia, um maço de cigarros e uma balinha de maconha.

Também se podia registrar a produção e ganhar um pouco mais na conta-pecúlio. A empresa pagava. Mas isso demorava mais de mês para se concretizar. O setor de pecúlio demorava outro tanto para comprar as coisas de que precisávamos: cigarros, pasta de dentes, sabonetes, barbeador, chinelo etc.

Era mais fácil vender a produção um pouquinho mais barato a outro preso capitalizado, em troca de cigarros. Cigarro era a moeda corrente na cadeia. Comprava-se de tudo com ele. A maconha era o lenitivo, o descanso e o lazer.

Quem dominava a penitenciária, claro, era a polícia. Mas, entre os presos, e até com ciência da diretoria, a Federação de Esportes é que controlava. Era formada e dirigida por presos, composta de um presidente, um vice-presidente e um secretário. O Zé Vítor era o presidente, o Zé Maria, o vice. O cargo de secretário ficava mais ou menos vago. Vários companheiros faziam a parte burocrática, improvisadamente.

O presídio tinha dois andares de celas. Na frente, o térreo pertencia à administração. O prédio era espaçoso, com salas altas e amplas para oficinas; dos lados, pátios também amplos. Em volta deles, a muralha. Os pátios, quatro ao todo, eram bem divididos. Os dois da frente foram transformados em oficinas. Os do fundo eram abertos. O da esquerda se destinava à recreação geral. O da direita ficava sob a responsabilidade da Federação de Esportes. Somente nos fins de semana eram postos à disposição da população carcerária e dos visitantes.

A visitação ocorria aos sábados e domingos. Às quartas acontecia a reunião dos representantes das equipes. Era dali que emanava o poder da Federação. Quem representava uma equipe financiava e organizava. Naturalmente, quem fazia isso eram os que tinham mais condições financeiras e conceito perante a massa. Ser representante de equipe equivalia a um status de domínio e importância.

Careca ia me explicando como funcionava a prisão. Encontrei vários conhecidos. Ali, estava em minha terra. Os santistas que vieram comigo ficavam perdidos. Percebi que se admiravam do tamanho da cadeia. Esperamos um pouco, depois fomos buscar meu capital.

O sujeito da faxina, o tal de Leno, havia acordado. Serviu-nos um café, fez hora e devolveu o dinheiro. Contei, porque a demora na entrega despertou suspeitas. Faltava parte. O cara me tirava por otário. Eu não podia permitir, aquilo incidiria sobre o conceito que formariam de mim. Estava chegando, portanto em observação. Ninguém demonstrava, mas todo novato é mantido sob vigilância, em qualquer situação humana. As reações é que determinam o tratamento. Os primeiros passos são sempre muito importantes.

Exigi meu capital completo. Ele se fez de ofendido. Perguntou, intimidativo, se eu pensava que ele era ladrão de cadeia, o que constitui ofensa grave. Respondi com outra pergunta: ele julgava que eu era otário? Ele, em seu xadrez, achou-se no direito de se arrogar valentia. Tentou me abafar no grito. Eu não podia agredi-lo ali. Seria desrespeitoso com os demais residentes. Fiz que fui embora, escutando-o, como que aceitando sua arrogância. Quando ele saiu, caiu na armadilha.

Soquei-o no focinho, com toda a minha força. Tonteou. Soquei-o novamente. Caiu. Pisei na cara dele antes que pudesse se recuperar. Seus companheiros de cela partiram para cima de mim. Carlinhos entrou, e a briga generalizou-se. Distribuí socos e pontapés para todo lado. Apanhei e bati forte. Então chegaram o Zé Vítor e o Zé Maria, da Federação. Deram uns gritos, e todos pararam, surpresos.

Fomos — eu, Careca, Leno e dois sujeitos do xadrez dele — para a Federação. A questão seria resolvida pelo presidente. No debate, a que compareceram dois companheiros que vieram de Santos comigo, ficou claro que eu fora roubado. Leno foi obrigado a devolver o dinheiro. Pediu desculpas e saiu, com a cara toda machucada. Ainda teria que pagar multa na Federação por causar tumulto indevidamente.

Eu o agredira porque não podia deixar que o Careca me sentisse fraco ou fácil de intimidar. Depois, havia calculado bem. Se o tal do Leno trabalhava na administração, não seria tão bem-conceituado. Sempre prevalecia a desconfiança. Trabalhava com a polícia. E, claro, era só um pouquinho maior que eu. Eu estava bem, preparado, tinha sido fácil detoná-lo. Os únicos prejuízos foram os nós dos dedos machucados e o punho dolorido.

O Zé Vítor me conhecia desde os tempos de Juizado de Menores. Era um dos presos de maior conceito, na época, em todo o sistema prisional do estado. Em 1971, assassinara o diretor da Casa de Detenção a facadas. Assisti à cena. Ele correra atrás de uns companheiros, armado de faca, no pavilhão 8. Grande e forte, conseguira esfaquear alguns, mas seus inimigos acabaram escapando. Estava com receio de ser espancado barbaramente, como sempre acontecia. Por conta disso, recusou-se a entregar a faca quando intimado pelos guardas. Só a daria ao diretor. Era uma forma de evitar a sanha dos funcionários. O diretor veio e lhe deu sua palavra de que não o espancariam se entregasse a arma. Zé Vítor acreditou. Conduziram-no às celas disciplinares, e o diretor foi o primeiro a lhe bater na cara. Em seguida determinou que os guardas o moessem de pancada.

O Zé amargou meses de cela-forte e depois foi mandado para o pavilhão 5. Pavilhão de castigo, onde ficavam os presos mais perigosos. Passado algum tempo, seus inimigos foram jogar bola naquele pavilhão. Não deu outra. O Zé saiu atrás deles distribuindo facadas. No fim da refrega, os guardas queriam a faca. Novamente ele se negou a entregar, exigindo a presença do diretor. O besta veio, imponente, com a mesma promessa. A lâmina varou-lhe o peito.

Os guardas se juntaram para pegar o Zé. Ele continuou a distribuir facadas e tomou pauladas até cair. Assisti a essa guerra da janela do xadrez 470E, no quarto andar do pavilhão 8, onde morava na época. Os guardas o massacraram, qual fosse um animal abatido. O pelotão de choque invadiu o pátio do pavilhão 5, e foi um corre-corre desesperado. Os soldados jogavam bombas de gás no pessoal que não tinha nada com aquilo. Os companheiros choraram lacrimogêneo e respiraram a poeira do chão. Quando topavam com os soldados, eram malhados a borrachadas e pauladas. Os cães foram soltos em cima deles.

Depois o batalhão invadiu a cadeia toda. Fomos barbaramente espancados. Arrebentaram e jogaram no lixo tudo o que tínhamos. Ainda nos deixaram de castigo, presos na cela, sem visitas, por várias semanas.

O Zé era, então, um jovem criado nas forjas de aço das instituições para menores de idade do estado. Sua pele brilhava de tão negra. Ficou cerca de oito anos nas piores celas-fortes do sistema penal. Sofreu toda espécie de espancamento e tortura, vezes sem conta. Na Casa de Custódia e Tratamento, além de ser trancado na chamada "cela surda" (cela acolchoada para que, ao se debater, o preso não se machuque e não produza barulho), lhe injetaram Anatersol, famoso "sossega leão".

Foi condenado a nove anos pelo homicídio. O Zé era agora enorme, cheio de moral. Com oito anos de convívio normal nas prisões. Conquistara a confiança dos presos, guardas e diretorias por onde passara. Respeito total e absoluto. Toda aquela provação o tornara mais forte e decidido. Dizia-se regenerado. Seu discurso era de que havia se desiludido com o crime. Só queria uma chance para provar isso.

Depois de solucionar aquele meu problema com o Leno, ele me convidou para trabalhar na Federação de Esportes. Sabia que eu fora escriturário por muitos anos na Penitenciária do Estado. Aceitei, mas deixei claro que só trabalharia pela manhã. Seria bom ter uma atividade, e eu estaria no centro nervoso da prisão. Tinha saudade da máquina de escrever.

Careca ficara comigo, na Federação. Debatera a meu lado e queria meter a faca no Leno e nos caras do xadrez dele. Queria marcar presença, posar de aliado, quando sentiu que eu gozava de um bom conceito junto ao presidente. Passamos na boca-de-fumo, compramos a erva e fomos para a cela fumar.

Meu novo amigo tinha um plano de fuga. Agora que sentia firmeza em mim, me convidava. Mal sabia ele quão relativa era essa firmeza. Aquela parada de agredir o Leno fora quase uma covardia. Eu calculara tudo e estava preparado fisicamente.

A janela do xadrez quase em frente ao nosso, o 21, era no fundo e dava para a "serra pelada". A muralha ficava baixa por ali. O local fora construído para pessoas enlouquecidas, não para presos, que pensam e assumem riscos.

Mudaríamos para aquela cela e esperaríamos o inverno. A prisão situava-se num vale. Nessa época, a neblina baixava, não se via um palmo adiante do nariz. Serraríamos a grade, desceríamos para o pátio. As mesas em que se faziam pregadores seriam empilhadas. Alcançaríamos a muralha. O soldado com o fuzil não nos enxergaria. Pularíamos para o lado de fora. Iríamos até o riacho, atravessaríamos. A estrada ficava do outro lado. Dali era seguir para São Paulo pelo mato. Não estava muito distante. Podia-se sempre pegar um carro. Plano perfeito. Apesar do medo, da minha covardia sempre presente, gostei. Pelo menos em tese.

Cumprira quase quinze anos em prisões onde fugas eram tidas como impossíveis. Fugir não fazia parte do meu referencial. Podia-se ter a sorte de conseguir. Mas eu não acreditava em sorte. Para mim, o azar acontecia com mais freqüência. Lutava contra ele com lógica e a análise antecipada dos fatos. Ainda assim, vivia me deixando vitimar.

Andamos, Careca e eu, naqueles corredores, fumando maconha, na maior ociosidade, por vários dias. Minha mãe veio me visitar. Achou tudo bem melhor ali. Poderia vir muitas vezes, era mais perto de São Paulo.

Escrevi para Sílvia. Ela respondeu que estava com saudade. Prometia visitar-me em companhia do pai. Não acreditei muito. Sentia-me abandonado pelos meus amigos. João me escreveu, dizendo que eu deixara um buraco na cadeia.

Na Federação, apenas uns poucos memorandos para datilografar e a tabela dos jogos do fim de semana, moleza. No xadrez 21, onde agora estávamos, morava o Magrão, amigo do Careca. Haviam fugido juntos de outro presídio. Não fui com a cara dele. E foi recíproco. Seus olhos pequenos e esquivos me cheiravam a traição e covardia.

Dias depois, Careca arrumou um pedaço de serra com alguém de outra cela. Isso nos obrigava a incluir o "doador" em nossos planos. Já éramos quatro. Eu não gostava daquilo. Minha coragem ensaiava vacilar. Em dois ainda poderíamos ter uma chance.

Em vez de cumprir com o combinado e esperar a cerração, Careca e Magrão começaram a cortar a grade. Discordei, discuti. Afirmei que estavam estragando o plano de fuga. Com aquelas noites claras, o guarda da muralha nos fuzilaria.

Não demorou, e mais dois companheiros foram colocados no esquema. Discordei e discuti novamente. Magrão sempre contra mim. Tinha ciúmes de minha relação com o amigo dele. Faria tudo para miná-la, inclusive apoiar a insensatez e a incoerência. Careca o conhecia havia mais tempo, e começou a pender para o seu lado. Passei a ser encarado como oposição.

Quando trouxeram mais quatro sujeitos para o xadrez, desisti. Tivemos uma discussão séria. Desaconselhei. O Magrão conspirava. Buscava colocar na mente deles que eu tinha mais medo do que realmente tinha. Isso me resolveu. Não, não fugiria mais. No fundo, a decisão foi um alívio. Eu estava com medo mesmo. E forçava uma barra enorme para me encorajar. Tinha certeza de que eles iam se dar muito mal.

Fiquei aguardando o desastre. Cortaram a grade, e dez presos desceram para o pátio. Quando chegaram lá embaixo, me preparei para ouvir os tiros. Imaginei a surra que eles tomariam. Senti alívio novamente por haver saltado fora. Fiquei olhando pela janela. Tudo parecia correr normal. Um a um, subiram na muralha e pularam, como num filme. E assim foram os dez. Os guardas haviam abandonado o posto justo naquele dia! Coincidência demais!

Botei uma roupa, decidido a descer também. Um companheiro alertou: poderia chamar a atenção dos guardas e prejudicar os caras. A consciência atormentou-me. Eu não participara, então não podia me arriscar a estragar. Fiquei andando o resto da noite no xadrez, desesperado. Torcia, mesquinho, para que a fuga fosse descoberta e se confirmassem minhas previsões.

De manhã, quando o guarda veio fazer a contagem, falamos da fuga e mostramos o buraco na grade. O homem caiu sentado. Uma vertigem, contou-nos depois. Levantamos o sujeito, que logo se recuperou e saiu correndo.

Voltou com uma multidão de guardas. Canos e barras de ferro nas mãos, nos tratavam qual fôssemos os culpados. Nos tangeram rumo à cela-forte. Mas por quê? Não fizéramos nada... Tomei várias cacetadas, me machucaram todo. Levei uma pancada tão forte de barra de ferro no braço que julguei houvesse quebrado. Doía demais. Pior ia ser agüentar os malandros pegando no meu pé porque não escapara.

Ao anoitecer, retornamos à cela. A grade fora soldada, e nossas coisas esparramadas pelo chão. Pisaram nelas e misturaram tudo. Passamos parte da noite arrumando. Estávamos envergonhados por não termos tentado fugir. Aquilo doía na consciência. O medo, dessa vez, seria de perder o prestígio, de sermos humilhados.

De manhã cedo, o xadrez se encheu de presos querendo saber o que acontecera. Insistiam: por que não fugíramos também? Alguns nos chamaram de covardes. Todos nos censuraram. A maioria dos que me conheciam passaram a me olhar com desdém. Os companheiros que vieram de Santos comigo até me ofenderam. Disseram que eu manchara a honra deles.

Fiquei absolutamente sozinho. Todos me viraram as costas, e comecei a ser tirado como bunda-mole. Voltei o pensamento para dentro de mim: me perguntava por que me encontrava naquela situação e o que estava fazendo de minha vida.

Minha mãe trouxe-me linha, danei a tecer. Pouco saía do xadrez, envergonhado. De manhã, passava na Federação, fazia a parte burocrática e conversava com o Zé Vítor. Ele e o Zé Maria foram os únicos que nada me disseram. Eu e Zé Vítor estávamos mais próximos. Voltava para a cela e trabalhava em meu tearzinho feito louco. Minhas mãos davam nós, e meu pensamento, laços, amarrando pontas soltas. Aos poucos fui serenando e sendo esquecido.

Passado um tempo, chegou o Toninho, o parceiro que fora baleado em Santos. Trouxe as piores notícias possíveis.

Rubens voltara para a penitenciária. Tanto ele como Toninho estavam com AIDS. Biana, claro, também. Fiz exame. Havíamos tido relações com as mesmas mulheres. Fiquei em suspense. Na época, imaginava-se que quem tivesse sido contaminado com o HIV estava praticamente morto. O resultado foi negativo, para meu alívio.

Toninho, como sempre, atrás de drogas. Começamos a andar juntos. Às vezes me passava pela mente o medo da contaminação, eu não tinha informações. Mas ele era meu amigo, que se danasse tudo.

A irmã veio visitá-lo, e Toninho me chamou. Eu conhecia a Baby da rua. Ela fora amasiada com um malandro famoso que a polícia havia matado. Bonitinha, mas jamais me interessara. Nem sei por quê. Conversamos, e ela chorou sua situação financeira. Quando o irmão estava solto, ajudava-a. Baby tinha uma filha novinha. Vendia umas parangas de maconha, fazia uns michês na avenida dos Autonomistas. Mas não ganhava quase nada.

Fiquei com dó. Recebi carta do João. Seu irmão fora solto. Estava bem, traficando cocaína e gerenciando um motel grande, no centro de Santos. Dei o endereço do Dé para a Baby e fiz um bilhete pedindo a ele que a ajudasse.

Quando eu menos esperava, seu Messias e Sílvia vieram me visitar. Trouxeram uma caixa enorme com comestíveis e roupas, além do carinho e amizade de que eu estava necessitado. Só boas notícias. Pedrão estava trabalhando, fora absolvido. Largara a cocaína e a mulher que o arrastara. João estava para sair. Seu Messias me trazia uma mensagem de apoio e força. Não podiam ter aparecido em melhor hora.

Passei semanas imerso na vibração amiga que os dois deixaram. Devia ter paciência comigo mesmo e insistir. Meus erros me conduziriam aos acertos inevitáveis. Eles acreditavam em mim de verdade. Achavam que poderia fazer muita coisa boa e construir uma nova vida.

Baby voltou falando maravilhas do Dé. Fora com uma amiga encontrá-lo no motel, e ele as recebera com todas as honras. Instalou-as numa suíte, mordomia total. Dé leu meu recado e contou-lhes da grande consideração que tinha por mim. Apresentou-as ao Jurion, irmão mais velho deles, que era dono da boate Paradise. As duas ganharam um tratamento de beleza completo, bem como roupas. Conseguiram espaço na boate. Vendiam-se, mas caro e somente a gringos.

Baby pagara todas as dívidas e o aluguel atrasado. Juntava dinheiro. Estava contente e cheia de perspectiva. E eu colaborara. Os meios... bem, se elas não se importavam, por que eu me importaria?

Envolvia-me cada vez mais com a Federação de Esportes. Fora efetivado como secretário. O terceiro em termos de poder de decisão. Minha primeira providência foi conseguir um exemplar das *Páginas Amarelas*.

A penitenciária acumulara mais de mil presos. Só havia a "serra pelada" para trabalharmos. Mais de oitocentos companheiros sem ocupação nem perspectivas. Coletei dez endereços de fábricas de bolas. Elaborei uma carta-padrão expondo nossa situação de ociosidade forçada. Desenhamos um timbre para a Federação, em papel ofício, e tiramos xerox. Datilografei dez cartas. O presidente, o vice e eu, secretário, assinamos. O diretor-geral da prisão chancelou. Remeti às fábricas.

Várias nos responderam, enviando propostas. Escolhemos a Lance, que pertencia a um antigo jogador do Corinthians. Suas instalações ficavam mais próximas, e eles ofereciam maior quantidade de trabalho. Comprometiam-se a nos fornecer o número de bolas que conseguíssemos costurar. O pagamento seria um mês após a entrega. O Zé Vítor me levou, como seu assessor, nas negociações. Obtivemos uma cota de mil e quinhentas bolas por semana. O preço por unidade era razoável. Mas o que importava para nós era ter trabalho sempre. Fechamos contrato.

O Zé Maria conhecia muito de costura de bolas. Agora seria o gerente de nossa fábrica. Eu o ajudaria na parte burocrática. Na reunião dos representantes das equipes, anunciamos nosso feito. As prisões de todo o estado trabalham com costura manual de bolas. Assim, muitos dos companheiros que haviam passado por elas já tinham aprendido. Sempre fora um meio de vida.

A abertura da fábrica de bolas foi um acontecimento na penitenciária. Lucrávamos mais, e mais rápido, do que fazendo pregadores. E aquilo fora conquista nossa, dos presos; era sempre possível negociar. A polícia, que comandava a fábrica de pregadores, era arrogante e tendia a humilhar-nos. Começaram a perder seus melhores trabalhadores para nós. Aos poucos conseguimos selecionar os boleiros mais competentes e produzir a quantia contratada. Demonstramos capacidade e eficiência. Ganhamos todo o crédito necessário para novas investidas.

Verão tórrido. Um funcionário veio nos fazer uma proposta atraente. Tinha um freezer de doze bocas. Vender sorvetes nos interessaria? O calor de Franco da Rocha ondulava em camadas superpostas, ardia na pele e queimava na garganta.

A proposta era mais que interessante. Já havíamos negociado com a diretoria. De tudo o que obtivéssemos em termos de renda, dez por cento seriam da Federação. E, do capital da Federação, dez por cento eram para nosso pagamento. Queríamos obter um bom salário, claro, mas também queríamos fazer nossa organização crescer. Era nossa obra, nosso trabalho, e levávamos a sério.

Conversamos com o diretor. O freezer entrou. O funcionário nos trazia cerca de quinhentos sorvetes, no começo. Depois mil, mil e quinhentos, até dois mil, no auge. Conseguimos uma sala na parte administrativa. A janela dava para um dos pátios de recreação. Trocávamos os sorvetes por cigarros.

Todo o dinheiro que entrava para o preso passava pelo setor de pecúlio e ficava depositado em seu nome, no qual o pecúlio creditava ou debitava. Os companheiros compravam cigarros naquele setor e, com os maços lacrados, compravam sorvetes de nós. No fim do dia, eu contabilizava os cigarros e vendia ao pecúlio qual fosse dinheiro. O setor pagava em espécie os sorvetes ao funcionário e creditava dez por cento na conta da Federação.

O resto? Não sei. Vendíamos com lucro em cima do preço do funcionário. Provavelmente seria combinação entre este e o diretor. O discurso era que uma parte seria da penitenciária, para gastos de água e luz. Mais tarde, esse diretor, depois de dirigir a Casa de Detenção, acabou tendo problemas na Justiça.

A procura foi enorme. Zé e eu não vencíamos atender a todos. Particularmente aos sábados e domingos. Os companheiros ficaram contentes em trazer seus familiares para tomar sorvete. O único problema era que só podíamos aceitar cigarros em maços fechados. Os maços que os visitantes traziam não valiam para nós. Eram abertos para revista, e, abertos, o pecúlio não aceitava.

Em seguida escrevemos à Coca-Cola. Indagamos das possibilidades de eles instalarem para nós uma máquina de servir refrigerantes. Vieram conversar com o diretor, que nos deu seu apoio, como sempre. Não demorou, e a máquina estava em nossas mãos. Um técnico nos ensinou a lidar com ela. Somente eu me interessei em aprender, e aprendi fácil. A regulagem das proporções só o técnico determinava. O xarope de Coca-Cola e o gás, a empresa nos vendia, via pecúlio (nosso banco). A água era de graça, paga pelo estado. A máquina efetuava a mistura e gelava.

Tínhamos Coca, Fanta Laranja, Fanta Uva e Sprite. O sucesso foi imediato. Dois copos, desses cognominados de americanos, por um maço de cigarros do mais barato. Dada a aceitação, conversamos com o diretor e compramos doces variados. Desses de bar mesmo. Ficavam num armário pequeno com porta de vidro.

Revolucionamos a cadeia. Em nenhuma penitenciária do estado havia aquela abertura. Tínhamos uma lanchonete e planejávamos fazer lanches também. Trouxemos dois companheiros para nos auxiliar a servir. O Zé ajudava nos fins de semana. Em começo de mês, nem nós quatro dávamos conta. Precisava o Zé Maria descer.

Passei a me dedicar de corpo e alma ao desenvolvimento da Federação. Trabalhava das sete da manhã às dez da noite com imenso prazer. Aquilo era realização nossa, e meu trabalho, essencial. O Zé sempre fora rígido. Vivia dando broncas. Exigente consigo mesmo, exigia de nós também. Não aceitava erros. Discutíamos muito, mas dentro do maior respeito. Ele sorria somente conosco. Era tão raro vê-lo alegre que vibrávamos quando isso acontecia.

Zé raciocinava e argumentava bem, mas não conseguia fazer contas nem escrever direito, pois havia apanhado muito na cabeça e recebera injeções de Anatersol em excesso. Eu respondia as cartas para ele e fazia todos os cálculos, até que o ensinei a lidar com a calculadora. Daí para a frente, ele deslanchou.

Um funcionário tinha um contato com a empresa de cosméticos Niasi. Negociamos, nos dariam parte de seus produtos para embalarmos. Um dos representantes de equipe gerenciava esse trabalho, feito por cerca de vinte companheiros. Em seguida veio a fábrica de brinquedos Blow-Up. Instalamos num salão imenso por volta de cinqüenta presos. Eles montavam pequenos brinquedos de plástico que cabiam num Kinder Ovo.

Oferecíamos trabalho e nossas vantagens. As facilitações eram muitas. Nenhum encargo social, nenhum imposto, e mão-de-obra baratíssima. Instalações, água, luz, gerenciamento, tudo embutido no pacote. A Fiorella nos trouxe bichinhos de pelúcia para enchermos com fibra de algodão. Uma fábrica de sapatilhas colocou máquinas num de nossos salões. Produzimos milhares, para escolas de samba de São Paulo e do Rio. O Carnaval nos ajudava.

Logo em seguida, uma indústria nos trouxe fusíveis de carro para montarmos manualmente. Meus dedos produziam mágicas com a máquina de escrever e as *Páginas Amarelas*.

Quando fomos ver, estávamos dando trabalho para cerca de seiscentos presos. E tudo assim, bem rapidamente, em menos de seis meses.

Eu cuidava da parte administrativa. Os gerentes traziam-me a quantidade de material produzido e a lista dos presos que tinham desenvolvido a manufatura. Eu emitia uma nota e registrava tudo em meus apontamentos. Calculava quanto se devia pagar a cada companheiro. Totalizava, e levava as listas para a Diretoria de Produção. Esta recebia da empresa e passava para o setor de pecúlio, que creditava na conta de cada preso.

A quantia ficava à disposição dos presos, para gastarem em compras ou no que lhes interessasse. Alguns mandavam a família retirar. Outros gastavam em cigarros, doces, Coca-Cola e sorvetes. Havia macetes para pagar ao traficante a droga consumida.

Claro, de tudo saíam os dez por cento da Federação, numa conta especial, que era administrada pelo Zé Vítor, com minha ajuda. Dentro do capital da entidade estava a nossa porcentagem. Mas não era bem daí que provinha nosso sustento. Existiam outros meios, como sempre. A diretoria deixava por nossa conta. Nós também não questionávamos os acertos que eles faziam, eventualmente, com as empresas que nos davam trabalho.

Eu não tinha arquivo nem auxiliar. Tinha apenas uma pasta, que organizava segundo esquema pessoal. Guardava quase tudo na mente. Sempre odiara burocracia. Contava com uma sala da Federação somente para mim. Ajudava o Zé Maria com as bolas, quando o trabalho dele apertava. Ele se atrapalhava todo com as anotações. Eu era o primeiro a chegar. Abria a Federação, acertava os ponteiros e descia para a lanchonete. Ajudava a servir e fazia o balancete diário. Os sábados e domingos eu passava vendendo sorvete e Coca-Cola. Minha mãe só vinha de três em três semanas.

Além da batalha com nossas fabriquetas e lanchonete, havia o trabalho da Federação de Esportes, que era a base de tudo o que fazíamos. Tínhamos dezesseis equipes de futebol de salão. No princípio, o uniforme delas era precário. Dependia das possibilidades do representante de cada uma. Nossa quadra fora pintada de maneira mais ou menos improvisada. O capital para o material havia sido arrecadado entre os representantes de equipes. À medida que fomos crescendo, sofisticamos nosso campeonato, uniformes e quadra. Éramos super-honestos com o dinheiro da Federação.

Começamos demolindo a quadra até o chão de terra. Trabalhamos com soquetes manuais, compactando o solo e aplainando-o. Depois veio o concreto. Virado e esparramado com enxadas e pás. O cimentado da última camada foi laminado com carinho especial. Tudo dirigido por um perito, o Sílvio. Fora empreiteiro e mestre-de-obras, antes de ser cooptado pelo crime. Na fase de pintura, até eu atuei. Só pelo prazer de participar de algo feito com tanto amor. A tinta tinha de ser a melhor e a mais cara, própria para quadras. Foram camadas e camadas.

Fizemos arquibancadas de blocos de cimento. Colocamos grossas camadas de reboco para ficar tudo bem liso. Pensamos nos visitantes. Nas mulheres com suas roupas fininhas e nas crianças com sua pele delicada. Tinta a óleo, branca, para contrastar com o verdão da quadra. Um mimo. Até as muralhas em volta da quadra tiveram a primeira barra pintada a óleo.

Reunimos os representantes e deliberamos que as empresas que tinham lucros conosco deviam patrocinar nossas equipes. Buscávamos embelezar o espetáculo. Portanto, e principalmente para não estragar a pintura da quadra, foi proibido jogar com tênis furado. O pátio da praça de esportes só seria aberto nos fins de semana.

Estávamos tão disciplinados e levando as coisas tão a sério que proibimos o consumo de drogas na praça de esportes. Quem ousasse seria convocado à Federação para conversar. Haveria multa. Jogador que falasse palavrão na quadra ou usasse de violência descabida seria expulso. Depois teria a conversa, com suspensão, multa e advertência. Se reincidente, corria risco de expulsão definitiva.

Queríamos proporcionar o melhor e o mais sadio ambiente

a nossos visitantes. Se os companheiros quisessem usar drogas, que o fizessem em outros pátios ou dentro do prédio.

Idéia do Zé, escrevi à Federação Paulista de Futebol de Salão. Dei uma panorâmica de nossas condições e lutas. Pedi ajuda, particularmente no que se referia à arbitragem. Queríamos o livro de regras. Havia muitas dúvidas e reclamações sobre os critérios usados por nossos juízes.

Dr. Ciro Fontão, presidente da entidade, respondeu com gentileza ímpar. Estava disposto a nos ajudar efetivamente. Veio nos visitar, assistiu a alguns jogos. Gostou tanto que propôs montássemos um curso de arbitragem. Ele enviaria um professor de sua Federação. Dezoito companheiros fizeram o curso completo. Receberam o certificado oficial da FPFS, que os gabaritava a apitar em todo o território nacional.

Nosso campeonato passou a ser avalizado pela Federação. Nossos juízes foram oficialmente ligados ao Departamento de Arbitragem daquela entidade. Começáramos com um esforço para organizar o futebol na penitenciária. Agora as responsabilidades se tornavam imensas. Ambicionávamos o status de Liga Especial. Nossas pretensões cresciam. Isso tinha a ver com liberdade. Sempre mais.

Entramos em contato com a associação de funcionários da Coca-Cola. Trouxeram duas equipes para jogar com nossas seleções A e B. Apanharam feio, mas tornaram-se nossos amigos. Elogiaram demais nossa disciplina, lealdade em campo e fora dele. Disseram que não costumavam ser recebidos com tamanha gentileza nos eventos de que participavam. Gostaram tanto que voltaram várias vezes e se propuseram a patrocinar duas de nossas equipes.

O patrocínio seria simples e barato. Dois jogos de camisa e calção com o slogan da empresa, meião e tênis. Nossas equipes agora tinham uniformes novos, bonitos e de qualidade. As empresas se rivalizavam por nos apoiar. Sabiam que, se nos conquistassem, teriam nossa colaboração total no tangente a trabalho.

O orçamento do nosso campeonato equivalia ao preço de um carro médio zero-quilômetro. Só as bolas, cerca de sessenta por campeonato. A quadra ficava embaixo da muralha, que era guarnecida com ouriços para impedir fugas. Todas as bolas que batessem neles estouravam.

As equipes das cidades circunvizinhas aguardavam vaga em nossa agenda para jogarem conosco. E, invariavelmente, perdiam. Todo fim de semana equipes diferentes nos visitavam. Havia uma lista de espera enorme. Eu as encaixava em nossa programação por ordem de chegada dos pedidos oficiais. Claro, optávamos pelas melhores, mais famosas e que mais nos ajudavam. Algumas esperavam meses. Respeitavam nosso trabalho.

Conseguimos, nós, da Federação, junto com os representantes das equipes, durante os cerca de dois anos que por lá estive, controlar a violência. Não houve nenhum homicídio nesse tempo todo na penitenciária. Nem sequer agressões à faca. Todos os desafetos sérios foram resolvidos na Federação. Com a firme atuação do Zé Vítor, contornamos e deixamos sob pedra de gelo os conflitos. Claro, havia brigas, pauladas, mas nada que ameaçasse a vida de ninguém. E somávamos mais de mil presos aglomerados naquele depósito.

Nos dias de visita aquilo virava uma festa. As famílias eram chamadas para torcer. As arquibancadas ficavam lotadas. Os jogos sempre foram sérios. A disciplina auto-imposta tinha que ser rígida. Muitos representantes de equipes vindas de fora para nos enfrentar confessavam que em nenhum outro lugar havia tanta lealdade no esporte.

Isso nos enchia de prazer. Era por essa razão que lutávamos. Para mostrar que não éramos os animais, as feras esfaimadas de que falavam os meios de comunicação. De repente, percebi que ali nascia um método. Caso fosse incentivado e desenvolvido sistematicamente, poderia resultar numa estrutura de reeducação. Um investimento na reinserção social do presidiário. A laborterapia provava-se inviável. Não havia investimento para proporcionar trabalho ao preso. Se não se preocupavam nem em proporcionar trabalho ao cidadão comum... O que havia eram pequenos expedientes, como os que conseguíamos com nosso esforço.

Comecei a elaborar, por escrito, a fundamentação de uma teoria que provavelmente já fora desenvolvida. Sabíamos que muitos companheiros infringiam as leis pelo desconhecimento do valor delas. Sobretudo em termos de convívio social. A partir do momento em que percebemos, na prática, que algumas normas poderiam nos beneficiar, passamos a acatá-las. O respeito às múltiplas regras do futebol de salão, o regulamento disciplinar da praça de esportes, o diálogo permanente para resolver desafetos e conflitos, resultavam numa convivência pacífica. A praça de esportes tornara-se um local apreciado e elogiado por presos, visitantes e diretores.

A base de sustentação da Federação estava na tranqüilidade e disciplina existentes na penitenciária. Aconteciam fugas, claro. E nós as apoiávamos. Competia aos guardas a vigilância. Era por conta daquela tranqüilidade que as empresas nos confiavam suas máquinas e matérias-primas. Assim, tínhamos condições de financiar um grande campeonato. Nossos companheiros estavam capitalizados, não havia miséria. A máquina de Coca-Cola, o freezer para sorvetes, os doces, as celas abertas o dia todo, e a paz reinando. O campeonato disputadíssimo, com uma premiação em metal sonante. Contatos e visitas das comunidades circunvizinhas. Ambiente bastante agradável para receber nossos familiares.

A tranqüilidade provinha do cumprimento das regras estabelecidas por nós mesmos, que faziam de nós uma comunidade organizada e produtiva. Conversei com o diretor sobre tudo isso. Concordava comigo: via e vivenciava aquilo que eu dizia. Mas seus colegas, diretores de outras penitenciárias, não. Eram absolutamente contra o modo como ele atuava.

Tanto conspiraram contra nosso diretor e suas "liberalidades" que acabaram obrigando-o a proibir a lanchonete. Tiraram a máquina de Coca-Cola e o freezer. A Federação caiu de quatro. Gastáramos demais com a quadra e o campeonato. E perdemos nossa maior fonte de renda. Mas prosseguimos a luta.

Os traficantes de drogas ganharam o espaço que tivemos de deixar vazio. Com dinheiro, sem ter onde gastar, os companheiros pareciam ver na droga a única escolha. Aumente-se o investimento em lazer e prazer, e a opção pela droga diminuirá na mesma proporção.

Passei a ajudar mais o Zé Maria na fábrica de bolas. Com meu capital acumulado agora em cigarros, comecei a comprar costuras de bolas. O sujeito costurava a bola mas queria cigarros para fumar ou para comprar drogas. Eu pagava na hora e registrava a costura em meu nome. Demorava mais para receber, mas ganhava cerca de trinta por cento do que investia. Quando eu montava a folha de pagamento, duzentas e cinqüenta a trezentas bolas costuradas estavam em meu nome. Eu capitalizava, mas gastava demais. Gostava de tomar Coca-Cola (entrava pela visita), comer x-tudo e fumar muita maconha.

Havia outras formas de ganhar dinheiro. Os funcionários da fábrica que levavam e traziam bolas para a costura tinham o raciocínio lento. Eu sempre os fazia levar menos do que traziam. Às vezes zerava o estoque de matéria-prima com muita bola ainda conosco. Eles, para não discutir, porque estavam ganhando bastante, aceitavam. Assim, conseguimos as bolas para o campeonato, e vendíamos para funcionários pela metade do preço da loja.

Para nós aquilo não era desonesto. Se contratassem profissionais em costura de bolas, gerentes, provadores e administradores, seus lucros seriam consideravelmente menores. Eu raciocinava que era mais-valia que recebíamos, apenas.

O Zé compunha uns sambas muito bons. Datilografei várias letras para ele. Gostei da poesia simples e doce que expressava. Ele queria montar um grupo de pagode para divulgar suas músicas. Escrevi para algumas fábricas de instrumentos, pedindo doações. Uma delas telefonou em resposta, dizendo que mandássemos um caminhão. O caminhão, que pertencia à penitenciária, voltou lotado de surdos, tantãs, timbales, baquetas etc. Só de tamborins, veio uma caixa enorme.

O grupo recebeu os instrumentos de que necessitava. O resto, não iríamos devolver. Era nosso. Vendemos aos poucos.

Resolvemos criar equipes de basquete, para diversificar. O diretor disse que faria as balizas. Escrevemos várias cartas para times e clubes, solicitando doação de material. Um dos clubes pediu que mandássemos um veículo. A Kombi da casa voltou lotada de bolas. Umas oitenta, cerca de sessenta por cento novas. Mas ninguém se interessou de fato por esse esporte, e o único time que formamos não tinha com quem jogar.

Assim, fazíamos dinheiro com o que aparecesse. A maior parte gastávamos na Federação. Vivíamos capitalizando. Os patrocínios nem sempre se mantinham por muito tempo. As seleções A e B ficavam por nossa conta. E elas treinavam e jogavam toda semana.

Com muito esforço, montamos uma pequena academia de boxe. Improvisamos com canos, cimento, areia, couro e tecidos, e produzimos os equipamentos. Nosso responsável e instrutor era o Tornado. Ele tinha vencido a Forja de Campeões, aqui em São Paulo. Fora colega de Chiquinho de Jesus e de outros lutadores de respeito. Não houvesse se envolvido com drogas e com o crime, teria futuro no boxe internacional.

Realizamos uma exibição. Convidamos, através do Chiquinho de Jesus, campeões e gente do mundo do boxe. Compareceram Miguel de Oliveira, na época manager do Maguila. Tomaz da Cruz, que havia se consagrado campeão mundial em sua categoria. Sidney dal Rovere, que estava para disputar título mundial. E alguns vencedores do Desafio ao Galo e da Forja de Campeões. Queríamos promover nossa academia de boxe, com o evento. Miguel e Chiquinho nos enviaram um caminhão de equipamentos, mais tarde.

O que mais me tocou foi a humildade daquela gente, tão nossa, que brilhava nos ringues internacionais. Chiquinho de Jesus era humildade pura, chegava até a incomodar. Miguel tornou-se nosso amigo. Tomaz fez uma exibição com o Tornado que nos encheu de admiração e orgulho.

Logo em seguida, construímos um palco, que tanto servia de ringue como para apresentações musicais. Coberto, no meio do pátio, diante de uma série de bancos de concreto para as visitas.

Três meses antes do Natal, agendamos uma reunião. Queríamos promover uma festa memorável, a maior ocorrida num presídio. Investiríamos toda a nossa capacidade, conhecimento, capital e relações.

Começamos por comprar uma aparelhagem de som completa de um funcionário. Depois, material para enfeitar os pátios, galerias, a cadeia inteira. Papel de seda, crepom, laminado, cartolina, cola, tintas, pigmentos, barbantes, bexigas, e um monte de outros apetrechos que nossos artistas solicitavam.

Fiz uma carta-padrão, convidando cantores, grupos musicais, humoristas, e palhaços para as crianças. Os endereços, obtínhamos com a população, com funcionários e com pessoas ligadas a empresários e artistas. Mandei mais de cem cartas.

Atingimos a sensibilidade de vários músicos e de promoters de shows e espetáculos. Conseguimos comprar fantasias de Papai Noel e palhaço. Gastamos quase todo o capital da Federação e o nosso também. Vendemos bolas e uma porção de coisas que tínhamos acumulado.

Mandei cartas e cartas para indústrias de brinquedos, doces e refrigerantes. Alguns presos que tinham mais recursos foram convocados a colaborar. E foi daí que surgiram mais presentes e doces para as crianças. Seria uma festa da família. Conseguimos envolver todos os companheiros, e tudo caminhava para o sucesso. Os traficantes da cadeia e da rua também fizeram suas contribuições, voluntariamente.

Em dezembro começaram a chegar respostas para algumas das cartas. O diretor nos ajudou no limite de suas possibilidades. Pôs a nossa disposição a Kombi da casa, com motorista e tudo. Passamos a acumular produtos, compromissos e promessas de artistas. O diretor nos forneceria o bolo.

Zé Maria era o responsável pela ornamentação. Bandeiras, bandeirolas, balõezinhos, flores de papel: engenhosidade e criatividade dos nossos artistas. Ele montou duas equipes. Uma para enfeites e outra para a pintura. As paredes velhas e descascadas, testemunhas de tanto sofrimento e misérias dos parceiros enlouquecidos que ali tinham vivido por décadas, receberam desenhos infantis e cores alegres.

A cadeia ganhou vida. As galerias se encheram de tiras de papel laminado, que o vento penteava. Os artistas confirmaram sua participação no evento. Mara, que ainda era Maravilha, foi a primeira a aceitar. Nossa musa Eliana de Lima (samba era o tipo de música mais apreciado na prisão) também topou.

Depois, conjuntos de samba e de rock. Duplas sertanejas, cantores ainda sem fama mas com grande talento e solidariedade. Dançarinas, grupos infantis, humoristas e palhaços. A maioria vinculada a companheiros ou seus parentes.

Próximo ao dia da festa, estabeleci a ordem das apresentações. O diretor nos permitia que os shows se realizassem das doze às dezoito horas. Não daria. Acabamos acertando que o evento começaria às nove da manhã, com os palhaços e grupos infantis, só para as crianças. O resto, fui agendando. Quando chegasse a hora, pressionaríamos para ampliar o tempo.

Amarrei todos os horários, organizei a distribuição de presentes, doces e refrigerantes. Deixei a festa, no papel, redonda. Só faltava acontecer. Havíamos passado circular aos companheiros pedindo que trouxessem crianças e a família. Minha mãe não viria, teria gente demais. Eu não iria participar. Trabalhara três meses incansavelmente, queria sossego.

Fechamos a academia de boxe e ali improvisamos uma espécie de balcão para refrigerantes e sucos. Atrás do palco, com lonas e madeira, montamos um corredor até o portão de entrada e um camarim para os artistas. Passamos o dia anterior à festa, até de madrugada, dando os últimos arremates. Fui dormir exausto. Já morava numa cela menor, com apenas oito vagas.

Acordei cansado ainda. Os parceiros do xadrez desceram todos. O som da música invadia a prisão. Dez horas. Tomei um banho e saí, para ver se funcionava de acordo com o planejado.

A molecada fazia a maior algazarra. Gente a dar com o pau. Fui à entrada do palco para ver se havia mulheres e se tudo seguia bem. Zé Maria, com um copo na mão, parecia meio bêbado, todo alegre. Levou-me à saída do palco, num canto uma garrafa de bebida amarelada, pela metade. Deu-me uma dose generosa. Derramei meio copo goela abaixo. Queimou um pouco, engasgou, mas segurei firme. Uísque, disse-me o Zé. Acho que mijo devia ter o mesmo gosto.

O efeito não se fez esperar. Também fiquei alegre. Olhei em

volta, e saíam do nosso improvisado camarim umas três mulheres seminuas. Bailarinas. Que delícia! A coisa estava ficando boa demais. Não esperava tanto. O corredor lotado. Artistas rindo e conversando.

Contagiei-me daquele clima e me misturei aos artistas, ajudando Zé Maria e Zé Vítor a monitorar pessoas e fiscalizar o andamento das coisas. Aos poucos, estávamos nós mesmos transformados em parte integrante da euforia toda. A atmosfera não era mais de prisão. Tudo fazia parte da confraternização e do desejo de perpetuá-la.

Quando chegou a vez de Eliana de Lima se apresentar, no final, todo mundo se uniu em torno do palco. As crianças à frente, as senhoras sentadas, os jovens casais dançando, agarrados. Nós, os "cobras-d'água" (aqueles sem companheira, sem veneno), fechamos, envolvendo a todos num cordão de muita emoção. A estrela brilhava, e nós absorvíamos sua luz, cantávamos com ela. Eliana nos brindou com um show de mais de duas horas.

Só foi possível terminar a festa às oito da noite. Os funcionários estavam ficando preocupados. Queriam ir para casa. Os visitantes foram saindo aos poucos. Todo mundo satisfeito, das velhinhas às crianças. Muitos vieram nos agradecer.

Voltamos para a cela ainda no ar, meio abobados. A maior dificuldade para nos readaptar à realidade da prisão. No pátio, restos de festa e arte por todo lado. A faxina seria difícil, mas valera o esforço. O povo brincou, riu, dançou, cantou e foi feliz. Mesmo que só por momentos.

Não dormi. Desmaiei, bêbado, dopado e feliz por haver realizado algo tão fantástico. Tinha plena consciência de que meu trabalho fora fundamental. Aprendia um pouco sobre mim. Possuía condições de lutar, e em realizações como aquela estava a razão de minha existência. Precisava criar. Não poderia ficar tão perdido de mim mesmo. Só ultrapassando limites conseguiria escapar de minha angústia, de meu desespero.

Dia seguinte quis avaliar a festa. Os comentários eram os mais entusiasmados possíveis. Poucas pessoas sabiam do meu trabalho por trás de tudo. Quando conversávamos, entrou um funcionário na galeria. Veio até a porta do nosso xadrez e chamou meu nome. Orientaram o homem a procurar na Federação.

O Zé Maria foi saber o que acontecia. Voltou com os olhos arregalados. Eu seria removido do presídio. Fora o pagamento por todo o meu esforço e empenho. Esperaram que eu armasse a festa para me expulsarem. Não reclamei nem aceitei que o fizessem por mim. Fui objetivo. Seria bom mudar. Eu iria em busca de novos passos em minha vida. Já renunciara à morte uma vez, agora queria me matar de tanto viver.

Raspei o cofre da Federação. O Zé Vítor me deu quase todos os cigarros que havia ali. Adentrei a cela, arrumei minhas coisas e fui me encaminhando para a carceragem. Nem me despedi de ninguém, me joguei, certo de que haveria um canto em que eu coubesse, dentro da luz do sol.

Para onde me mandariam? Provavelmente para o fim do mundo. Quando o carro de presos chegou, eu soube: meu destino era a Penitenciária do Estado. Algo por dentro doeu. A consciência e a lembrança faziam sofrer. Voltar para aquele lugar tão infeliz? Bem, pelo menos era conhecido lá. Deixara uma boa imagem. O duro seria agüentar os caras zombando, dizendo que o bom filho a casa torna. Mas, eu sempre soubera, tinha alguma coisa a ajustar ali. Que se cumprisse minha sentença.

19.

Foram removidos mais de duzentos presos. Iríamos reabitar o primeiro e o segundo pavilhão, que tinham sido reformados após a rebelião de 1987. Eu estava com trinta e seis anos, fugira dali havia mais de quatro, e 1988 chegava ao fim.

O percurso, embora acidentado e dolorido dentro daquele cofre de aço, foi rápido. O indefectível sino badalou à nossa entrada. Não sei se só em meus ouvidos, mas escutei nitidamente.

Os funcionários nos esperavam. O reconhecimento foi inevitável. Riam de minha desgraça qual houvessem conseguido uma vitória. Ficava provado, na minha pessoa, que nenhum de nós prestava. Mesmo que nos dessem todas as chances, éramos apenas animais predatórios. Para nós, só prisão e cano de ferro.

Era uma hora difícil, que durava o quanto podia. Aqueles sorrisos de escárnio a cada reconhecimento. Um funcionário ligava para o outro, e eles vinham me ver, em bandos de três ou quatro. As palavras eram sempre as mesmas: "Gostou da cadeia? Cadê o doutorzinho de terno e gravata? Não pode viver longe de nós, não é?". E os ditados mais doídos: "Quem desta água bebe nunca mais deixa de beber". Preciosidades assim.

Ah! Como eu odiava aquela gente! Haviam me feito sofrer a juventude toda, agora queriam acabar com o que sobrara. Malditos! E eu não fizera mal a nenhum deles lá fora. Ô que filho-da-puta que eu tinha sido! Merecia aquilo e muito mais.

Revistaram as coisas que eu trouxera, com zelo exagerado. Quase tudo o que eu possuía de valor, retiveram. Deixaram somente o essencial, o que não podiam negar. Nem esquentei a cabeça, sabia que resgataria tudo depois. Aquilo fazia parte da repressão de praxe.

O assistente penal de plantão era o sr. Voi. Meu conhecido desde que eu chegara à prisão dezesseis anos antes. Estivera presente na discussão que eu havia tido com o assessor do diretor-delegado, o Barbudinho. Disse-me que sabia por que eu fugira. Ele teria fugido também. Barbudinho jurara vingança. Ia me pegar com a polícia, comentara com ele. Na PUC, minha mãe contou, a conversa que corria era que o juiz iria revogar minha saída, por isso eu fugira. Só eu não ficara sabendo disso.

Fui encaminhado, junto com os demais que vieram comigo, sob a escolta dos mal-encarados guardas do Choque, ao regime de provas do segundo pavilhão. Ficaríamos sob observação dos funcionários, por um período de cerca de trinta dias, antes de sermos misturados à população.

Lá fora, calor, o sol em chamas. No caminho, os poucos conhecidos cumprimentavam. Alguns gozavam da minha cara. Apenas um ou outro solidário. A população mudara. Os companheiros pareciam zumbis, sem vida. Faltava-lhes algo. Não havia expressão em seus rostos. Olhos vazios, as pupilas mexiam sem fixar-se.

Bem, decretada a sentença, cumpria-se o destino. As mesmas paredes, mas, com a reforma, o segundo pavilhão parecia um velho de roupa nova, alguns números acima do seu. Tudo pintado de um cinza azulado e de branco, com a aparência desses cemitérios verticais, assépticos. Aquilo poderia ser pintado de ouro, e não esconderia sua finalidade. Fora feito para as pessoas penarem.

A prisão sofrera uma enorme convulsão na minha ausência. Eu sabia, desde o fim de 1984, que algo de terrível estava para acontecer, pairava no ar. As conversas eram de matança, e matança não só de presos. Guardas participavam da pauta também. Havia muita pressão, muito falatório.

Algum maluco acreditaria naquelas idéias. Decerto encontraria outros loucos querendo provar alguma coisa, e a merda estaria feita. Havia muitos companheiros sem esperanças, condenados a mais de duzentos anos, cheios de crimes de cadeia. Viver ou morrer, para eles, pouco importava. Ensandecidos aos montes.

Em 1987, Carlão Guri, companheiro com quem eu sempre mantivera uma relação bastante agradável, juntou-se a outros desesperados, numa tentativa de fuga. Carlão tornava-se perigoso. Assassinara mais de dez presos. Sentia prazer em matar. E gostava do poder que a fama de matador lhe conferia.

O grupo trabalhava com vime e sapatos nas oficinas do terceiro pavilhão. O plano de fuga, em sua origem, parecia bastante razoável, factível. O problema seria o alarme. O quintal da oficina era próximo à muralha. Para chegar até ela, havia dois lances de muros. Iriam interligá-los com pranchas de madeira. Alcançariam a muralha e pulariam para fora.

Claro, para transportar as pranchas até os muros, teriam de dominar os funcionários das oficinas. Trancá-los num lugar seguro, para que não soasse o alarme. Não sei o que fariam com o guarda da muralha. Não sei se contavam com o sono ou mesmo com a colaboração dele. Tudo era possível.

Mas o guarda da muralha estava atento, e avisou o comando. Em pouco tempo a cena de cinema ficava pronta. A muralha repleta de soldados empunhando metralhadoras. A prisão em alerta, o alarme a mil. No fundão, a cadeia estava dominada. Não demorou para que os demais presos tomassem o resto do local.

Havendo estopim e quem o acendesse, pólvora é que não faltava. Instantaneamente a penitenciária estava virada. Muitos desenterraram suas armas (das paredes, de buracos no concreto, dos encanamentos de esgoto), outros correram às oficinas para se armar. Todos os funcionários encontrados viraram reféns e foram levados para junto dos outros seqüestrados, no terceiro pavilhão.

Grupos enormes foram quebrando cadeados e derrubando portas. A festa aconteceu quando tomaram o prédio administrativo. Acabaram com tudo o que havia lá. Esmigalharam as máquinas de escrever a marretadas, viraram os arquivos, queimaram os papéis.

Décadas de ódio romperam em fúria incontrolável. Uma lei foi imposta pelo comando: preso não podia matar preso. Sem abusos também, nem cobranças de dívidas.

Entraram na sala do diretor. O cofre foi arrebentado. De repente apareceu droga aos montes. Foi distribuída a quem quisesse. Tomaram a cozinha, mas não quebraram nada ali. Já na biblioteca, jogaram muitos livros no chão e atearam fogo. Apenas alguns se incendiaram. Heróis da cultura salvaram a maioria. Mas o acervo de mais de dez mil obras foi inteiramente desfalcado. Não se sabe por quem, já que na prisão não havia como esconder.

O SENAI mantinha muitos cursos no primeiro pavilhão. Perda total, disseram. Passado um ano, percorri as oficinas abandonadas, e tudo o que vi foram alguns chamuscos. Os tornos, fresas, equipamento de solda etc. estavam intactos.

Não demorou, e o Choque da PM, por ordem do governador e do secretário de Justiça, invadiu atirando. Um ano depois, todos os que passaram por aquele trauma tremiam ao narrá-lo. Diziam que escaparam por muito pouco da morte.

Foi um desespero, uma loucura. Não esperavam por aquilo. Procuraram se esconder. Mas os soldados os caçavam e atiravam onde os encontravam. Os presos corriam como ratos, por entre cadáveres e gente ferida. Sangue em todos os pisos. E o Choque atrás, atirando, matando. Os que foram selecionados para serem rendidos eram encaminhados à galeria baixa. Ali os policiais os barbarizavam.

Quando a PM alcançou o terceiro pavilhão, no olho do furacão, criou-se um impasse. Havia cerca de cinqüenta funcionários seqüestrados, sob ameaça de morte. O graduado da polícia intimou os amotinados a soltarem os reféns, e eles fizeram exigências.

Não houve negociação. Quando ameaçaram invadir, Carlão trouxe o funcionário mais filho-da-puta ali presente. Um canalha que vivera por dezenas de anos oprimindo e sacaneando presos o quanto podia. O graduado continuou a ameaçar, jogando com a vida do refém. Carlão cortou a garganta do sujeito diante dos soldados. Estes, instigados pelo sangue que corria, invadiram. Os presos, armados somente de facas, foram dizimados.

Ouvi muitos relatos sobre os guardas. Depois de libertados, eles passaram às represálias. Alguns, munidos de armas automáticas e facas, saíram caçando presos que haviam participado da rebelião. A desforra foi sangrenta. Falava-se de diversos companheiros assassinados a faca por funcionários. Dizia-se que o número oficial de mortos, trinta e sete, fora mentiroso. A conversa era que aqueles que não recebiam visita simplesmente desapareceram.

Os pavilhões 1 e 2, reformados por inteiro, estavam sendo inaugurados quando chegamos. Coincidentemente, fui colocado na mesma cela que ocupara ao ser preso pela primeira vez. Agora ela fora rebocada e pintada. Os baixos-relevos rasgados na parede, com inscrições e nomes dos que por ali haviam passado, sumiram.

Solidão outra vez. Depois de quase cinco anos vivendo em xadrez coletivo, eu voltava a morar sozinho. Estava desacostumado. Sufocante não poder conversar com ninguém. Não via a hora de abrir a porta e estar com gente.

Os companheiros da penitenciária haviam ficado de castigo durante um ano, por conta da rebelião. Tudo se modificara, e retornava o regime de disciplina rígida. Os funcionários ainda estavam de represálias. Muitos deles tinham sido reféns. O Choque dos guardas vivia exibindo seus canos de ferro. Eram constantes os gritos desesperados dos que apanhavam.

Não houve regime de provas para nós. Dia seguinte já voltávamos ao convívio. Isto é, aqueles que podiam. Muitos foram conversar com o diretor para pedir seguro de vida. No pátio, encontrei dois amigos. Ali se dizia que as pedras rolam, rolam, e se encontram. O Thomaz e o Chico Picadinho.

O Chico convivera comigo e com Henrique, Moringa e Franco anos a fio. Um grande sujeito. Amigo, prestativo e muito inteligente. Era dono de uma cultura invejável. Lera demasiadamente e tinha o que nenhum de nós tinha: talento para a arte. Pintava lindos quadros. Esculpia belas máscaras africanas com papel machê que impressionavam a todos.

O mal do Chico era, como ele mesmo dizia, ter a PP, "personalidade psicopata". O companheiro apresentava psicopatias repentinas, imprevisíveis. Não era sempre que saía com prostitutas, matava-as e picava em pedaços. Somente algumas vezes. E não era por prazer que separava o corpo delas em partes. Mas para poder colocar o cadáver na mala e dispensá-lo sem problemas.

Eu e Chico passávamos as manhãs e as tardes andando pelo pátio e falando sobre arte e livros. Chegava a me sentir um bruto perto dele, dada sua educação e delicadeza no trato. Os crimes não me importavam. Ele matara e cortara em pedaços duas prostitutas num intervalo de dez anos.

Thomaz, o Thomaz de Santos, outro amigo reencontrado. O velhão continuava o pai do mel. Como sempre, usando seus truques para colocar drogas para dentro da prisão. Conversamos bastante.

Eu corria no pátio até o esgotamento. Tomava banho e escolhia um deles para bater papo. Na cela a monotonia me feria. Horas difíceis, demoravam a passar. Meus quase quarenta anos imensos. Cansados, saturados de tudo.

Até que um dia fui chamado à Diretoria de Reabilitação. Um dos diretores, um antigo professor, do tempo em que eu fora escriturário naquela cadeia, me convocava. Queria saber se me sentia disposto a trabalhar. Serviço de responsabilidade.

O diretor da prisão era membro do Conselho Penitenciário, cujos funcionários estavam em greve. As decisões dos desembargadores amontoavam-se. Ninguém para datilografá-los. Então o diretor, preocupado com a interrupção dos processos e petições, se oferecera para executar aquele trabalho. Algo extremamente especializado. Não podia haver erros ou rasuras. Errou, rasga e faz de novo.

Já havia dois presos, ótimos datilógrafos, trabalhando naquilo. Um diretor me indicara, disse-me. Claro que aceitei. Sair do ostracismo em que fora mergulhado seria ótimo. No mínimo eu iria me promover. Gozaria das possíveis mordomias. Depois de acabar o serviço, eu me encaixaria noutro que me interessasse. Era uma sorte enorme.

Uma advogada dirigia os trabalhos. Mulherona, toda cheia de si. Casada com um oficial da PM e querendo conversar na linguagem da prisão. Detestável mulher usando gírias, o que se agrava quando não sabe como usá-las. O Siqueira e o Peninha eram os outros datilógrafos.

Toda a equipe rastejava na frente do diretor-geral. Uma lambeção de saco que me agredia. E ele era um cara legal até. Fora guarda de presídio, chefe de seção e diretor de serviço. Fizera esse percurso em décadas na Casa de Detenção, no meio da malandragem, trabalhando direto com o preso. Gostava da convivência conosco. Detestava a subserviência. Contava piadas sujas. Tinha arte para interpretá-las. O repertório de cada um de nós era bastante rico. Constantemente, o homem largava as responsabilidades e vinha nos contar a última. E nos ouvir, óbvio.

Eu era elemento estranho entre os sujeitos do escritório. Deixaram isso bem claro. Viviam de uniformes cortados sob medida, bem passados. Eu com a farda grosseira, parecendo um balãozinho.

Eles tinham indicado outro preso para trabalhar ali. Amigo deles, igual a eles. Eu fora aceito porque o diretor de Vigilância, o Guilherme, me recomendara. Homem poderoso e temido em todos os cantos da penitenciária.

O que me segurou foi minha capacidade de trabalho. Os pareceres haviam sido manuscritos. Era preciso decifrá-los para datilografar. Os conselheiros escreviam bem, e eu os entendia perfeitamente. Tinham estilo. Usavam técnicas modernas de redação. A linguagem, hermética de todo. Períodos curtos, compactos. Tudo elegante, estudado, sem improvisos. Exploravam uma linha de lógica jurídica muito interessante.

Para mim, tudo fascinante e desafiador. Eu sempre fora amigo das belas palavras. Siqueira era conhecedor de direito. Vivia a fazer petições e revisões de processos dos companheiros.

Eu almoçava na copa da diretoria. Comida feita para os diretores. Meu amigo Nélson Piedade trabalhava lá, novamente. Como eu, fugira e fora recapturado em flagrante de assalto. Enchia um vasilhame para a minha janta. O mesmo amigo de sempre.

Em um mês, pusemos a secretaria do Conselho Penitenciário em dia. Dr. Walther Wofgen, diretor-geral, me agradeceu e perguntou para onde eu queria ir. Os outros dois continuariam na assessoria do diretor e da advogada.

Haviam, praticamente, me posto fora da jogada. Eu não fazia parte da turma. Era muito malandro, para eles. Não me preocupava em parecer regenerado. Sempre que possível, soltava minha rebeldia, vulcão em erupção. Embora trabalhasse com diretores, não gostava daquela gente. Podia ficar na copa da diretoria ou na faxina da administração. Na copa, não me queriam. Seria pedra no sapato de alguns, como ali.

Portanto, fui colocado na faxina. Dia seguinte, eis-me de vassoura na mão. O faxina mais velho me orientou. Eu faria limpeza num corredor de salas. Entrei na primeira, tirei cestos de lixo e bati cinzeiros. Varri a sala e limpei as mesas. Os funcionários faziam que não me enxergavam, qual eu não existisse. Na outra sala, havia uma funcionária com cara de menina. Olhou-me com receio. Fui pegando os cestos e cinzeiros. Ela ficou cuidando de mim pelo canto do olho.

A última sala, do diretor administrativo. Eu o conhecia desde o tempo em que fora simples funcionário. Tivemos um diálogo bastante amistoso. Ele me deu maços de cigarros. Aceitou-me bem. Senti que me tratava com respeito. Eu estava me decidindo a deixar aquele trabalho. Acabei ficando.

Na sala da Diretoria de Educação, encontrei Vlademir, que era o chefe da seção e trabalhara comigo antes. Gostava de mim. Julgava-me inteligente. Sempre que surgia um tempo, eu ia lá conversar. Agora formado e professor universitário, ele tinha idéias muito interessantes.

Na sala ao lado da de Vlademir, havia uma biblioteca bastante seleta, fruto de doações. Não se destinava aos presos. Mas, como eu considerava que tudo o que existia na penitenciária era para o preso, forcei barras. Toda semana lia dois ou três livros que o Vlademir me deixava escolher.

Bom! Muito bom poder ler de novo! Redescobrir o prazer da literatura. Agora, fazia minha faxina rapidamente e voltava para a cela para ler. Fumava um baseado e viajava nos livros. Em pouco tempo, detonei a biblioteca do setor de instrução.

Fiz amizade com uma funcionária, dona Zezé. Desde o princípio me recebeu bem na sala dela. Eu a conhecera em sua juventude. Fora uma das mulheres mais cobiçadas da prisão. Sempre elegante, com gestos e modos muito femininos e gentis, fascinara corações, tanto de colegas como de presos. Mulher madura, conservava a classe, o sorriso cativante e a educação requintada.

Através da minha mãe, que jamais me faltara, cheguei a minha amiga Maria João. Havia anos não tínhamos contato. Necessitava de uma mulher. Ela conhecia muita gente.

Na cela individual, com tempo para refletir, aos poucos minha mente começou a entrar em parafuso. Eu passara cinco anos fugindo. Agora, confrontado pela realidade, não era fácil assumir a cagada que fizera. No tambor das lembranças, as palavras disparavam irreversíveis. Eu sentia muito medo de ser incontrolável, irracional. Medo de que me dominar estivesse além de minhas possibilidades. Eu era alguém guiado por impulsos emocionais. Devagar, sem perceber, fui me calando e me fechando numa ratoeira.

Provavelmente, se houvesse me controlado, pensado um pouco em mim e nas minhas chances, estaria formado agora. Advogado ou licenciado em história, professor, como idealizara. Com certeza, fora da prisão, vivendo em sociedade. Casado talvez, com filhos, num lar. Minha mãe feliz comigo.

Ficou absolutamente claro. Eu poderia ter resistido. Sim, eu tinha forças e apoios que me davam base para ultrapassar as barreiras. Era dotado de todas as condições e capacidades para vencer. Mesmo sem Isa. Quem sabe até melhor sem ela. Poderia me dedicar a um novo amor, Gisela, por exemplo, e ser feliz. O que eu fizera fora loucura. Sentia-me um idiota. Florentino, que eu considerava um alienado, um estúpido, se formara e estava bem. O arrependimento chegou devastador.

Comecei a ver minha vida como uma série de conseqüências. As causas, eu não percebia. Quando dava por mim, já estava nas conseqüências. A verdade que devia ser assumida: eu não tinha controle sobre minha existência. Vivia uma roda-viva, cujas conseqüências desencadeavam causas que geravam outras conseqüências. E eu, no meio, em espaços reduzidos, travado. Lutando, lutando para boiar na tábua escorregadia do meu presente. Passado movediço, futuro ignorado.

Eu queria tornar compreensível à razão esse processo. Refletia, vasculhava e me perdia em pensamentos capilares. Busquei, com unhas e dentes, um método. Durante o tempo em que estudei, o melhor método para apreender fora a escrita. Eu escrevia tudo o que entendia e assim assimilava definitivamente.

A idéia de escrever minha vida foi automática. Escrever para mim mesmo, para ninguém mais. Sem receio de ser punido ou censurado. Precisava entender o que havia acontecido. Era isso. Iria escrever minha história para me conhecer.

Planejei como faria. Começaria conversando com minha mãe. Ela conhecia minha origem mais do que ninguém.

Levei um caderno para o corredor de visitações. Conversei bastante com dona Eida. Perguntei tudo o que pude do início da relação entre ela e meu pai. Da história de meus avós. Desconhecia muita coisa, fatos emocionantes que, inclusive, devem ter influenciado demais na formação de minha pessoa. A história começava errado com meus pais. Antes de eu nascer, já estava condenado, nasci por acidente.

Ih... a coisa era grossa! Problemas aos montes. Dificuldades é que não faltavam. A história de meu pai e minha mãe, muito confusa. A educação deles foi um desastre. O método de meus avós era baseado em espancamento. Sem nenhum carinho, amor ou diálogo. Como meus pais poderiam me educar de modo diferente? Se bem que isso é questionável. Eu fui criado na base do chicote, e não tenho coragem de encostar a mão nos meus filhos.

E minha primeira infância, então! Quase morri de fome. O médico que cuidava de mim me receitou alimentação insuficiente. Minha avó julgava que eu não vingaria. Dos três anos em diante, dizia-se que eu era débil mental. Tudo porque até os sete eu me mostrava um menino comportado. Deixavam-me num canto, e eu ficava ali, quietinho, o tempo que se quisesse, sem dar trabalho. Depois que fui para a escola, virei satanás, dizia meu pai. Apanhava todo dia. Em certas ocasiões duas ou três vezes, como se fosse prescrição médica.

Fui escrevendo e me surpreendendo comigo. Não tinha a mínima consciência do que eu fora. Via-me na figura daquele menino e me desconhecia. Às vezes ele era eu mesmo, e chorava me descrevendo, com profunda piedade daquele garoto.

Eu fora uma criança melancólica, solitária e muito infeliz. A revolta me atingiu com força. Meu pai, meu algoz! Alguém que me perseguia como a um inimigo, procurando motivos para me espancar. Eu lembrava cada surra e seus motivos. O sadismo dele me deixava louco de ódio.

A adolescência foi outro sufoco. Fome, frio, solidão, terror, aventura, sexo, vaidades e loucuras inexplicáveis. Revivi um tumulto interior impossível de ser controlado ou contido nas quatro paredes de minha cela. Meu passado tornava-se terrível demais para que eu mesmo tomasse consciência dele. Necessitava de ajuda.

Mas era preciso seguir. Ter coragem e encarar tudo. De uma vez por todas. Se não tinha coragem, teria de construí-la. Então iniciou-se a fase em que comecei a ser preso seriamente. Torturas e sevícias. Espancamentos, estiletadas, borrachadas, nas prisões para menores de idade infratores.

O desespero me tomou. A vida escorria mais do que duramente. Cada linha foi extraída como que com as unhas, de grossas paredes. Parei muitas vezes. Ficava dias sem escrever. Em recuperação. Quando me sentia forte, retomava. A história foi se desenrolando.

A fase das armas, dos assaltos, das drogas pesadas, emoções violentas, mulheres fatais, mortes, tiroteios com a polícia, a bandidagem propriamente dita, mexeu demais comigo. Eu perdia até a respiração, ao lembrar tudo aquilo.

Depois veio a fase da tortura sistemática. Pau-de-arara, choque elétrico, paulada, afogamento, pressão psicológica, o diabo! Foram três meses e meio nas mãos dos torturadores mais cruéis da polícia paulista. Dor extremada, desagregação psíquica e risco de morte iminente.

Ainda faltava a fase da Casa de Detenção. Assassinatos, castigos e drogas. Muita loucura de um jovem de vinte anos condenado a mais de cem de cadeia. Em seguida a chegada na Penitenciária do Estado. A cela-forte, onde conheci o maior dos amigos, Henrique Moreno. Agora ele se encontrava na Penitenciária de Araraquara.

A fase dourada do primeiro amor verdadeiro, Eneida, nome sagrado a meu coração. Da consciência de mim e do outro. Minhas experiências místicas, religiosas e morais. Reflexões, estudos, seriedade, responsabilidade...

Foram cinco meses mergulhado no meu passado. Sofrendo, vivenciando tudo com intensidade. No fim, a conclusão de que, diante de tanto sofrimento e perigo, o fato de eu ter sobrevivido e ainda estar lúcido, sensível e consciente era quase um milagre. Sem dúvida, eu tinha uma proteção. Era Deus, era não-sei-quê. Alguma coisa, além do físico, que me amava e que, a despeito de mim mesmo, me levava sempre para a frente. Logicamente seria impossível que eu houvesse escapado tantas vezes. Quando estava tudo ruim e não havia mais esperança, uma janela se abria e eu escapava. Nas piores circunstâncias, sempre encontrei saídas.

Pude ter uma idéia mais clara da minha caminhada. E o que fazer com tudo aquilo? Nada, de imediato. Jamais acreditei em mudanças. Vamos sendo o que sempre fomos. A soma do que fizemos de nós em nosso percurso. Não mudamos. Aperfeiçoamos ou degradamos o que estamos sendo. Mas gradativamente, sedimentando, acumulando, vivendo, enfim.

Fui transferido para o primeiro pavilhão, onde moravam os faxinas da parte administrativa. Não me sentia bem naquela posição. Era apenas uma ponte. Surgiu vaga de escriturário na seção de conservação e limpeza. Um trabalho razoável. Mais próximo do preso e longe da polícia. Fui preencher a vaga.

Disseram que talvez fosse loucura. Na faxina da administração estaria próximo aos diretores. Poderia ter mais chances, em termos de benefícios jurídicos. Eu preferia a segurança de preso, ao lado do preso.

O escritório da conservação ficava numa sala grande e bastante movimentada. O chefe da seção entendia muito de cimento, madeira e canos. Mas nada de burocracia. Os problemas relacionados a papéis e documentação, ele teria de confiar a mim. A prisão era uma construção quase centenária. Precisava de reformas e reparos contínuos.

O setor de reforma dividia-se basicamente em três equipes: pedreiros, encanadores e marceneiros. Cada uma mais ou menos independente. Possuíam funcionários de escolta e um subchefe para dirigir e se responsabilizar pelas ferramentas.

Serviço fácil, rapidamente aprendi. Levava minha tábua de tear ou papel para escrever cartas. A sala vivia cheia de presos. Companheiros que trabalhavam na faxina da administração, faxinas dos pavilhões e o pessoal da reforma. Ambiente descontraído, com muita brincadeira. Sempre os mais novos suportavam a carga dos mais experientes.

Entrementes, minha história até os vinte e sete anos estava pronta. Ler foi tão difícil quanto escrever. Percebi aquela narrativa como única. De repente, entendi que poderia se tornar um livro, com chances de ser publicado. Mas precisava de ajuda, e ajuda técnica. Escrevi a Maria João. Ela conhecia muitas pessoas.

Não demorou sua resposta. Maria João conhecia alguém que talvez pudesse me ajudar. Era uma amiga dela que, embora não dominasse as técnicas literárias, poderia me oferecer uma boa crítica. Uma mulher. Claro, só por ser mulher me interessou vivamente. Tudo o que tivesse a ver com mulher me interessava.

20.

O sistema de visitações havia mudado muito. Agora, depois do castigo de um ano para todos os presos, permitiam, quinzenalmente, a chamada visita íntima. As visitas normais, na galeria baixa. A íntima, na cela. Das oito às onze ou das treze às dezesseis horas, aos domingos.

Não existiam mais mesas. Foram construídos bancos de blocos de concreto junto às paredes, ao longo da galeria de visitações. As pessoas podiam ficar sentadas ou em pé, ou transitar. No fim de cada intervalo de visitas, a galeria lotava. O burburinho reverberava pelas paredes, cobertas de ladrilhos quadriculados amarelos.

Para conseguir autorização para a visita íntima, a parceira precisava apresentar exame de sangue comprovando que não era portadora do vírus HIV. Depois de um certo período, tal exame foi exigido também do preso.

Esperei, esperei uma carta da pessoa que Maria João poria em contato comigo. E ela chegou. A moça chamava-se Magda. Separada, com dois filhos. Uma menina de cerca de nove anos e um garoto de sete. Gostava muito de ler. Era secretária e afirmava-se capaz de me ajudar em meu projeto. Tinha boa capacidade crítica. Era dois anos mais nova que eu. Parecia vaidosa, muito ciosa de si.

A princípio titubeei. Não era o que eu queria para meu livro. Ela deu a entender que possuía valores morais muito rígidos. Reencarnacionista convicta. Boa parte das pessoas que se aproximavam de mim pertencia a essa corrente de pensamento, a qual eu compreendia sem dificuldade alguma. Mas era uma teoria excessivamente maniqueísta. Distante de mim, que jamais acreditei no mal ou no bem total, em se tratando de seres humanos. Distante do meu livro.

Eu fora absolutamente verdadeiro e claro no que escrevera. Fora seco e cru. Uma porrada em muitos dos valores que ela parecia prezar. Não achei que estivesse preparada para aquilo.

Mas, bem, era uma mulher. Existia outra possibilidade. Algo naquela letra, naquele jeito de querer demonstrar firmeza e segurança, mexia comigo. Respondi com a intenção de conquistar. Joguei forte. Coloquei todo o gás na minha inspiração. Balzac dizia que as mulheres não resistem a um papel escrito.

A resposta demorou um pouco. Quando veio, chegou cheia. Cheia de uma energia sufocada, de carência afetiva. Uma fome, um pedido de socorro, surdo e traumático. Exatamente a fome que eu sentia.

Estivera casada por onze anos. O marido, um cara legal que a fizera feliz por algum tempo. Mas aos poucos criou-se um descompasso. Os interesses mudaram, as crianças cresceram. A vida exigia mais do que ele podia lhe oferecer. Ela precisava de mais, não se contentava.

Seu chefe apaixonou-se por ela. Um engenheiro casado e muito bem de vida. A mim, parecia óbvio. O chefe sempre cai em cima da secretária. Ainda mais se é bonita e gostosa, como Magda dava a entender que era. O argumento do gavião é invariavelmente o mesmo. O velho truque do amor escondido que não se agüenta e explode. O homem se repete.

E deu certo, mais uma vez. Ao cabo de muitas conversas amarradas dentro do carro do ano dele. O sujeito tirou todas as informações. Quando a levou para a cama, de modo "irresistível", arrematou com extrema perícia. Foi técnico, paciencioso, carinhoso e cheio de atenções. Para quem estava acostumada ao galo, foi a revelação.

O chefe trabalhou a vaidade dela, dizendo da maravilha que era seu corpo, da excitação enorme que ela lhe causava. A esposa chata não despertava mais seu desejo. Magda caiu no golpe, de quatro. Para finalizar, e ter sempre à mão, ele falou em casamento. Ela iria se divorciar. Os filhos tinham crescido, ela se sentia livre.

A meus olhos, a cena da sedução clássica. Com o extravasamento de muita paixão e tesão contidos. Ela ficara apaixonada. Amava, estava louca pelo sujeito. Viveram emoções fortíssimas, construíram castelos na areia. Ele também se divorciaria. Iriam dirigir juntos a filial que a empresa abrira no Sul, e levariam os filhos dela.

Mas, como não poderia deixar de ser, o mar desmanchou os castelos de areia. O marido, cheio de dignidade, não criou obstáculos. Se ela gostava do homem, não seria ele que a impediria de ser feliz. Amava-a, mas não lutaria. Eu o admirei. O orgulho era tudo o que lhe restara. Correr atrás de quem o trocara por outro, nem pensar.

Para concluir, a esposa do chefe jogou sujo. O sujeito, que não esperava que as coisas se encaminhassem para esse lado, saltou fora da aventura. Pelo que entendi, pretendia somente continuar saboreando a fruta. Os planos, apenas estratégia de quem comeu e gostou. Iludida, Magda demorou para perder esperanças e admitir o jogo do amante. Quando percebeu que ele abandonara o campo de luta, sofreu.

Tristeza, mágoa, ressentimento e humilhação — tudo queimava em sua garganta. Ela chorava a todo instante. Viveu meses de miséria interior. Iniciava um processo de soerguimento. O relacionamento comigo foi um dos passos.

Com o marido não dava para voltar. Eu achava que nem ele queria. Ela dizia que precisava de muito mais do que ele poderia lhe oferecer. Precisava de segurança, como toda mulher, justificava. Mas queria fogo e paixão também. Ainda alimentava uma tênue esperança de que o amante voltasse para ela.

Descobrira que a vida era maior do que o estreito teto sob o qual habitava com os filhos. Queria mais, disposta a ir à luta para ser feliz. Custasse o que custasse. Já desestruturara a família. Agora só podia caminhar para alcançar seus objetivos. Não dava para voltar atrás. Claro, eu só podia apoiar, desde que ela me incluísse naqueles seus objetivos. Quem sabe eu poderia ser um pouco feliz também.

Maria João veio me visitar, atendendo a meu pedido. Eu precisava saber quem era aquela Magda que invadia, tomava conta de meus dias. Me fazia ficar de pé, de plantão, na hora de passar o carteiro. E quando ele passava direto, que tristeza! Parecia que o mundo chegara a seu fim. Mas quando ele parava e abria o guichê, o coração disparava.

Eu lia, relia, e não cansava de admirar aquela letra. As palavras ressoavam em minha alma. Eu respondia imediatamente. Cartas quilométricas, falando um monte de coisas, todos os assuntos, todas as histórias. Precisava responder, e todo dia. Conquistá-la, agora, era uma questão de sobrevivência. A barriga chegava a doer de ansiedade.

Magda fazia doce. Esquivava-se. Foram meses de cartas. E ela sempre voltava ao ponto inicial: dizia que seu coração estava fechado para emoções. Medo de sofrer. Eu malhava em cima. Estava se negando à vida, covardemente. Sofrimento era vida e também passava. Como tudo, aliás.

Eu já estava apaixonadão e não queria assumir. Nem podia. Vivia numa carência extremada, precisava tomar cuidado. O querer amar tão desesperadamente poderia produzir a ilusão de estar amando. Eu queria. Nem sequer sabia como ela era, mas a queria. E iria conseguir. Nunca tive tanta certeza.

E então ela cedeu. Quis me conhecer. Pediu que a registrasse como minha visitante. Queria conferir, sentir e saber de fato. O coração me veio à boca. Registrei e expliquei todos os detalhes. Ela viria no domingo seguinte.

Não dormi naquele sábado. De manhã estava trêmulo. Fiquei andando pelo pátio como um autômato. Não conseguia nem ao menos conversar. Travado. Cada número de matrícula que surgia na lousa, eu saltava e meus olhos vasculhavam. Só quando apareceu o meu, acreditei: era verdade. Ela viera me ver.

Com o coração descompassado, fiquei ali no corredor, conferindo. Não conseguia imaginá-la. Não tinha visto foto. Sabia que era mulata clara e pequena. Havíamos combinado que ela vestiria uma blusa vermelha de seda.

Algumas mulheres que chegaram davam a impressão de estar perdidas. Para todas eu olhava, perguntando com os olhos. Não podia cometer o erro de atracar a visita de outro. Até que entrou uma garota pequena, mulata clara e toda lindinha. Parecia empertigada de tensão. Blusa vermelha. Sim, era ela.

Seu sorriso radiante iluminava o rosto bonito, por demais expressivo. Apresentei-me. Ela me olhou firme, tentando reconhecer quem lhe escrevia. Pareceu estranhar. Peguei em sua mão nervosa e a conduzi para um local previamente preparado. Tinha forrado o assento com um cobertor grosso. Trouxera uma garrafa térmica cheia de café.

Fitei aqueles olhos estranhos, aquela boca linda, e danei a falar. Nervoso, não conseguia controlar-me. Minha sorte era que ela também se mostrava nervosa. Queria falar também. Então, conversamos tal como nos escrevíamos. Olhos nos olhos e entusiasmo nas palavras. Eu falava e a lambia com os olhos. Reparava cada detalhe, dividido. Aos poucos nos descontraímos. O diálogo foi ficando mais íntimo, mais gostoso.

Falou-me do tormento que acabara de vivenciar — a separação do marido, o drama dos filhos — e de sua esperança de construir um futuro. Com amor. Queria uma vida novinha em folha. Longe de homens. Queria um tempo para limpar o coração e adquirir controle de seus sentimentos. Eu sabia que existia medo, mas estremeci. Já a queria para mim. O bichinho era danado de engraçadinho.

(Depois ela diria que naquele primeiro encontro não vira nada de interessante em mim. Eu não era bonito. Minha figura nada tinha a ver com a pessoa que lhe escrevia aquelas cartas tão vibrantes. Isso me deixou triste, mas não me demoveu. Virou desafio.)

Quando Magda se despediu, sua mão se demorou na minha. Senti um calor, uma comunicação muda. Ela se perdeu em meus olhos. Saiu quando o guarda nos tocou, com má educação. Toda feminina, valorizando o andar, ciente de que meus olhos a seguiam. Não olhou para trás. Voltei para a cela com a mente alvoroçada. Não podia perder aquela mulher.

Tinha de conseguir. O trem descarrilara, e o dia já se fizera noite. A tática, malhar enquanto o ferro estivesse quente. Cheguei na cela escrevendo. Senti como ela gostava, carecia de que a valorizassem. Estava fragilizada. A semana foi febril. Escrevi além da conta, ansioso por carta dela. E demorou.

A resposta foi decepcionante. Ela não gostara de mim. Eu não conseguira penetrar em sua sensibilidade. Ela, se defendendo demais, e eu, afoito. Mas eu a levaria a me valorizar. Só não sabia como. Claro, não fora tão ruim, eu sentira. Viriam novas chances. Eu não tinha um plano. Tudo mais ou menos novo para mim. Eu reagia de acordo com o que ia acontecendo.

As cartas de Magda fluíam no ritmo normal. Ultrapassada a decepção do início, falávamos até de sexo. A separação do marido tinha algo a ver com isso. O amante lhe ensinara delícias na cama. O marido tinha limites para o amor. Havia também a parte do carinho, do acompanhamento e do diálogo intelectual. Outros prazeres a serem vividos, que o marido não conhecia. Ele casara virgem, como ela, e lhe fora fiel a vida toda. Como poderia conhecer?

Seus filhos foram criados no amor e no carinho de ambos. Um tanto quanto mimados. Mas educados com base no diálogo e dedicação. Uma geração menos oprimida que a nossa. Mas herdariam um mundo que nós, das gerações anteriores, havíamos detonado.

Chegou meu aniversário. Eu tinha direito a um bolo e a visitas de duas horas. Minha mãe trouxe o bolo. Maria João veio também, a meu pedido. Eu queria suas impressões e informações sobre como Magda se sentia em relação a mim.

Conversamos os três, eu gostava muito de Maria João. Ela sempre me protegera. Dona Eida mostrava-se cada vez mais participativa. Nosso diálogo crescia fértil. Eu descobri o que queria. A moça estava enamorada, interessada em mim. Minha amiga aconselhava que a deixasse respirar. Minha mãe argumentava que mulher não era assim tão fácil. Sobretudo as que valiam a pena.

E Magda veio novamente, mês e pouco depois da primeira visita. Eu, pretensioso, achava que ela estava era com medo. Dessa vez não usava os jeans largos que escondiam suas formas. Deu para observar bem seu corpo. Os braços grossos, carnudos. As coxas, como eu imaginava, cheias, assim compactas. Uma gostosura. Não era à toa que o chefe crescera os olhos.

Quando ela sentou, retive suas mãos nas minhas. Iniciei a conversa clássica do apaixonado que não se julga merecedor. Aquele que nada pede. Apenas recebe, surpreso, o que lhe for cedido. Sem cobranças. Sempre dava certo. O único problema era que eu estava me apaixonando. Queria sim, tudo e já.

Ela correspondia às carícias de minhas mãos. Minhas palavras, bêbadas, iam minando suas resistências. Me enchi de coragem e ousei. Beijei seus lábios suavemente. Ela não retribuiu. Também não rejeitou. Havia certa ternura, um carinho em nosso diálogo. Beijei de novo, e dessa vez ela foi junto. De leve, com uma suavidade toda especial. Os beijos foram rolando, mas sempre de leve, sem pressa.

Foram horas de ternura e afeto. Doces momentos, sem compromissos, assim soltos. Meus dedos grossos, pesados, faziam-se leves, de uma doçura que nem eu suspeitava. Conversamos menos do que nos olhamos. O sonho saíra da fantasia. Na despedida, ela sentiu meu tesão. Foi embora acenando, parando a todo instante para olhar para trás. No último portão voltou-se e soprou um beijo.

Fiz poemas e desejei, de tão feliz, que lacrassem a porta da minha cela e me esquecessem. Só me soltassem no dia da visita, para ela. Eu me sentia totalmente incompatível com o ambiente.

Magda ia se entregando aos poucos, com carinho e amor. Ela queria, agora, me transformar. Eu conhecia seus princípios, talvez até mais do que ela mesma. E me interessava por eles. Só não suportava seu determinismo. Para ela, tudo ou nada. Bom ou mau, nenhuma flexibilidade. A natureza humana não funcionava assim. Mas havia muito eu queria escapar de meu mundinho de sombras. Ali só existia crueza, egoísmo e desrespeito.

Ela passou a vir sempre. Aumentava meu sentimento de plenitude com sua presença. Choque de mil volts com a realidade. Ela faria o que quisesse comigo. Ainda bem que não sabia ainda o poder que tinha. O pior era que eu não me importava nem um pouco com isso. O que importava era sentir nela a mesma empolgação que crescia em mim.

Magda ainda tentou escapar. Eu compreendia. Que mulher ia querer ficar com um homem preso? Fui demolindo suas defesas com muito carinho e boa argumentação. Ela haveria de ser minha. Eu agia mais instintivamente, a razão já quase não participava do processo. Se fosse razoável, saltaria fora ou preservaria meus sentimentos. Qualquer um poderia observar que aquilo iria redundar em sofrimento.

Estávamos, tanto ela como eu, sem sexo havia algum tempo. Em nossos encontros, só faltava tirar a roupa e o que se segue. Eu amava aquela mulher. O amor que ela me inspirava me remetia ao passado. Para dentro de mim mesmo. Ao que eu já fora e ao que almejara ser quando amei uma grande mulher. Uma busca angustiante de reconstruir minha honra, minha moral.

Na visita, os olhos dela ficavam redondos, vidrados. A boca mole, derretida de tesão. Os guardas passavam, sem nos observar. Ela me agarrava e se comprimia em mim, esquecida das pessoas ao redor. Estremecia fortemente. Eu temia que deslizasse e caísse. Segurava-a firme. Minha virilha parecia de fogo, de tanto que ardia. O coração, descompassado, queria romper os ossos e saltar fora. Sem palavras, ficávamos perdidos um no corpo do outro.

Às vezes eu sentia alívio quando tocava a sirene anunciando o término do horário de visitas. Queria ela fosse embora, estranhamente. Levava-a ao portão, beijava-a, dava mais uma ralada e soltava, como se solta um passarinho. E ela seguia, voando baixo, jogando aquela bundinha linda para os lados.

O Dia dos Namorados se aproximava. Previa-se que nessa data a visita seria nas celas. Aguardávamos ansiosos. Nossa relação atingira tal intensidade que ou se realizava integralmente ou não dava para continuar.

No dia, dei um trato especial no xadrez. Enchi de cortinas para evitar os curiosos e a vigilância. Conforme pedi, ela chegou cedo. Abracei, beijei, de pau duro o tempo todo. Sentamos na cama e conversamos sobre vários assuntos, sem saber como começar. De repente, ficamos em silêncio, trêmulos, a olhar um para o outro.

O beijo surgiu do nada. Estiquei-me na cama, levando-a. Começamos a nos pegar até que ela se decidiu. Ficou só de calcinha e sutiã. Olhei sem acreditar. A mulher cresceu. Gostosa demais. Devorei. Usei de todas as artimanhas que sabia e das que ouvira falar. Ela me chamava de tourinho e pedia que não parasse mais. Eu não podia parar mesmo. Tinha de deixar absolutamente claro que conhecia da arte. Devia levá-la ao máximo. Superar tudo o que o ex-amante lhe ensinara. Precisava viciá-la em mim.

Controlei, e fui experimentando várias posições, até que encontrei aquela em que ela estremeceu. Então acelerei. Ela começou a gritar. Quando a vi desfalecendo, ataquei mais ainda e tive meu prazer. Urrei em cima dela. Caí e fiquei ali, ofegante, perdido em flutuações. Nos abraçamos, relaxados, satisfeitos. Cientes de que aquilo era só o início. Mesmo a curto prazo, havia muito mais para nós.

Almoçamos as comidinhas gostosas que ela trouxera. A danada cozinhava tão bem quanto amava. Depois, cama. Namoramos até que, ao sentir meu pau duro, ela ficou nervosa, elétrica. Olhou-me. Em seus olhos, um desejo furioso. Deixei que comandasse, e foi bom demais.

Dormimos abraçados por meia hora. Levei-a ao portão. Ao despedir-se, ela disse estar mole, nem sabia como chegaria em casa. Lasquei-lhe um beijo e soltei-a para que se fosse. Ela desgrudou com má vontade e saiu andando de costas, até trombar com uma moça e quase cair. Passo indeciso, voltei. No meio da escadaria, minha perna direita falseou. Na cela, queria reviver tudo na mente. Desmaiei, cansado de sonhar.

Passei a semana escrevendo. Minha luta era convencê-la a fazer o exame de HIV. Precisávamos do laudo para a visita íntima. Praxe da casa. Ela refugou, a princípio. Eu não quis insistir. Aguardei, sabendo que ela acabaria concordando.

Meu pensamento crescia, me afastando de tudo o que se relacionasse ao crime. Eu não voltaria a ser criminoso, assim convicto. Aliás, estava convencido do contrário. Vivi muitas ilusões e sonhos mirabolantes. Naquela época eu não era nada, e ser criminoso era alguma coisa. Mas esse tempo passara havia muito. As ilusões diluíram-se, dramaticamente, nos anos de prisão.

Alguns anos antes, Henrique, Franco, Toninho e eu tínhamos um hábito: às dezessete horas, todos os dias da semana, tomávamos um chá com o pastor oficial da penitenciária. Um professor universitário com mais de setenta anos, formado em três faculdades. Nordestino, chegara a conhecer Lampião. Contava muitas histórias daquele tempo. Homem de princípios. Casara virgem, aos trinta e dois anos de idade.

O pastor, com um conhecimento intelectual e existencial imenso, incentivava aqueles encontros por gostar de nós. Não queria nos catequizar. Deixava claro que gostava mais de nós que dos devotos que freqüentavam seus cultos. Dizia que éramos mais autênticos e não nos considerava hereges.

Um dia nos disse algo que me tocou fundo. Principalmente pela sinceridade que era translúcida em sua voz. Afirmou que nós poderíamos obter o mesmo sucesso, e até muito mais, que as pessoas lá de fora que se encontravam bem de vida obtinham. Fundamentava: tínhamos inteligência, cultura e competência iguais ou superiores às de qualquer uma delas. Conhecia-as, eram suas ovelhas ou seus alunos. Em nada elas eram melhores que nós. Mas o que elas tinham até demais e a nós faltava era a paciência e o medo. Nós queríamos tudo agora e já. Não tínhamos medo de lutar para conseguir o que queríamos. Daí o roubo nos parecia a única solução. Não seríamos capazes de ficar dez anos pagando uma casa ou um carro. Elas construíam como formigas, aos poucos.

Existia também o aspecto social. Eu tinha consciência da necessidade das leis. Sabia que a vida em sociedade, a civilização, só é possível por conta das leis que regem os comportamentos. E, claro, queria que minha mãe e minha namorada fossem protegidas pelas leis e pela polícia. Por mais preconceito que tivesse contra eles.

Não havia revolta nem ódio em mim contra os outros. Nem contra aqueles que me prenderam. Eu me revoltava contra mim mesmo, contra minhas fraquezas e falhas. Não tinha prazer algum em ferir, muito menos em matar. Mas já roubara e já matara.

Claro, não gostava de uma espécie de gente rica. Aqueles que promovem a miséria e a desgraça da maioria para usufruírem de suas riquezas e mordomias. Bandidos muito piores do que eu fora. Digamos, inimigos ideológicos. Mas, mesmo esses, humanos como eu. Capazes de dor e amor como eu. E feri-los ou destruí-los seria fazê-los sofrer do mesmo jeito que eu sofrera. Então não podia ter prazer nenhum nisso. Estava confuso porque já pensara o contrário. Atirara em pessoas, quando ameaçado em minha vida ou liberdade.

Chegava a hora de pensar em ser honesto. Não importava que todos roubassem. Eu não queria mais isso para mim. Queria um pacto de paz com o mundo. Precisava de paz para amar e ser feliz. Queria ter algo além de palavra e coração para oferecer à namorada. Magda me levava a pensar na honestidade como princípio. Ela queria um companheiro que procedesse dentro de seus padrões. Eu queria ter orgulho de vencer, superar e ultrapassar.

Por fim, ela fez o exame de AIDS, e conseguimos a visita íntima. Vinha a minha cela quinzenalmente. Quando não agüentava, vinha também nos outros domingos. Acabávamos por fazer assim mesmo, escondidos pelas cortinas. Era magnífico. Estávamos nos descobrindo, um ao outro e a nós mesmos, enquanto seres sexuais. Eu, que imaginava conhecer tudo, agora percebia que não sabia de nada.

21.

Foi nessa época que tive notícias do sanatório penal. O prédio, embora anexo ao hospital e ainda dentro das muralhas da penitenciária, ficava afastado desta. Lá estavam isolados os companheiros de todo o sistema prisional de São Paulo portadores do vírus HIV, com a síndrome manifesta. Os relatos que escutei eram de horrorizar. Dali saíam cadáveres diariamente, e os doentes estavam todos moribundos, infectados por múltiplas doenças contagiosas.

Rafael, um amigo que havia mais de uma década nos visitava na penitenciária, agora vinha quase todo dia e seguia direto para o sanatório. Procurava levar algum conforto e sua amizade àquele povo condenado, da forma mais simples possível: com sua presença. Rafael tinha feito parte de um grupo espírita que se desmanchara. E permanecera fiel a sua amizade por nós.

Ao chegar, passava pela seção em que eu trabalhava. Tomava um café, e conversávamos. Eu admirava muito sua dedicação a nós, presos. Ele não nos cobrava nada em termos de comportamento ou convicções. Falávamos sobre a situação do pessoal lá do sanatório. Ele sempre me convidava a acompanhá-lo. Um dia decidi aceitar.

No portão do hospital, o guarda me revistou e me deixou entrar. Como eu trabalhava no setor de reforma, imaginou que fosse inspecionar algum serviço. Para chegar ao sanatório, passava-se por dentro do hospital. A galeria térrea exalava um mau cheiro insuportável. Todas as portas abertas. Companheiros em cadeiras de rodas ou de muletas.

Subimos uma escadaria de ferro, no fundo da galeria. No pavimento superior, quebramos um corredor à esquerda, e me vi diante de mais uma porta gradeada. Demorou um pouco, e então veio um guarda. Eu o conhecia. Um desses raros com humanidade suficiente para nos tratar com respeito. Pessoa de idade, muito calmo e paciente. Deixou-me entrar sem perguntar nada.

Um corredor comprido com celas de ambos os lados. Trinta e nove ao todo. No meio, enfermaria, gabinete médico, duchas, quarto da faxina, copa e carceragem. Começamos a andar, e o sofrimento veio até nós. Companheiros esquálidos cumprimentavam Rafael. Fui apresentado como seu amigo. Mãos só pele e ossos se estenderam na minha direção. Segurei, delicadamente, com receio de machucar. Ossos frágeis como gravetos. Os olhos, lá no fundo do crânio, moles como gelatina.

Aquilo foi me impressionando, fui obrigado a me segurar. Chegamos a um homem mais recomposto. Quase normal, não fossem as manchas no rosto e os olhos duros de ferro. Eu o reconheci. Outro Rafael. Devia estar cumprindo de dez para doze anos. Vira-o chegar jovem e forte, além de rebelde e agressivo.

Recebeu-nos com um sorriso sincero e cumprimentou-nos energicamente. Rafael, o amigo que viera da rua, fizera-se muito querido ali. Rafael, o preso, portador do vírus, ajudava como enfermeiro.

Os poucos enfermeiros oficiais da casa tinham medo. Evitavam comparecer àquele local. O médico, dr. Gustavo, desempenhava um trabalho digno de louvor. Os serviços de enfermagem ficavam a cargo dos presos soropositivos. Somente os faxineiros vinham da penitenciária.

Conversamos. Rafa começou a destilar seu veneno, sua revolta. Pegara o vírus na prisão. Como? Não sabia. Talvez comendo bichas ou tomando baque com seringas infectadas. Odiava o mundo. Do portão para fora do sanatório, odiava a todos. Me senti um dos odiados.

Estranhamente, na hora achei que ele tinha razão em nos odiar. Largados à morte naquele lugar imundo, excluídos e evitados com todo o preconceito do mundo. Faltava de tudo, desde remédios até material de higiene. As famílias os abandonavam, assustadas e temerosas do contágio. Quase ninguém tinha informações sobre a síndrome. Eu lera alguma coisa a respeito e sabia como ocorria o contágio. Mas não tinha certeza. Compreendia os abandonos, embora não aceitasse.

Os companheiros com o sistema imunológico dominado pelo HIV desenvolviam doenças oportunistas. Uns, o sarcoma de Kaposi; a maioria, tuberculose e graves pneumonias. Casos de herpes deixavam corpos inteiros parecendo uma chaga só. A toxoplasmose aleijara alguns. Quase todos tinham a boca e a garganta cheias de feridas por conta da candidíase. Os que contraíram hepatite e meningite estavam absolutamente isolados. Um sem-fim de enfermidades os corroía e matava aos poucos.

Entramos nas celas, e em nenhum momento senti medo do contágio. Moía de dor ver aqueles infelizes. Dava vontade de ficar chorando o tempo todo. Alguns já estavam em coma. Outros, agonizantes, sofriam dores atrozes, com escaras em que cabiam mãos inteiras. A maioria respirava com extrema dificuldade e nos lançava olhares assustados, como a pedir uma ajuda impossível. Estariam todos mortos em pouco tempo. Nada se podia fazer.

Eu jamais sofrera tamanho impacto. A dor daqueles companheiros me agredia violentamente. Remetia-me a dores passadas e presentes. Juizado de Menores, RPM (Recolhimento Provisório de Menores, atual FEBEM), DEIC e suas torturas, celas-fortes, espancamentos... Muita dor. Eu não sabia se saía correndo ou se ficava ali, sofrendo com eles.

Decidi ficar. Se me perguntassem por quê, talvez não soubesse responder. Não dava para explicar numa ordem lógica que polarizasse certo ou errado, bom ou mau, isso ou aquilo. Decidi ficar, e por todo o tempo que me fosse possível. E fazer alguma coisa. Eu me comprometia com aquele povo. Não os abandonaria.

Dali voltei a meu serviço, a contragosto. Queria continuar no sanatório, entender. Por que aquilo assim, por que aquilo?, perguntava-me o tempo todo. Mas a sala onde eu trabalhava ficava sob minha responsabilidade. Eu devia voltar, havia uma série de problemas a serem resolvidos na seção. O chefe precisava de mim, também, e exigia minha presença.

Passei o resto do dia sem conseguir me concentrar em mais nada. Aquilo não me deixou dormir, rolei na cama a noite inteira.

Escrevi para Magda. Desabafei meu desespero e aquilo que vira. Dividíamos quase tudo o que vivíamos. Claro que eu não podia dizer muito. A vida do preso é, em grande parte, clandestina. Ninguém, a não ser outro preso, a percebe ou dela participa. O guarda de presídio vislumbra apenas uma parcela ínfima do que acontece realmente. E as cartas passavam por uma censura.

Além da censura oficial, a censura pessoal, ética. Eu não podia dizer à namorada o que ocorria na prisão. Quem iria ser morto, quem fora morto e por quê. Se haveria rebelião, se alguém estava fomentando alguma desgraça, se havia ou não drogas. Ela não tinha nada a ver com isso. Sempre procurei afastar o lado prisional de minha vida daqueles que se relacionavam comigo.

Parei, de um dia para o outro, com o cigarro e a maconha.

Um presente para Magda. Mas, claro, um presente maior para mim. Dei adeus a todos os vícios. Tentei me distanciar da cultura criminal que me circundava.

No dia seguinte não voltei ao sanatório. Não tinha nada para levar ou dizer. Acanhado de ir sozinho. Em dois dias comprei, pedi a alguns amigos e juntei material de higiene, como pasta de dentes, sabonetes, lâminas de barbear, além de envelopes, papel e selos. Acompanhado de Rafael, retornei àquele lugar.

Consegui me soltar um pouco mais. Levei alguma coisa a cada um que visitamos. Fui conhecendo, conversando, me adaptando à dor, para não chorar. Observei melhor o espaço. Desci ao pátio de recreação. Ao pé da escada vi uma sala que parecia um depósito, com um monte de tranqueiras. Antigamente, ali funcionava o necrotério.

Rafa, o preso, deu-me a idéia de que aquele poderia se tornar um local para reuniões religiosas. Olhei, entrei e achei viável. Pronto, encontrara o que fazer pelos caras. Fiquei contente. Tudo o que queria era cooperar. Passei nos xadrezes de alguns companheiros moribundos, inconscientes. Só restava fechar os olhos e pedir por eles. Não sei a quem — Deus, à falta de outro nome. Pelo menos a mim tranqüilizava, diante tamanha gravidade.

Como eu trabalhava no setor de conservação geral, alguns materiais para a reforma da sala me foram acessíveis. Rafa iria me ajudar, juntamente com o pessoal em melhor condição física. O Rafael, meu amigo em liberdade, comprometeu-se a nos trazer gente de fora para as reuniões.

Quando Magda chegou no domingo, levei-a para a cela. Depois do amor gostoso que recompunha as energias e equilibrava as emoções, contei-lhe tudo o que observara no sanatório. Assim que ela recebera a carta em que eu falava de minhas primeiras impressões, tomara providências no sentido de me auxiliar. Trouxera endereços de organizações que trabalhavam com portadores do HIV e de outras que atuavam no campo da prevenção. Eu poderia escrever-lhes pedindo ajuda e apoio para os companheiros.

Orgulhava-se de minha ação e me apoiaria inteiramente. Conversamos bastante sobre a síndrome. Ela lera um pouco e me trazia informações importantes. Revistas, panfletos, um monte de coisas que eu teria de ler. Empolgava-se com tudo o que dizia. Parecia que a ação era dela.

Começamos a reforma da sala. Retiramos toda a tranqueira, limpamos do teto ao chão com soda cáustica fervida em água e sabão em pó. Pedi a meu chefe autorização para levar o pedreiro, que taparia buracos e arrumaria o piso. Consegui látex e pigmentação. Rafa, Santista e seus amigos rasparam e pintaram tudo. Arrumei vermelhão e cera, o lugar ficou lindo. Os marceneiros consertaram a porta.

Não havia mobília alguma. Saímos, Bebeto, Nelsão e eu, pegando bancos das oficinas e até da capelania católica. Transformamos portas velhas de celas em mesas e bancos. Tirei duas cadeiras do meu setor, e pronto. A sala estava perfeita. Tudo novo e cheirando a tinta.

Com essas corridas, eu ficava no sanatório boa parte do tempo. Era proibido aos presos dos pavilhões adentrar ali. Os guardas estavam conquistados. Eles observavam meu esforço para armar a sala. Os companheiros doentes, enfermeiros, faxinas, aos poucos todos foram se acostumando comigo.

Escrevi à Federação de Obras Sociais, FOS. Expus quase tudo o que vira no sanatório. Pedi apoio e ajuda. A resposta da professora Maria Augusta Laudane veio logo em seguida. Era uma das diretoras da entidade beneficente. Punha a FOS à disposição da penitenciária para cursos sobre prevenção à AIDS. Cursos para presos e funcionários.

Mostrei a carta a Magda. Ela ficou emocionada com a disponibilidade da professora. Decidiu telefonar e expor o que eu não pudera escrever, dada a censura. Dali nasceu uma amizade, baseada na mútua admiração. A diretora da FOS quis conhecer a namorada. Convidou-a para um encontro em que participariam pessoas ligadas à campanha de prevenção à AIDS. Maria João também se engajou nesse trabalho.

Entrementes, inauguramos a "igreja". Magda havia contatado um amigo nosso, o Wilson Francisco, excelente orador, para promover a primeira reunião. Junto vieram sua esposa, uma amiga do casal e Rafael. Foi um sucesso. Muitos companheiros compareceram, mesmo com dificuldades. Wilson esteve brilhante. As mulheres conversaram com os mais doentes e procuraram expressar carinho por eles.

O pior de tudo ali era a desesperança! Aquilo era terrível. A gente olhava nos olhos dos caras e não tinha o que lhes dizer. Eles iam morrer mesmo. E de forma dramática, com enorme sofrimento. Eles viam o futuro espelhado todos os dias nos parceiros que iam definhando aos poucos.

A única mensagem que produzia algum resultado era a dos religiosos. A conversa sobre vida após a morte, sobre um Criador que a tudo via, sobre justiça, ou até sobre um céu que os aguardava, obtinha certo sucesso. Eles se sentiam desesperados com a perspectiva do fim.

Na hora do sofrimento total, só lhes restava um recurso: a oração. A fé num Deus de bondade que ao mesmo tempo se fazia Pai e Protetor, e a esperança de que tivesse compaixão por eles.

Havia uma figura que me despertava a maior curiosidade. Não me atrevi à aproximação. Michele. Travesti siliconizado. Pronunciadas maçãs do rosto, coxas grossas e uma superbunda. Trabalhava como enfermeiro no sanatório havia três anos. Os companheiros falavam bem demais dela. Sim, dela. Assim como uma espécie de mulher, era tratada.

O Ié — apelido do preso encarregado da enfermaria — eu

conhecia fazia vinte anos. Estava careca. Pequeno e magro, todo energético, nervoso. Ficava até simpático com seu jeito delicado. Dizia-se, à boca pequena, ser ele o marido de Michele. Não era. Preso fala da vida de preso demasiadamente.

O baixinho estava sempre atarefado, a responsabilidade sobre seus ombros era enorme. Toda a medicação passava por suas mãos. Ele auxiliava o dr. Gustavo em todos os sentidos. Tinha na mente as necessidades e condições de cada companheiro ali internado.

Magda chegou com um sorriso de orelha a orelha. Soubera do sucesso da reunião, telefonara para o Wilson. Parecia vitória dela. A namorada ajudara muito. Dera todo o apoio de que eu carecia. Contei-lhe os passos que tinham sido dados. Fiquei feliz com seu entusiasmo e com seu orgulho de mim.

Ela estivera na reunião da FOS para conhecer Maria Augusta e fora muito bem recebida. A professora lhe apresentara várias pessoas ligadas a organizações assistenciais. Magda conhecera o dono da revista *Reviver* e lhe falara sobre mim. Quando disse que eu escrevia, o homem quis um artigo meu sobre tudo o que ela contava.

Maria Augusta queria saber no que poderia colaborar conosco. Afirmou que viria à penitenciária para me conhecer e conversar com o diretor sobre os cursos de prevenção à AIDS. A engrenagem começava a rolar.

Na segunda, fui ao sanatório falar com o Rafa para saber o que dizer à mulher, quando viesse. Procurei-o em sua cela e não o encontrei. Alguém me avisou que ele estava no xadrez do Santista. Um dos que nos ajudara a limpar e reformar a "igreja". Sujeito magro, branco demais, mas ativo. O que ali era uma dádiva. A maioria vivia na cama, sem forças para nada. Ele teria uns vinte anos, quase um adolescente. Exibia um sorriso, murcho porém constante.

Entrei na sua cela. Rafa lidava com o liquidificador. Batia um líquido cor de mamão. O Santista estava deitado. Agora só pele e ossos. Os olhos esbugalhados. Tentou sorrir ao me reconhecer, mas fez careta. O amigo enfermeiro cumprimentou-me e continuou compenetrado em sua tarefa.

Contei ao Rafael sobre o contato com Maria Augusta e das possibilidades de ela vir nos visitar. Nisso, ele terminou o suco que preparava. Despejou num copo plástico grande. Passou manteiga num pão doce. Colocou o copo e o pão nas mãos descarnadas que Santista esticava da cama. O doente fechou as mãos, como garras, em torno do alimento. Mordeu o pão com imensa dificuldade e levou o copo à boca. Rafa só observando. Quando percebemos que Santista mastigava quase que normalmente, voltamos a conversar.

Falei sobre o artigo para a revista, pedi que ele me desse uma idéia. Queria ajudar, escrever algo que pudesse ser útil para os companheiros do sanatório. De repente, Rafael deu um salto. Observei que o copo estava escapando das mãos do Santista. O amigo o alcançou na descendente, quase no ar. Pegou o pão e, pacientemente, levou-o à boca do rapaz. Que não queria, virava o rosto, rejeitando.

Rafa como que se transformou, o rosto agora rude e ameaçador. Começou a gritar um monte de obscenidades. Subiu na cama e botou o doente entre suas pernas. Com a mão direita, forçou-o a abrir a boca e enfiou o copo de suco em seus lábios. O cara quase engasgou, mas foi engolindo, forçosamente. Os palavrões o incentivavam. E assim, na marra, todo o copo de suco lhe desceu goela abaixo.

O amigo tentava ajudar o infeliz a viver. Santista precisava enfrentar o desânimo e a dor de garganta (conseqüência da candidíase) e ir um pouco além. O rapaz se entregava. Aquilo me impressionou vivamente. Saí dali tendo Rafa como herói.

Pronto, encontrara um bom tema para o artigo. À noite, escrevi o que vivera naquele momento dramático. Dia seguinte, mandei para a revista.

Durante a semana fiquei conhecendo mais de perto as freiras. As irmãs Bianca e Josefina. A primeira, francesa. Delicada, mas uma guerreira. A diretoria da casa a odiava por suas lutas pelos presos. Viajada e conhecida internacionalmente. Sóror Josefina era alemã. Um tanque da divisão Panzer. Compacta e de gestos bruscos.

O trabalho de irmã Bianca era de profundidade. Ela lutava para conseguir remédios caros e assessorava Michele e Ié. Esforçava-se para que não lhes faltasse material na enfermagem. Também visitava os mais doentes.

Irmã Josefina realizava um trabalho direto com os enfermos. Cantava e orava com o pessoal. Fazia pequenas pregações, distribuía balas, doces e santinhos. Ela gostava deles, a gente via em seus olhos. Arrastava erres como um antigo personagem do Jô Soares.

Domingo Magda veio excepcionalmente alegre. Trazia a *Reviver*. Meu artigo fora publicado. Segundo todos que tinham lido, inclusive o dono da revista, estava muito bom. A namorada era só elogios. Eu queria mostrar o artigo ao Rafael, era ele o herói. Santista havia morrido na sexta. Desistira de lutar.

Foi aí que pude observar a seriedade do trabalho do Ié e da Michele. Eles lutaram durante dois dias para salvar Santista. Sabiam quase inúteis seus esforços, as chances eram mínimas. O rapaz atravessara a linha divisória entre a vida e a morte. Mas tentaram até o último momento. Salvar um daqueles pobres condenados tinha algo a ver com salvarem a si mesmos.

Santista morreu de insuficiência respiratória. Seus braços e pernas ficaram esticados, em seu desespero por ar. Os carregadores do IML chegaram com um caixão de aço em cima de um carrinho. As rodinhas, sem graxa, produziam um guinchado sinistro. Causava calafrios. A galeria em silêncio, cada um com seus pensamentos, absolutamente sós.

Quando o cadáver ficava assim rígido e era impossível colocá-lo no caixão, eles simplesmente lhe quebravam os ossos. Michele fazia de tudo para impedir. Eu a vi acender vela, pôr numa mesinha e massagear os braços de Santista. Ela pronunciava estranhas palavras, algo a ver com o budismo que professava. E logo aqueles braços, que pareciam de pau, se acomodavam ao lado do corpo. Aquilo me impressionou profundamente. Michele dizia que seus pacientes tinham de ir bonitinhos para o túmulo.

Era a rotina do Ié e da Michele. Dr. Gustavo participava ativamente e orientava-os. Trazia remédios do hospital onde trabalhava, amostras grátis que recebia dos laboratórios. Uma grande luta pela vida. Eu ficava olhando, admirando, amando aquela gente. Nem sempre consegui vê-los como iguais: eram melhores, muito melhores do que eu.

Eu estava estudando, lendo sobre a AIDS, algo me impulsionava. Existia até uma desconfiança de que fosse portador do vírus, apesar do resultado do exame. Rubens morrera daquilo. Mulheres com quem estive haviam estado com ele. Quase todas tinham morrido. Fiz novo exame. Nada. Outro alívio. Principalmente porque, se eu fosse soropositivo, teria contaminado Magda e não me perdoaria.

Mostrei o artigo a Rafael, e ele exultou. Sentiu-se reconhecido em seus méritos. Comprometeu-se, dali por diante, a somar comigo. Mas, eu sabia, ele não era capaz de lealdade extremada. Um sobrevivente — antes de tudo, estaria preocupado em sobreviver.

Eu já fora um sobrevivente. Em parte, enquanto aprisionado, ainda me sentia assim. Sabia como funcionava. Tudo se tornava relativo, a idéia era que todos nos abandonariam. Estaríamos sós, sempre. Nós e a prisão era o que restaria.

Passei a freqüentar o sanatório três a quatro vezes por semana. Levava sempre alguma coisa. Revistas, material de higiene, de escrita, livros e comestíveis. Ia de cela em cela, cumprimentando e dando atenção a todos. Particularmente aos recém-chegados. Em geral, vinham muito doentes. Em coma ou moribundos. Maior dificuldade para avisar seus familiares.

Eu buscava saber do que os novos companheiros precisavam de mais urgente. Um telefonema, uma carta, material de higiene, roupas, coisas que podia conseguir de imediato. Aos poucos, fui aprendendo com Michele o que seria importante passar aos que chegavam, em termos de idéia e mensagem.

Tanto ela como Ié acreditavam na força de vontade e na determinação. Se o portador do vírus lutasse por sua vida, conseguiria preservá-la. Indispensável manter uma atitude positiva. Acreditar na sobrevivência. Michele dava provas daquilo. Fora um dos primeiros trezentos casos detectados. E pelo Instituto Pasteur, na França, onde morava então. E estava ali. Forte, sadia e cuidando dos outros. Se morresse, seria do coração: era cardíaca. Fora dada por morta três vezes. Mas sempre voltava em pleno vigor, pela vontade de viver.

Ambos haviam presenciado e acompanhado centenas de óbitos. Diziam que noventa por cento dos companheiros morriam de doenças pulmonares.

A mensagem a ser passada aos recém-chegados era que a vida deles dependia de seus esforços pessoais. Precisavam querer viver de fato, assumir uma atitude de luta, não se entregar. Importante seguir o que receitava o médico. Eu sabia que não era bem assim, a doença não tinha cura. Mas acreditava numa sobrevida. Sadia e com qualidade.

O apoio familiar era fundamental. Daí porque a preocupação em restabelecer a comunicação dos novos companheiros com os seus. O Storai, assistente penal, buscava nos apoiar. Era responsável pelos telefones. Fazia as ligações necessárias. E com muito boa vontade. Até os funcionários mais cruéis, que se aproveitavam da situação para exercer sua desumanidade, temiam aquele lugar. Havia medo, muito medo.

Magda fez cursos na Federação de Obras Sociais e tornou-se multiplicadora de informações sobre a AIDS. Aliás, a FOS promoveu um curso para o pessoal da casa adstrito à Diretoria de Saúde. Muitos funcionários foram esclarecidos.

O sanatório, que para quase todos parecia um inferno, para mim era um santuário. Se eu pudesse, moraria ali. Sentia prazer enorme por mínima fosse a ação. Aquilo me alimentava. Como se a alma, cheia de sol, descansasse à sombra de árvore frondosa. Meu coração transbordava de vontade de fazer alguma coisa por aqueles companheiros. Eu os amava naturalmente, em suas dores e sofrimentos, sem frescuras religiosas, e jamais pensei em recompensas. Tornava-me melhor para mim mesmo. Começava a gostar de mim de verdade.

Aos poucos, passei a freqüentar assiduamente as celas da Michele e do Ié. Pessoas vividas, cultas e interessantes. A amiga me falava muito da Europa, da França e de Paris. Contava suas aventuras. Transformei-a em minha confidente. Com ela eu ia desabafar. Rafael, como fora previsto, se afastou de mim. Era inimigo de meus novos amigos, o que eu podia fazer?

Na penitenciária, as matanças estavam controladas. A política dos direitos humanos, as liberações e a visita íntima tornavam o preso menos violento. O sr. Guilherme, diretor penal, tinha uma rede de informantes esparramada pelos pavilhões. De tudo ficava sabendo, e se antecipava. Dirigia a cadeia com mão de ferro.

Toda vez que surgiam problemas na prisão, entrava sozinho.

Seguia pelos pavilhões e convocava os notáveis para discutir as questões. Como trabalhava fazia vinte anos com presos, conhecia todo mundo. Quando apareciam os companheiros para o debate, mandava que alguns voltassem para a cela. Sabia quem era quem e a quem devia respeitar.

Minha relação com Magda estava ótima. Era tudo muito natural, assim, saído do coração. Minhas mãos faziam-se de seda para acariciar seu rosto. Ela doce, os olhos derramados de ternura. Todos os meus movimentos eram em direção a ela.

No sanatório, a amizade com Michele e Ié provou-se produtiva. Michele estivera envolvida com uma organização de tráfico de escravas brancas. Agenciavam travestis e mulheres no Brasil, na América do Sul, para trabalhar para eles, na Europa. A sede era em Paris. Possuíam prédios inteiros de apartamentos. Ali os infelizes eram mantidos na prostituição e controlados.

Um casal de repórteres começou a investigar a organização. Levantaram farta documentação que comprometia todos ligados à quadrilha. Foram assassinados. A polícia fez investigações e acabou chegando aos envolvidos, inclusive a Michele.

Nessa época, nossa amiga soube que era portadora do vírus da AIDS. O médico a aconselhou a retornar a seu país de origem. Que procurasse acertar suas contas, fizesse um testamento e curtisse a família. O choque fora imenso. Ela julgou morreria logo. Tornou-se budista. Quando voltou ao Brasil, se viu envolvida naquele duplo assassinato. Decidiu assumir a autoria. Não tinha nada a perder. Protegeria pessoas a quem devotava amizade, com as quais se achava compromissada.

Condenada a vinte e dois anos, presa e remetida à Casa de Detenção. Michele adoeceu e logo foi encaminhada ao sanatório penal da penitenciária.

Antes de se saber soropositiva, vivia voltada para si mesma. Suas vaidades, egotismos e mesquinharias. A doença levara-a a penetrar outro mundo. Ela fora obrigada a trabalhar a mente para poder sobreviver. E repensou seus valores. Combateu seu egoísmo, sua fraqueza, e conquistou uma espécie de fé.

Ié era malandro. Criado no crime desde criança, tinha a mente de um criminoso. Mas, dentro de si, uma colossal contradição. Era profundamente humano. E determinado e eficiente em extremo. Tratava dos enfermos com dedicação e empenho. Eu o vi gastar tudo o que possuía na compra de remédios e alimentos para eles. Muitas vezes. Vi-o também ressuscitar cadáveres, salvar companheiros em coma profundo. Suando em volta da cama de doentes que agonizavam por horas a fio. No entanto, ele estava envolvido no tráfico de maconha e cocaína da prisão. Aqueles de quem tratava eram os mesmos a quem vendera drogas.

Fiz uma amizade enorme com eles. Quase todo dia, após o almoço, ia lá, tomar uma caipirinha de álcool. Virou tradição. Conversávamos muito. Por meio deles, me aproximei dos companheiros em tratamento. Aos poucos fui me sentindo à vontade entre os caras. Aprendera um jeito de conquistá-los. Ajudava no que podia.

E não fazia aquilo por dó ou caridade. Fazia porque era preciso fazer. Existia uma necessidade, e eu estava ali presente. Eu mesmo não entendia.

Havia os momentos de depressão. E não eram poucos. Magda me escrevia sem carinho, e a tristeza pegava. Eu sabia que a perderia e ficava revoltado. Com minha situação de não sair mais da cadeia. Com ela, por ser tão fraca, porque me abandonaria. Minha carência e ansiedade eram maiores que sua capacidade de me dar amor.

Filhos, irmãos, amigos... Aos amigos ela nada contava de nós. Os que souberam, foram contra. Sabiam de minha existência. Imaginavam eu fosse apenas uma boa ação dela. Ela não dizia que nos amávamos. Incapazes de entender que eu poderia fazê-la feliz, mesmo ali preso.

Perseguíamos uma felicidade que sabíamos inexistente. Vivíamos os momentos de alegria que conseguíamos qual fossem eternos. Eu, determinado. Ela, oscilante. Jamais foi firme de fato. Não lhe era fácil amar um homem aprisionado, que nem sabia quando sairia.

A espera nas filas de entrada na penitenciária desgastava profundamente. Uma excrescência do sistema prisional. Senhoras de idade avançada, mães carregando filhos pequenos, mulheres grávidas, homens e crianças permaneciam em pé horas a fio.

Magda sempre chegava neurótica. Soltando os bichos. Eu procurava compreender. Cercava-a de beijos e carícias para relaxá-la. Amava aquela mulher e procurava estar à altura. Embora soubesse que nunca estaria. Sempre haveria algo errado em mim.

No sanatório, muitos companheiros com sapinhos, sem poder mastigar nem engolir. A casa só fornecia alimentação sólida. Havia também aqueles que, de tão doentes, já não conseguiam comer. Falei com Nelsão, da copa da diretoria. Irmãozão, como sempre, se propôs a ajudar. Toda semana eu ficava na entrada para a copa. O amigo roubava uma lata, dessas de vinte litros, cheia de tomate, cebola, batata, pimentão, alho, mandioquinha, legumes em geral.

Eu conversava com algum guarda do meu setor de trabalho. Pedia que me escoltasse até a entrada do sanatório. Só ali estaria seguro. Se fosse pego, iria para a cela-forte. A infração, de natureza grave, seria furto qualificado. Podia até sobrar processo.

Com aqueles ingredientes, Michele fazia um sopão muito nutritivo. Coava e oferecia aos companheiros incapazes de comer.

Eu convivia com aquele tipo de coisa com naturalidade. Jamais fora bom. Nem pensava ser. Não considerava que fazia o bem. Para mim apenas uma contravenção, eles precisavam. A satisfação de vê-los se alimentando já era suficiente. Os riscos faziam parte do fato de estar cumprindo pena.

Havia muitos homossexuais ali. Alguns impressionantes, donos de personalidades invulgares. Paulinha era assim. Elétrica, bem-falante e espertíssima. Chegara muito mal. Cheia de doenças bravas. Visitei sempre que pude. Rápido conquistou minha simpatia, com suas maneiras educadas e vontade de agradar.

Quase impossível vê-la como homem, tal a sua feminilidade. Ela era detalhista em extremo. Me tocava a percepção que tinha de mim. Parece, me observava com muita atenção. E procurava dizer ou fazer exatamente o que eu apreciava.

Claro, eu tinha consciência do que representava para cada um deles. Isso não me envaidecia, muito pelo contrário. Eu queria que gostassem de mim. Não do que eu representava ou poderia fazer por eles. Mas era perfeitamente compreensível.

Paulinha conhecia meus horários. Então, quando eu chegava, estava sempre a minha espera. Ia pegando em meu braço, qual fosse uma mulher, e me levando para sua cela. Servia café quente, que, sabia, eu gostava muito. Acendia um cigarro e ficava conversando. Um diálogo leve, agradável. Seus elogios sutis lustravam meu ego e faziam bem.

À medida que foi se restabelecendo e fortalecendo, recomeçou a tomar anticoncepcionais. Assim adquiria hormônios femininos. Não sei bem se era só isso. O fato era que ela não tinha barba e que seu corpo possuía formas femininas, com seios e tudo. Ficou bonita, viçosa e muito disputada. Tinha diversos admiradores e até apaixonados.

Continuou a me tratar com a maior deferência, embora não precisasse de mim. Havia companheiros que davam tudo que ela necessitasse. Era rainha; seu reino, toda a penitenciária. Os que estiveram com Paulinha na cama diziam maravilhas. Ela se prostituía. E gostava. Viver, para ela, era ser para o outro em termos do gozo que podia proporcionar. E não dava prazer somente com a bunda bonita e bem formada. Com sua simpatia, alegria, seu jeito de agradar, nos fazia contentes a seu lado.

Seu poder de atração era extraordinário. Desde o princípio procurou exercer sedução sobre mim. Quando o plantão dos guardas era "limpo", vestia saia e se maquiava. Sentava mostrando as pernas longas e bem-feitas. Arrebitava a bundinha e fazia poses provocantes. Sempre que podia, esbarrava, esfregava e encostava. Em suas conversas, deixava claro que eu tinha todas as chances com ela. Cercava-me, mas sem opressão ou grosseria. Constantemente gentil e sedutora.

Claro, tamanha atenção e cuidado mexiam comigo. Afinal, a bicha mais cobiçada da cadeia me queria. E eu não era impermeável a isso. Mas havia também a idéia de fidelidade. Sentia-me apaixonado por Magda. Ela me satisfazia inteiramente, eu pensava.

Vivia para os domingos. Os outros dias só existiam para me exasperar, para me cansar. Era toda uma produção. Sexta eu entrava no clima de domingo. Sábado era intermediário. Lavar roupas, lavar cela, compor o ambiente.

Segunda eu ainda estava sob efeito dos muitos beijos e de muito amor. (Depois que ela saía, nem tomava banho para conservar seu cheiro no corpo.) Corria no pátio cheio de energia e vitalidade. A mente abstraía todo o espaço e se voltava para o vivido. Sempre feliz às segundas.

Terça começava a angústia. Eu jogava meu coração nas palavras escritas. A namorada mandava cartas enormes. Só que nem sempre amorosas. Queria me moralizar, enquadrar nas idéias. Fazer-me melhor. Vivia a me criticar. Aquilo me aborrecia. Eu queria amor, carinho e tesão.

Sabia que pouco adiantaria minha dedicação e tanto amor. Ela me deixaria, mais cedo ou mais tarde, eu não tinha dúvida.

Meus inimigos venceriam dentro dela. Eu não iria embora tão cedo. Minha pena — eu não me enganava, odiava mentir a mim mesmo —, quase perpétua. Magda não suportaria, ficava claro para mim. A qualquer momento seria abandonado. Não podia culpá-la. Era humanamente impossível suportar.

Quando eu entrava nessas cogitações, a depressão me tomava. Sentia revolta contra a namorada também. Desamava-a, de repente. Corria para o sanatório. Visitar amigos doentes, desabafar com Michele, encher a cara de caipirinha de álcool. Conversar com Paulinha.

Ela começava a se manifestar atrevida. Aos poucos suas mãos iam a lugares indevidos. Ao me sentir excitado, empolgava-se. Aí eu recuava. Não permitia ultrapassasse limites. Sabia que a partir de certo ponto ficaria impossível não ceder. Havia vontade nela, também esperteza e necessidade de sobrevivência. Eu era o fornecedor. Quase todos ali me viam como fonte. Principalmente de comida e drogas. Sempre alguém queria me seduzir para que trouxesse drogas do pavilhão. Paulinha forçava uma barra.

Renatinho recém completara dezoito anos e já fora preso. Recebera o vírus na corrente sanguínea ao compartilhar seringas hipodérmicas. Presentemente, estava com tuberculose, pneumonia e herpes genital. Mais tomava comprimidos do que se alimentava. Esquema tríplice, duplo, um monte de remédios que Michele lhe ministrava entre carinhosa e enérgica. Ele doce, mas fraco em sua vontade.

Demasiadamente apegado à mãe e aos irmãos. Quando vinham visitá-lo, ele se animava. Alimentava-se bem e até me pedia que o ajudasse a descer para o pátio de recreação. Mas, quando demoravam para vir... Não comia, não tomava os remédios, e as doenças o dominavam, a ponto de temermos por sua vida.

Numa dessas quedas, em que ele chegou ao fundo do poço, Michele escreveu à mãe do rapaz. Explicou que Renatinho necessitava de sua presença, caso contrário morreria. Indignava-nos o abandono em que aquela mãe deixava o filho. Ela deveria saber o quanto era necessária para a sobrevivência dele. E Michele foi contundente, pegou pesado em sua carta.

A resposta nos deixou sem ação. A mãe dizia que, além de Renato, tinha três filhos pequenos. Morava de favor na casa da irmã e trabalhava de faxineira diarista para sustentar as crianças. Não podia deixar os três sozinhos para vir visitá-lo. Ele pedia comestíveis, por carta. Ela não podia tirar da boca dos pequenos. Falava mais de sua vida de lutadora cansada, sofrida.

Claro, só podíamos compreendê-la e respeitá-la. Cuidávamos dele com mais atenção. Tentávamos compensar a falta da mãe. Mas nada conseguimos, e ele foi minguando.

Dias depois, eu fazia visita ao pessoal mais doente e aproveitei para passar na cela de Renatinho. Olhei pelo guichê. Irmã Josefina sentada na cama e ele deitado. Estranhei. As irmãs raramente entravam nas celas. Jamais sentavam na cama. Não ficava bem. Afinal de contas, eram mulheres, e aquilo, embora não parecesse, não deixava de ser cadeia.

Entrei, ela colocou o dedo nos lábios, pedindo silêncio. Disse, baixinho, que o rapaz estava morrendo. Fiquei em pé, a sua cabeceira, sem saber o que fazer ou dizer. Renatinho respirava com dificuldade, já inconsciente. Seu pescoço inchava e murchava. Os pulmões não funcionavam mais.

Pedi a Deus, desajeitadamente, que ajudasse o amigo em agonia. Achava que não seria o fim mesmo. A irmã orava em voz alta. Meio sem perceber, comecei a acompanhá-la. As orações, eu aprendera na infância. Vieram à mente inteiras, como que tiradas de dentro de meu coração, ali, cheio de afeto pelo rapaz. Aquela emoção me embalou. Vivi o mantra daquelas palavras mágicas, certo de que era tudo o que podia e devia fazer.

A respiração parou. Irmã Josefina me olhou e disse que Renato tinha morrido. Algo me dizia que não. Ele voltou a respirar. Mas eu sabia, nem imagino como, que seria apenas por mais um instante. O rapaz nos olhou, relaxou e entregou sua noite ao dia antigo e calmo. Um meio sorriso apareceu para nós. Um agradecimento. Seus olhos se fecharam como um manto de névoa.

A religiosa recomendou Renatinho a Deus. Olhou-me e sorriu. Levantou-se, deu-me um abraço forte. Havia tanta emoção, tanta verdade naquele abraço, que me senti abençoado, perdoado por tudo o que fizera.

Saímos da cela sem dizer palavra. Sabíamos o que fazer. Ela foi avisar o guarda, e eu fui buscar Michele para que cuidasse daquele corpo sem vida. O estranho, terrível e maravilhoso, era que eu estava feliz, envolto em paz.

22.

A vida seguia sua rotina na prisão. Os assassinatos se sucediam mais espaçadamente, o cano de ferro comia solto mas apenas à noite, escondido. Os companheiros, como sempre, viviam mal-humorados, neuróticos, tangenciando os limites da loucura.

Sentia-me exceção. Amava e era amado, apesar dos constantes abalos. Trabalhava num setor em que meu desempenho fazia a diferença. O chefe e os guardas da seção me respeitavam. Eu havia conquistado uma confiança que me abria espaços.

Na época da escravidão, os africanos, depois de um tempo nas fazendas e engenhos, construíam uma identidade além da de escravos. Então eram ferreiros, mestres de engenho, domadores... O mesmo se dá com alguns de nós. Criamos uma identidade além da de presos. Então somos escriturários, professores, marceneiros, pedreiros, encanadores...

Essa a minha diferença. Eu era alguém na multidão. Fazia exercícios de escrita elaborando textos. Todos a quem mostrava aprovavam. Magda esforçava-se por publicá-los. Mas eu escrevia sem muitas esperanças. Se ela e os mais próximos gostassem, tudo bem.

Magda estava dividida e minada. Seus sentimentos, oscilantes, passaram a torná-la infeliz. Afora as filas quilométricas, debaixo de sol e chuva, para entrar na prisão, a humilhação constante, as piadinhas e olhares maliciosos dos funcionários a esgotavam. Tudo a magoava demais. A maldade nua e crua que ela percebia no ambiente carcerário fazia-se inteiramente incompatível com sua formação.

Despejávamos agora duas latas de temperos, legumes e verduras por semana no sanatório. O Nelsão e outro amigo, o Carequinha Fiostoski, que trabalhava na cozinha, eram essenciais.

As emissoras de televisão, toda vez que abria vaga em sua programação jornalística, iam fazer matérias ali. E, quando aparecia uma, em seguida chegavam as demais. Sempre escoltadas por vários brutamontes do Choque. Totalmente dirigidas para uma única finalidade: sensacionalismo. Queriam mostrar só os moribundos, exibir as caveiras. Filmavam de um modo tal que aqueles que assistiam sentiam horror e queriam distância de todos nós.

As estatísticas que apresentavam acerca de presos infectados pelo vírus HIV, as mais absurdas possíveis. Segundo eles, mais da metade dos presidiários eram soropositivos. Não sei onde colhiam tais dados, se eram reais mesmo. Na minha opinião, tudo sensacionalismo. Faturavam em cima da miséria e desgraça de muitos.

Tinha chegado um companheiro chamado Marcelo. A doença afetara-lhe a cabeça. Era preciso mantê-lo amarrado na cama e alimentá-lo na marra. Estava enlouquecido. Quando solto, avançava nas pessoas. Mastigava o tubo de soro e até o coletor de urina.

Dr. Gustavo assumira cargo de importância em hospital especializado em doenças infectocontagiosas. Depois de cinco anos de sanatório penal, tornara-se um especialista no tratamento da AIDS. Por conta disso, foi obrigado a abandonar o magnífico trabalho que realizava na prisão. O sanatório virou o caos. Não havia mais médico exclusivo. Os que vinham dar atendimento aos doentes sabiam menos que os presos-enfermeiros e eram orientados por eles.

Assim, o caso do Marcelo foi ficando sem solução. Os dias passaram, e o rapaz ali, amarrado como um animal, definhando e morrendo aos poucos. Quando, por nossa luta, conseguimos removê-lo para o Instituto Emílio Ribas, estava no fim. Não voltou.

Na época, finalizavam a construção de um hospital-prisão para doenças infectocontagiosas, no terreno da penitenciária. As autoridades estavam ganhando alguma consciência. Já não era sem tempo.

Domingo Magda chegou chorando. Eu não sabia o que fazer, além de beijar suas lágrimas. Depois de acalmá-la, consegui que desabafasse.

Na sexta, ao voltar do trabalho à noite, fora abordada por um sujeito armado que a obrigara a ir com ele ao terreno baldio ao lado. Assustada, a princípio seguiu as ordens. Seria um estupro. O tarado tirou o sexo para fora e mandou que ela chupasse.

De repente, ela foi tomada por uma fúria que desconhecia. Agrediu o cara com a bolsa e fugiu para a rua gritando por socorro. O estuprador atirou, errou e saiu correndo. Homens de uma padaria próxima a acudiram. Pela primeira vez em sua vida lidava com a violência assim crua. Estava profundamente abalada.

Na madrugada de sábado, o depósito de ferro-velho do cunhado dela fora assaltado. O rapaz tinha sido assassinado ao tentar reagir. Sua irmã encontrava-se sedada no hospital. Ela só viera porque precisava chorar comigo. Teria que sair mais cedo para o enterro.

Senti que ela lutava para acreditar que eu era diferente do sujeito que matara o marido de sua irmã. Ninguém, a não ser seu coração, lhe dava garantias de que eu não faria aquilo também. Aliás, as pessoas que ela conhecia esforçavam-se para lhe dar a certeza do contrário. Bandido é sempre bandido mesmo. Nem minha mãe, que era sua amiga, acreditava em mim.

Magda achava-se entre a cruz e a caldeirinha. A realidade fora esfregada em sua cara, e meu passado confundia-se com seu presente. Mas, assim mesmo, me amava, e continuaria apostando todas as suas fichas em mim, teimosamente. Não seria induzida jamais, afirmava. Colocava sua vida inteira em seu compromisso comigo. Coisas da paixão.

Encontrava-me na seção trabalhando quando Rafael (o da rua) veio me procurar. Como sempre, preocupado com o pessoal do sanatório. Eu tinha uma pequena biblioteca bastante seleta. Ele estava atrás de um livro sobre suicídio. Por sorte, eu tinha o tal livro. Explicou-me que chegara um preso, vindo do 39º DP, que tentara suicidar-se. O livro era para ele, cujo apelido era Cacá.

Dia seguinte, fui ao sanatório. Ao passar por uma das celas, vi um sujeito mal-encarado e meu livro em sua cama. Adentrei, o cara me olhou feio. Perguntei como estava. Não respondeu. Tentei dialogar, não consegui. O semblante fechado. Despedi-me e saí andando, incomodado com seu silêncio.

Conversei com Rafael. Pediu que eu desse um tempo. O homem ainda se recuperava. Ele iria trabalhá-lo. Uma semana depois voltei àquele xadrez. Dessa vez fui bem recebido. O sujeito sabia até meu nome, Rafael havia falado de mim. Puxei conversa sobre o livro que ele estava lendo e eu conhecia bem. De repente, duas grossas e lentas lágrimas desceram de seus olhos. Em seguida ele me olhou, pôs as mãos no rosto e abriu o dique. Quando se acalmou, pediu desculpas e começou a contar o que lhe oprimia.

Estivera preso por onze anos. Após longa e tortuosa luta, saíra da cadeia. Com a ajuda de suas irmãs e da mãe, conseguira se reinserir na sociedade. Casou-se com uma garota que conhecia desde pequena. Vizinha e cunhada de sua irmã mais velha. As duas famílias já se integravam fazia algum tempo. Tiveram dois filhos. A menina agora tinha oito anos e o menino, quatro.

Cacá não vivia de roubos. Trabalhara cerca de dez anos de sua vida. Desse modo construíra sua casa no terreno da sogra. De vez em quando, premido pelas dívidas e prestações a pagar, dava uns pulos. Assim fez sua história. Amava a esposa e os filhos. A sogra era uma segunda mãe, uma grande mulher. Criara os quatro filhos sozinha, depois da morte do marido, com muita luta e trabalho.

Então sua companheira adoeceu. Uma infecção simples que os médicos tiveram a maior dificuldade em debelar. Tão problemático foi o tratamento que os doutores resolveram fazer um exame de sangue mais acurado na paciente. O resultado foi trágico: contaminada pelo HIV.

Como acontecera aquilo? A mulher o acusava. Fora ele quem trouxera o vírus para dentro de casa. Forçou para que o marido também fizesse o exame. Não deu outra: contaminado!

A vida tornou-se um inferno. Um incriminava o outro. As brigas se sucediam. Por tudo e por nada. Eles não escolhiam hora nem lugar. As crianças assistiam àquele triste espetáculo, desesperadas, inseguras, sem entender.

As duas famílias ficaram chocadas, e de olho no casal. A mulher era muito querida pela mãe e pelas irmãs dele. Todos, preocupados com as crianças, acompanhavam o drama, impotentes.

Até que um dia, quando discutiam na cozinha, na frente das crianças como sempre, houve o desfecho. As ofensas, as mais graves possíveis. De repente, partiram para a agressão física. Cacá, magro e fisicamente mais frágil que a esposa, acabou apanhando. Não pôde aceitar. Foi pegar o revólver no quarto e ameaçou-a, para que se contivesse. A mulher, não suportando mais aquela pressão, ensandecida, tomou de uma faca e foi para cima dele.

O disparo foi ouvido pelo quarteirão inteiro. Sua cunhada chegou correndo, assustada. Deparou com a irmã agonizante, ele com a arma na mão e as crianças gritando, desesperadas. E não teve dúvidas: também partiu para cima dele. Outro tiro ecoou. Ensurdecido, Cacá fugiu.

A sogra encontrou as duas filhas caídas no chão. Uma já morta e a outra sangrando abundantemente. Esta foi socorrida por familiares e vizinhos, que acudiram também as crianças em choque.

Ele pegou um trem, sem saber para onde ia. Em sua mente a mulher ainda estava viva e eles discutiam. Passou dois dias viajando sem destino. Parecia estar sozinho no mundo, não enxergava ninguém. Um zumbi. Abestalhou-se para não pensar, para não enlouquecer de dor.

Em Marília, desceu. Entrou num armazém e pediu lápis e papel. Rabiscou algumas palavras e entregou o bilhete para o balconista. Perguntou se dava para entender o que estava escrito. Quando o rapaz acabou de ler, olhou-o, espantado. Ele estava com o revólver apontado para o próprio coração. O vendedor pulou o balcão na tentativa de impedi-lo. Conseguiu esbarrar na arma. O tiro ecoou por todo o estabelecimento. A arma caiu para um lado, e o suicida para o outro.

Socorrido, Cacá sofreu uma cirurgia delicada. A bala atravessara o pulmão, não atingira o coração por milímetros. No bilhete, ele explicava por que ia se matar. No hospital o identificaram e algemaram à cama. Quando se recuperou, foi levado à delegacia do bairro onde residia, processado e preso preventivamente.

Então mergulhou em si, denso de tragédia. Afogou-se na dor, na miséria de ser aquela pessoa. O remorso foi maior que a vontade de viver. Ele quis se punir. Com uma gilete cortou os pulsos e, com uma tira de lençol, tentou enforcar-se no banheiro do xadrez. Por sorte (ele dizia azar), o carcereiro passava pela galeria e ouviu seu gemido ao se soltar, pendurado pelo pescoço. Ele foi socorrido e salvo, novamente. Mostrava-me os pulsos, ainda cicatrizando.

Deixou de se alimentar. Só comia pão e tomava café. Não demorou para desenvolver uma pneumonia. O delegado, ciente de que Cacá era portador do vírus da AIDS, esforçou-se por encaminhá-lo para onde pudesse receber tratamento. E ali estava ele, com sua história.

Olhava-me como que esperando alguma coisa de mim. Impressionado, eu já me envolvia naquele drama, sem perceber e sem saber o que dizer.

O que poderia fazer ou falar diante tamanha tragédia? Senti de novo o peso de minha impotência e inutilidade. Não me preparara para fatos tão pungentes. Mas seria inteiramente impossível ficar isento. Pedi apenas que ele tivesse calma, alguma coisa haveria de acontecer.

Seu maior desespero era com relação aos filhos. Nunca o perdoariam. Nova crise de choro o acometeu. Senti na pele, nos ossos, a solidão e o sofrimento extremado daquele homem. Aquilo me doía demais e me fez voltar aos momentos mais terríveis da minha vida. Choramos juntos. Ficamos qual crianças indefesas diante de nossa própria crueldade.

Quando conseguimos nos controlar, só pude dizer uma coisa. Que contasse comigo enquanto estivesse por ali. Eu o visitaria sempre e o acompanharia até que se recuperasse. Ele por demais enfraquecido, magro, seco. A pele acinzentada. O mais incrível era que, dentro de seus olhos, vi que sentia dó de mim. De minha angústia de ouvir sua história sem poder fazer nada para ajudá-lo. Havia, ainda, muita coragem e coração naquele homem embrutecido. Tanto que ele mudou as feições e tentou um sorriso.

Imediatamente me recompus. O diálogo, então, fluiu. Cacá

pensava que nem a mãe nem as irmãs queriam mais saber dele. Amavam sua esposa e não o perdoariam. Isso, ao mesmo tempo que o destruía, aliviava um pouco sua dor. Ele queria punição. Dizia que, da próxima vez que tentasse, conseguiria se suicidar.

Rafael se comprometera a ir à casa dele, conversar com sua irmã mais nova. Ele queria notícias das crianças e da mãe. Temia haver cometido um mal maior, com seus filhos. Precisava saber o que acontecera, preso havia quatro meses.

Visitei-o a semana toda. Na segunda-feira ele me esperava, cheio de novidades. Rafael trouxera sua irmã mais nova para visitá-lo. Sim, a família o condenava, mas não o abandonaria. A cunhada se recuperava do ferimento. A família da esposa odiava-o. A sogra nem podia ouvir falar nele que sofria crise nervosa. Seus filhos estavam com ela.

O pior era o menino. Com o choque, perdera a fala. Desde a morte da mãe, não dissera uma só palavra. A menina chorava pelos cantos, querendo a mãe. Para quase todos no bairro, Cacá era um monstro assassino. Ele mesmo se sentia assim.

Apesar de tudo, a irmã o amava. Fora criada com sua finada esposa, colegas de classe na escola, amigas inseparáveis. Mas ela o tinha no coração. Não conseguia odiá-lo. Prometeu trazer a mãe no domingo seguinte. Estavam reanimando-o.

Na outra semana, com a vinda da mãe, o perdão da família. Cacá começava a andar pela galeria. Aos poucos foi se recompondo, ganhando saúde e disposição. Ainda chorava, e a dor era um buraco sem fundo. Mas as idéias de suicídio foram sumindo de sua mente. Nossa amizade cresceu muito. Ele se apegara demais a Rafael. Aderiu de corpo e alma à religião esposada pelo amigo. Parecia-lhe o único modo de entender seu caso. A fé, a racionalização da tragédia, o levaram a se permitir viver e encarar as conseqüências.

Recuperado, saudável, recebeu alta e foi encaminhado para

o distrito de onde viera, o 39º. Semana seguinte, mandou carta relatando as péssimas condições da delegacia. Superlotação, falta de remédios etc. Mas ele estava firme. Rafael foi visitá-lo e trouxe mais queixas dele.

Infelizmente, o sistema imunológico de Cacá estava sendo detonado pelo vírus. Eu trabalhava em minha seção, quando ele voltou. Logo que soube, fui ao sanatório, preocupado. As recaídas costumavam ser fatais.

Ele me sorriu da cama quando adentrei a cela. Havia saudade e satisfação em seu olhar. Eu também não sabia que gostava tanto dele. O amigo não podia levantar para me receber. A toxoplasmose tomara conta. Do ventre para baixo, estava paralisado.

Essa é uma das mais terríveis patologias que acometem o portador do HIV. Vai paralisando aos poucos, até matar. Ao vê-lo com aqueles sintomas, meu coração se apertou. Procurei passar-lhe amizade e alegria. Creio que tive sucesso, porque, quando deixei a cela, ele parecia feliz.

Estava espantado comigo mesmo. Quando começara a freqüentar o sanatório, queria colaborar, dar apoio, fazer alguma coisa para suavizar um pouco todo aquele sofrimento. Mas agora aquilo se tornara uma necessidade pessoal. A experiência de lidar com os companheiros enfermos quase que diariamente me dera uma base segura. Eu conseguia as palavras e as ações exatas.

As poucas pessoas que conheciam aquele meu trabalho pensavam que eu o realizava pelos caras. É evidente que eram eles o alvo. Mas só eu sabia que aquilo me preenchia um vazio que existia desde que eu adquirira consciência de mim. Precisava dar tal sentido de utilidade a minha vida. Agora descobrira o caminho. Claro que vacilava, como todo mundo. Mas me empenhava o máximo possível para construir em mim alguém que, se não me desse orgulho, pelo menos não me desprezasse.

Os dias se sucediam, e Cacá ia enfraquecendo. Agora era capaz de apenas alguns movimentos com a mão direita. Sua voz, um fiapo que escapava por entre os dentes. Era preciso quase colocar o ouvido em sua boca para escutá-lo. E, incrível: ele não reclamava. Fazia um esforço enorme para me receber com um sorriso que mais parecia uma careta.

Segunda-feira como todas as outras, cheguei ao sanatório e um enfermeiro me aguardava. Cacá queria falar comigo urgente. O que seria? Era sério. O amigo jamais pedira minha presença assim. Sempre esperava que eu fosse até ele.

Estava realmente muito mal. Mas, ao me ver, o sorriso franziu seu rosto. Sentei na cama. (Eu sentava em todas as camas, usava todos os copos, pratos e talheres.) Fiquei atento para entender o que ele balbuciava.

Disse-me que ia morrer no sábado. Chegava sua hora. Então, mesmo aliviado por saber que seria o fim daquele sofrimento todo, pediu misericórdia a Deus. Queria o perdão de seus filhos para morrer em paz. Era tudo o que desejava da vida. Veio o sábado, e ele não morreu.

No domingo, ainda dormia quando o guarda abriu sua cela. Tinha visitas. Cacá imaginava fosse sua mãe. De repente, uma multidão invadiu o "barraco". Ele já não enxergava bem, mas pôde distinguir a mãe e as irmãs. Viu também outras pessoas, e crianças. Não acreditou. Seus filhos, Marquinhos e Verinha!

A mãe, no sábado, tivera a intuição de que ele iria morrer. Então, ciente de seu desespero por ver os filhos, se dirigiu à casa da sogra dele, que cortara relações com a família do genro. Foi recebida secamente, mas com educação. Era a primeira vez que as duas conversavam após o infausto acontecimento. Haviam criado os filhos juntas e se ajudaram uma à outra por décadas.

A mãe de Cacá abriu o coração. Amava a nora e sentira sua morte qual fosse a de uma filha. Sofrera muito por imaginar a dor da amiga. Contou tudo sobre o filho. Da doença, do estado em que se encontrava. Uma dor tão grande que acabou por derreter o ressentimento da amiga. Atiraram-se uma nos braços da outra, a chorar.

Agora apenas amigas e mães no esforço de se confortarem mutuamente. Nem precisou pedir. A sogra determinou. As crianças iriam visitar o pai. A cunhada de Cacá, recuperada do ferimento, presenciou a cena. Comovida, ofereceu-se para acompanhá-las.

E ali estavam. Foi constrangedor, a princípio. A mãe, esperta, fez uma brincadeira com as crianças, e o gelo foi quebrado. A menina, mais apegada ao pai, driblou o tripé, o tubo de soro e o cateter no pescoço dele. Subiu na cama e o beijou. O garoto subiu também e disse: "Papai!". Era a primeira vez que falava desde a morte da mãe. E ambos se engancharam no pescoço do pai, a chorar.

E todos começaram a chorar também. Uma catarse. A cunhada beijou o rosto de Cacá e ouviu seu pedido de perdão. Todos se perdoaram mutuamente. A comoção foi geral. Das lágrimas, com o coração leve e aliviado, partiram para o riso. As crianças, depois de acarinharem o pai, foram para o corredor brincar com outros meninos que ali visitavam pais ou parentes.

Após o relato, entrecortado por acessos de tosse, estremecimentos e longas tomadas de fôlego, Cacá disse que havia me esperado para contar o que acontecera. Eu precisava saber. Participara de todo o drama. E ele morreria naquele dia. Tinha certeza absoluta. Queria se despedir.

Naturalmente, quando alguém afirma que vai morrer, nossa tendência é contraditar. Dizer que ainda há esperança e coisas do gênero. Todos desejam afastar a idéia da morte. Mas, olhando naqueles olhos, senti, mais que entendi, que o amigo sabia o que estava dizendo. Eu vira muitos companheiros morrerem, e não conseguia deixar de me chocar com a morte. Mas para aquele homem, na plenitude de sua lucidez, o fim parecia assim tão normal... Senti que nunca mais o veria. Isso doía docemente.

Disse-lhe, por não ter o que dizer, apenas que não se desesperasse no momento final. Pediu que eu não me preocupasse. Estava em paz e morreria feliz. Seus filhos o haviam perdoado. Tudo o que ele queria da vida. Despediu-se com um levíssimo aperto de mão e uma careta de sorriso. Saí dali atordoado, quase sem sentir o chão. Não fui à cela de mais ninguém.

Na terça, corri atrás do boletim diário (o jornal da cadeia) para confirmar o que já sabia. Lá estava o nome de Cacá. Falecera durante a noite. Pelo pensamento, enviei-lhe um último adeus, desejando-lhe toda a paz do mundo.

23.

Ocorrera a primeira eleição direta para presidente da República, depois de mais de vinte anos de arbítrio. Fernando Collor de Mello era o novo chefe da nação.

A primeira providência de seu governo foi confiscar quase todo o dinheiro depositado em cadernetas de poupança e em outras aplicações financeiras. O plano era enxugar a economia e exterminar a inflação galopante e indexada. Muitas empresas foram à falência, e as outras reduziram o quadro de funcionários para continuar com a mesma porcentagem de lucro.

Magda, como milhares de trabalhadores, foi despedida. Nunca mais encontrou emprego tão bom. Sua situação financeira começou a ficar crítica, e seu padrão de vida entrou em decadência.

A prisão, como não poderia deixar de ser, continuava violenta, e a convivência difícil. Ainda que nunca mais tivesse atingido os padrões de violência anteriores, pois já havia certa consciência.

Modificaram-se as regras para conseguir a autorização para a visita íntima. Agora o preso também devia fazer o exame de HIV para obtê-la. O hospital colhia sangue dos interessados e mandava para um laboratório. O resultado vinha em bloco. Os soropositivos eram avisados e tinham suspensa a visita íntima.

As informações acerca da AIDS não haviam chegado à penitenciária. Os meios de comunicação, como sempre, praticavam terrorismo. Os que descobriram ser portadores do vírus se desesperaram. Julgaram-se à morte. E, pelo que sabiam do sanatório penal, do modo mais sofrido possível.

Procuraram-me, angustiados, em busca de informações. Ié e Michele foram mais assediados ainda. Assustador o nível de desinformação e revolta dos companheiros contaminados.

Falavam em aproveitar o tempo que lhes restava de vida para matar os inimigos. Nada tinham a perder. A certeza da morte próxima os enlouquecia. O preso sobrevive e suporta estar preso por conta da esperança de um dia sair ou fugir da prisão. Não são as muralhas nem os soldados armados em cima delas que o seguram. Ele tem a convicção de que não nasceu preso, portanto não morrerá preso. Cadeia é longa, dizia-se, mas não é perpétua.

O sr. Guilherme, o diretor de Vigilância, apesar de ser um homem duro, tinha compaixão dos portadores do vírus. Respeitava o trabalho do Ié e da Michele.

Não podíamos levar ao conhecimento dele as cogitações de nossos amigos. Seria alcagüetagem. Nós seguíamos as normas da prisão. A denúncia era a pior das infrações. Ié e eu fôramos criados na cultura criminal. Essa regra estava tatuada em nosso inconsciente.

Decidimos que Ié falaria com Guilherme. Omitiria as informações relativas a intenções e ameaças. Exporia os fatos ligados à desinformação e ao desespero dos companheiros cientes de ser portadores do vírus. Depois apresentaria nossa proposta. Queríamos conversar com aqueles companheiros. Realizar reuniões, em local a ser determinado por ele. Nosso plano era esclarecer e tentar solucionar problemas.

O homem, não coincidentemente mas graças a sua rede de informantes, estava preocupado com a situação. Gostou de nossa idéia. Comprometeu-se a nos apoiar. Era tão humano como qualquer um de nós. E tinha coração. Não sabíamos onde, mas tinha.

Encontramos o espaço ideal para as reuniões e também os bancos. Queríamos conversar entre nós, sem a presença de guardas. Estes inibiriam. Necessitávamos conquistar a confiança do pessoal. Conseguimos. Os guardas ficariam do lado de fora da sala de reuniões, mesmo que a contragosto.

Convidamos a todos os que conhecíamos. Numa quinta-feira realizamos o primeiro encontro. Os companheiros chegaram ressabiados, assim titubeantes, sentaram-se quietos. Formamos um círculo.

Michele era a mais experiente e mais velha. Havia participado de muitas reuniões de apoio na rua. Por conta disso, começou enumerando os motivos daquela assembléia. Como eu era o único ali que não tinha o vírus, combinamos que minha tarefa seria registrar tudo o que se dissesse. Julgamos seria melhor que minha condição não fosse esclarecida, que todos pensassem que estávamos no mesmo barco. Munido de uma prancheta, fui anotando. Após a conversa inaugural, Michele abriu para que cada um falasse um pouco de si, expressasse suas aflições.

Não esperávamos ouvir o que ouvimos, não estávamos preparados. Estava além de nossas possibilidades ajudar a resolver os problemas que cada um portava. Nenhum deles sabia nada sobre o mal que os acometera. Muitos achavam que morreriam dali a dias. Outros não queriam acreditar. Tratava-se de uma conspiração da polícia para destruí-los. O nível de revolta de alguns estava acima do racional. Beirando a paranóia mesmo. Pensamos em trabalhar com esses em particular.

Três deles tinham um problema crucial. Suas companheiras estavam grávidas e até aquele momento não sabiam que, provavelmente, haviam sido contaminadas, assim como a vida dentro delas. Como resolver? Que fazer diante de tamanha responsabilidade? Esperavam que lhes déssemos soluções.

Claro, só havia uma saída: a verdade. Mas ela precisava ser dita com tato. As mulheres grávidas deviam fazer o exame do HIV e, no caso de estarem infectadas, procurar ajuda médica.

Os companheiros, desesperados, aos poucos, iam se soltando. A soma de seus problemas nos pesava. Presos, muito pouco podíamos fazer.

Ié, depois de todos falarem, tomou a palavra e expôs sua experiência de soropositivo e enfermeiro. Brilhante. Tranqüilizou e mostrou caminhos. Em seguida foi a vez de Michele apresentar seus pontos de vista. Ela pegou mais pelo lado mental e espiritual. Revelou seus métodos de combate à depressão, à angústia e ao desespero. Ressaltou a importância do estado mental de cada um na luta para sobreviver com dignidade, apesar da doença.

Quando me deram a palavra, contei de minha experiência nas visitas que fazia ao sanatório. Procurei falar algo que se coadunasse com o discurso dos amigos. Devia ser meio que discreto; ali, era eu o diferente.

A reunião durou três horas. Se fosse possível, se prolongaria por um tempo interminável. Marcamos para a quinta seguinte, no mesmo horário. No final, quase todos vieram nos cumprimentar e agradecer.

Havíamos começado algo inédito. E sem ajuda de ninguém de fora da prisão. Escrevemos para organizações que trabalhavam com a doença, e nada. Somente a FOS nos respondeu; mas, de concreto, nada fizeram. Vieram cheios de boas intenções. Ao

encontrar barreiras, choraram lágrimas de pedra e nos esqueceram.

Magda vibrou e participou ativamente do pouco que podíamos fazer. E, o mais importante, ela me incentivava e me dava o
suporte emocional necessário. Começou inclusive a participar de
organizações de amparo aos soropositivos. Fazia visitações e cuidava de alguns em estágio avançado da doença.

Apesar de preso, eu vivia alguns momentos felizes. Certas
coisas me perturbavam. Magda queria encarar nossa relação como uma missão. Precisava justificar a fraqueza dos sentimentos
dela. Tinha medo de seu tesão desesperado por mim. Preocupava-se comigo e não cuidava de si, de seus próprios sentimentos.

Buscava justificar, em parte para si e principalmente para os
outros, o fato de estar comigo. Isso me aborrecia. Mas, ingênuo,
eu racionalizava. "Que mal há em querer o que se julga melhor
para quem se ama?" Os males eram dois. O primeiro: o que é o
melhor para alguém pode não ser o melhor para o outro. O segundo era o que me magoava mais. Eu só servia se fosse aquilo
que ela queria que eu fosse.

O problema é que a natureza não dá saltos. Esse é o maior
erro de todos os religiosos que adentram as prisões no intuito de
"transformar" presidiários. Querem resultados imediatos para suas
intervenções. Vivem em busca deles. Quiçá para justificarem sua
própria falta de fé. Aos presos, carentes e sem ninguém, não resta
alternativa, só fazer o jogo. Eles exigem de si acima de sua capacidade e condição.

Permitem a lavagem cerebral. Oferecem, a esses religiosos
cheios de boas intenções, aquilo que esperam deles. Ou seja, uma
transformação instantânea. Fornecem testemunhos emocionais

de como eram maus e perversos. Agora, salvos pela magia da religião, como se sentem humanos e bons.

Egressos da prisão, são jogados na sociedade, que é hipócrita, preconceituosa e altamente competitiva. Não sabem o que fazer. Estão defasados. A vida continuou enquanto eles estavam parados, na cadeia. Julgam-se traídos e reagem da única maneira que conhecem, somada à violência reprimida por anos a fio.

Os "missionários" esquecem e às vezes nem sabem. A personalidade criminosa demorou décadas para ser construída. Não dá para diluir valores tão solidamente sedimentados num passe de mágica. A cultura criminal impregna até os ossos. Dizem que Deus tudo pode. Deve poder mesmo. Mas me é de todo impossível entender desse modo.

O trabalho de comparação, experimentação e conseqüente substituição de valores é para uma vida toda. Principalmente tendo em vista a sociedade injusta em que estamos inseridos. Os valores da cultura criminal assimilada na prisão são desagregadores, invertidos e subversivos, mas sérios.

Eu mesmo não sabia disso, então. Julgava-me reformado em meu íntimo. Dessa vez tinha de ser verdade. Magda também acreditava em mim. Minhas ações, meu pensamento e meus valores fundamentavam tal convicção.

Claro que eu burlava a vigilância. Agir contra as regras disciplinares era uma exigência da sobrevivência individual. Ninguém, absolutamente ninguém, sabia da nossa vida mesmo, nem os guardas ou religiosos que estavam sempre conosco. Os guardas e a administração só percebem as conseqüências. Os motivos, esses ficam diluídos em nosso código de silêncio. Sem dúvida havia os quinta-colunas. Mas até esses ficavam por fora de quase tudo. Quando descobertos, eram mortos.

Seguiram-se outras reuniões. Vieram outros companheiros. O grupo era composto em sua maior parte de jovens. E eles queriam viver, óbvio. Viver até sair para a rua. Morrer em liberdade é o principal dos ideais de quem está preso. Se perguntarem aos presos qual seu maior medo, alguns dirão que é ter medo. Mas a maioria dirá que é morrer na prisão. Há alguma dignidade em morrer lá fora.

Que podíamos fazer? Quase nada. A não ser contar nossa experiência, compartilhar informações sobre a AIDS e nossa amizade. Claro que fazíamos pequenos favores. Conseguíamos colocações para quem quisesse trabalhar. Medicamentos, audiências com a diretoria, alguns alimentos (complemento alimentar lácteo, leite em pó, coisas que financiávamos ou roubávamos do hospital), muito pouco em comparação com as necessidades.

Tivemos, numa das reuniões, a presença do sr. Guilherme. Solidário, nos ajudaria em tudo que lhe fosse possível. Eu estava elaborando um documento acerca de nossas reuniões. Queríamos que Magda insistisse com entidades e organismos internacionais para que nos dessem apoio.

Mas começamos a nos dividir, por vários motivos. Michele e Ié discutiram e brigaram. Suas opiniões divergiam demais. Michele era mística; Ié, prático e objetivo. Por anos se complementaram. Agora, diante do volume de problemas e da nossa impotência para resolvê-los, nos estressávamos.

Gostávamos dos caras, nos afeiçoamos a eles. Queríamos colaborar efetivamente. Diziam que formavam um casal e que as discordâncias provinham dos ciúmes do Ié. Na verdade, muita responsabilidade pesava nos ombros deles. Além do trabalho e do controle de tudo no sanatório.

Até então, morava um paciente em cada cela. De repente veio a ordem do diretor de Saúde para que se alojassem dois em cada xadrez. Eles embarcaram numa briga feia contra essa diretoria. E eu, como não podia deixar de ser, entrei também.

Achávamos que aquilo era periclitação. Um plano de extermínio. Como poderiam colocar numa única cela companheiros que sofriam de doenças diferentes? Com o sistema imunológico comprometido, um contaminaria o outro.

Depois de muita luta, conseguimos uma audiência com o diretor de Saúde. Questionamos o sujeito com toda a veemência e coragem que tínhamos. Seu argumento nos tapou a boca. Nos fez acreditar que ainda existia ética médica, mesmo na prisão.

O sanatório atendia a todas as penitenciárias, casas de detenção, delegacias e cadeias públicas do estado. Aquele era o único hospital-prisão para tratamento especializado de portadores do vírus HIV. O sistema prisional estava abarrotado de companheiros com a síndrome manifesta. Todo dia chegavam presos semimortos, em coma ou moribundos.

Que fazer? Onde colocá-los? Deixá-los morrer por falta de vagas? No seu lugar de origem, ninguém queria saber deles. Não havia medicamentos ou instalações para alojá-los. Suas doenças eram altamente contagiosas. Punham em risco a saúde dos demais. Sobretudo nas delegacias, onde viviam amontoados, pior que gado em confinamento.

A única solução era aquela. Criar novas vagas dobrando a população do sanatório. Um risco. Mas a saída viável para a emergência. O estado construía o hospital-prisão para doenças infectocontagiosas. O estado, como sempre, claudicava. Não investia na prevenção extensiva, como se fazia necessário. Agia nas conseqüências, sem estudar ou trabalhar as causas.

Além do esgotamento de Michele e Ié, havia a droga. Meus amigos eram viciados em maconha. Um calmante, remédio contra o estresse. Gostavam de cheirar umas carreiras de cocaína, também. Para manter o vício, financiar alimentação, medicação e roupas, Ié se envolvera no tráfico de drogas na penitenciária. Ao mesmo tempo que cuidava dos companheiros doentes, destruía-os vendendo-lhes droga. Michele era contra.

O certo é que brigaram feio. Chegaram a se agredir. Ié deixou de se importar com as reuniões. Michele e eu não tínhamos forças nem condições de levar o projeto em frente. Como traficante, Ié tinha o maior trânsito com a malandragem. Eu, mais ou menos, corria por fora. Ficava com a parte burocrática.

Havia uma máxima antiga da prisão, segundo a qual quem não era visto não era lembrado. Meus interesses eram bem diferentes dos da maioria. Eu gostava de livros e de me corresponder com as pessoas do mundo lá fora. Alguns companheiros diziam que os livros me deixaram maluco. Existia esse preconceito. Quem lia muito enlouquecia. Eu tinha poucos amigos. Jamais fui popular.

Michele era bicha. Como tal, enfrentava um preconceito que jamais entendi bem. Nem todos os presos tinham companheiras para a prática sexual. E aqueles que tinham só podiam receber visita íntima de quinze em quinze dias. Ainda assim, na cadeia há preconceito contra a homossexualidade.

Os homossexuais passivos são tratados como subumanos. Não podem sequer reagir às agressões verbais ou físicas de que são alvo. Não podem transitar no meio da malandragem. Presume-se que são fracos, não têm moral (a moral está na bunda) e delatam.

Com Michele havia certo respeito e consideração. Particularmente por seu comportamento correto e seu trabalho no sanatório. Mesmo assim, ela sofria discriminações veladas. Não podia nos liderar. Embora liderasse qual eminência parda.

Assim acabaram-se nossas reuniões. Duraram três meses. Havíamos conquistado a confiança dos companheiros. Justamente no momento em que médicos, religiosos e pessoas ligadas a grupos de apoio aceitavam nossos convites para participar.

Ié foi denunciado por tráfico de drogas. No sanatório revistaram o gabinete médico que estava sob sua responsabilidade. Encontraram vários papelotes de cocaína. Ele foi levado à cela-forte para cumprir os trinta dias de castigo. Não o processaram em reconhecimento a seu trabalho. No rancor que sentia por Michele e no calor do ódio pela queda, disse que fora ela quem o denunciara. Aquilo denegriu ainda mais a imagem da nossa amiga.

Esta, embora agredida pela injustiça do destemperado amigo, foi pedir por ele. Colocou todo o peso de seu trabalho dedicado na solicitação. Queria que o colega fosse cumprir o castigo no sanatório. Dado o respeito que conquistara, conseguiu amenizar o sofrimento de Ié.

Ele se retratou diante de Michele. Assumiu que a acusara num ímpeto de raiva. Suas suspeitas eram infundadas. E continuou sua vidinha de trabalho e tráfico.

Não demorou, e estourou mais um escândalo. Ié foi envolvido em outra trama de comércio de cocaína, dentro do sanatório. Segundo a denúncia, ele vendera fiado para um rapaz de família bem de vida. Na primeira vez, o pagamento foi efetuado com presteza. Ié confiou na história de família rica e roubos milionários contada pelo jovem. Atochou-lhe droga para pagamento posterior.

A dívida ficou enorme. Ao ser cobrado, o rapaz afirmou que pagaria no próximo dia de visita. Passou o dia, e nada. O credor veio receber já irado. Tinha de pagar seus fornecedores. As explicações não convenceram. Deu-lhe um prazo, até a visitação seguinte. Havia uma ameaça velada, implícita.

O devedor explorava a família desde quando em liberdade. O pai, advogado, não era bobo, sabia que o dinheiro que o filho pedia era para comprar drogas. Só que agora a conversa era mais séria. O rapaz foi sincero. Comprara cocaína de um preso, fiado. Não pagara, e o estavam pressionando. Podiam até matá-lo. Exagerou. Citou o nome do Ié, que, sendo enfermeiro, poderia exterminá-lo facilmente. Bastava lhe aplicar uma injeção letal.

O pai, assustado, em vez de pagar, foi à diretoria. Sabia que aquilo seria uma bola de neve rolando a ribanceira. O filho não pararia por ali, e a situação ficaria insustentável. Já conhecia aquele filme.

O caso explodiu como uma bomba. O advogado exigia atitudes. Caso contrário, iria aos meios de comunicação denunciar.

Abriram um inquérito policial de extorsão contra o Ié. Novamente ele foi mandado para a cela-forte. Michele julgou que não havia clima para permanecer no sanatório. Pediu transferência. Foi morar no primeiro pavilhão, onde eu estava. Fiquei meio sem base no sanatório.

Um dos soropositivos que participavam de nossas reuniões, o Gigante, foi trabalhar na enfermagem. Ele tinha um bom coração e ajudava muitos ali. Continuei a levar os temperos e legumes, o companheiro fazia o sopão. Sempre que o procurava, me atendia prontamente.

Mais um preso veio trabalhar como enfermeiro no sanatório, o Beto. O sujeito não gostou de mim logo de cara. Quando notou meu desembaraço com os doentes, então... Talvez sentisse ciúmes.

Certa manhã, ao chegar ao sanatório, percebi que no fundo da galeria alguns companheiros estavam reunidos. Fui até lá. Havia um rapaz caído no chão, na porta da cela. A boca sangrando. O pessoal olhava, sem mover uma palha. O Beto viera atrás de mim e, seguindo o procedimento correto, foi colocar a luva. Besta, enfiei as mãos nuas por baixo do paciente, ergui-o e botei em cima da cama. Era uma hemoptise. Devido a minha imprudência, arrumei um inimigo. Beto sentiu-se agredido com minha iniciativa. Era ele o enfermeiro.

Dias depois, cometi outro erro. Reinaldo, fraco e seco, só nos ossos, sem andar, queria ir para o pátio tomar sol. Apanhei seu cobertor e o carreguei nos braços até o local. Meu vacilo foi haver esquecido de pedir a alguém que o trouxesse de volta. Ele fritou ao sol. No dia seguinte, Beto quis falar comigo.

Chegou intimidativo. Perguntou o que eu fazia ali. Respondi que apenas procurava ajudar. Ele, de modo estúpido, disse para me limitar ao que viera fazer. Deixasse a parte da enfermagem com ele e os demais enfermeiros. Atirou na minha cara que eu levara o doente para o pátio e não o recolhera. Ele tomara sol em excesso e piorara. Aquilo me desarmou. Eu realmente cometera um erro grave. Aceitei a bronca. Ele tinha razão. Por dentro, eu queria retrucar e brigar. Pensei, ele também erraria, então seria minha vez, vingativo.

Não demorou. Dias depois, bem cedo levei a lata de temperos ao sanatório. Aproveitava o horário em que os guardas tomavam café. Como nada tinha a fazer, resolvi visitar os novos companheiros que haviam chegado e eu não conhecia.

Ao adentrar o xadrez de um deles, deparei com milhares de vermes. Desses que aparecem em carne apodrecida e se movem em contrações. O preso estava na cama. Seus olhos esbugalhados. Olhei melhor, os bichos brancos arrastavam-se pela cela toda. Até pelo teto. Saíam para o corredor. Evitando os caminhos que eles faziam, cheguei no companheiro. Nu, apenas com uma colcha por cima, me olhava, em choque.

Eu estava enojado. Fui até o rapaz porque queria saber de onde vinham os vermes. Aqueles olhos assustados não permitiam que eu me afastasse.

Levantei a colcha com a ponta dos dedos. O companheiro estava quase coberto de vermes. Joguei a colcha longe, assim já entrando em paranóia. Então percebi. Os bichos saíam de entre as pernas dele. Pelo ânus.

Os faxinas e enfermeiros chegavam para trabalhar. Gritei para que acudissem. Vieram todos e ficaram horrorizados. Os enfermeiros tiraram o rapaz dali rapidamente, levaram para a sala de banho. Os faxinas jogaram colcha, colchão, tudo no lixo. Desinfetaram o xadrez.

Em seguida, o encarregado da faxina, preso, me chamou. Estavam todos reunidos, faxinas e enfermeiros. Queriam que eu explicasse como encontrara o paciente naquela situação. Contei exatamente o que vi e senti. Eles silenciaram.

Décio, um enfermeiro que havia exercido a profissão quando em liberdade, disse algo que me espantou. O culpado era o Beto. Ele recebera o paciente e, sem higienizá-lo nem cuidar dele, largara-o na cela e fora embora.

Naquela reunião decidia-se o destino do Beto. Os portadores do vírus que ajudavam na faxina queriam assassiná-lo. O enfermeiro e os faxinas que vinham do pavilhão queriam dar-lhe uma surra de pau. Perguntaram minha opinião. Eu não gostava dele, mas não acreditava que fizera aquilo de propósito. Fora involuntário. Por que matar ou espancar? Disse apenas que já o vira ajudando muita gente.

Mas o sujeito fora grosseiro e prepotente com outros companheiros. Seus inimigos eram a maioria. A ambição do Décio de assumir o controle da enfermagem também pesava. Ele ficava pressionando. Não era mais possível desfazer aquela conspiração.

Não demorou. De repente uma falação e barulho de paus retinindo nas paredes. Corri na ducha e vi o Beto acossado num canto. Uns cinco ou seis companheiros batiam-lhe com cacetes. Ele, todo rasgado e sangrando. Iam matá-lo. Não sei o que deu em mim. Não suportei ver aquilo. Pulei na frente dos caras e dei um grito. Acho que os assustei, pararam.

Beto estava bem machucado. O braço com fratura exposta. Olhava-me cheio de pavor. Protegi-o com meu corpo e fui saindo com ele. Os agressores não sabiam o que fazer. Chegamos ao portão. O guarda deixou aberto. Fechou depois que passamos. Levei o Beto até a enfermaria do hospital. Sua boca, toda estourada; a cabeça minava sangue. Ele quis agradecer. Virei as costas e fui embora.

24.

Meu aniversário é no dia 4 de maio. Em 1991 Magda disse que faria uma surpresa. Pediu-me que chamasse Michele. Queria conhecê-la. Justamente naquele ano, meu aniversário caiu num domingo. Eu a esperava. De repente, vejo a namorada entrando pelo portão com uma mocinha e um menino. Seus filhos, percebi. Trazia um bolo enorme nos braços. A garota tinha uma sacola com doces e o menino, refrigerantes. Uma festa.

Fiquei abafado. Não estava preparado para aquela surpresa. As crianças tensas, grudadas na mãe. A menina muito bonita. Pele morena escura e olhos puxados. O irmão mais claro, com cara de chinês. Seus olhos puxavam para cima. Magda protelava contar a eles nosso namoro. Não podia demonstrar, eu achava.

Subi com os três, sentei-os na cama e tentei uma conversa. Com a ajuda da namorada, dialogamos um pouco. O que lhes interessava? O menino parecia mais disposto, consegui falar um pouco mais com ele.

De repente, tumulto na porta da cela. Michele chegando, espalhafatosa, como sempre. Entrou, toda risonha com suas largas maçãs do rosto. Era um pedaço de sol, o homem e a mulher que todos somos. Desejou-me feliz aniversário e foi se apresentando. Magda a cumprimentou e tratou como fora uma mulher. Isso a satisfez. A namorada tinha o dom de galvanizar as conversas. Irradiou-se alegria. As duas falavam, e o assunto era eu, evidentemente.

Acharam de fazer a festa. Puseram o bolo no banco, serviram os doces e refrigerantes. As crianças, mais à vontade, participavam com algum entusiasmo. Claro, aquelas duas juntas animavam até velório.

Colocaram-me na cama e cantaram o "Parabéns". Fiquei envergonhado. Não estava acostumado com aquilo. Senti falta de minha mãe. Sempre fora somente ela e eu. Fizeram fila para me cumprimentar. Os vizinhos de cela também vieram. Alemão e seus dois filhos pequenos. Os moleques de olho no bolo. Magda por último.

Preparei-me para abraçá-la discretamente e beijá-la no rosto. Ela, para minha surpresa, se jogou em mim num abraço esfregado. Lascou-me um beijo prolongado na boca. Quando parou, olhei para as crianças, esperando olhar de censura. Mas não. Olhavam-me como todos, sorrindo. Éramos o centro das atenções.

A namorada segredou-me ter contado a eles. Esse foi o maior presente. Eu temia seus filhos não aceitassem e fizessem pressão. Foi um alívio. Sentei-me, e ela foi se aninhando em meu colo. Enlaçou-me pelo pescoço e cobriu meu rosto de beijinhos doces.

Ficamos ali, namorando, conversando e vivendo de fato. Até esqueci da cadeia. Nem fui olhar se tudo corria bem com os demais, se não havia perigos. Não demorou. Como sempre ocorre quando estamos felizes, o doce acabou-se. Para ser infeliz, restava o tempo todo. O guarda passou avisando que terminara a visita. As duas madames se despediram. Amaram-se qual se conhecessem eternamente.

Levei-os até a saída, beijei-os e me despedi. Ao virar as costas, já senti o peso da prisão. Meus ombros arcaram, toneladas sobre eles. Olhares ameaçadores, rostos patibulares. A visita, apenas uma folga existencial. Passava e deixava o amargo da boca. Estava sozinho com minha realidade.

No dia seguinte, fui chamado à Judiciária. Uma advogada da Funap (Fundação de Amparo ao Trabalhador Preso) me chamava. Eu havia solicitado uma audiência, queria entrar com pedido de progressão do regime de cumprimento de pena. Do regime fechado queria ir para o semi-aberto.

Nesse regime me seria permitido cumprir pena de modo mais amenizado. Eu poderia trabalhar na rua, receber um salário e, nas festas, passar cinco dias com a família. Para mim, naquele momento, bastava. Queria mostrar a Magda que valera a pena todo o sacrifício em ter me acompanhado. Queria ir ao encontro da proposta que lhe fizera, de vivermos um grande amor.

Entramos com a petição. Agora restava esperar os exames de cessação de periculosidade. Depois o ajuntamento das informações da casa sobre minha vida ali. Tudo seria encaminhado ao Fórum Central. O juiz da Vara de Execuções Criminais julgaria meu pedido com base em toda aquela documentação.

Somente cerca de dois meses depois é que o pedido começou a ser examinado. Entrementes, eu havia escrito uma série de textos. Magda juntou-os e montou qual fosse um livro. Mandou-me cópia do produto final.

Achei legal o resultado. Não tinha base para julgar se era bom. Magda conhecia um editor e levou o manuscrito para que ele avaliasse. Passado algum tempo, o editor emitiu seu parecer. O livreto tinha conteúdo e podia tornar-se interessante. Precisava de uma boa revisão.

Magda pediu que ele fizesse as sugestões e apontasse o que

poderia ser melhorado. Começava a nascer em mim a perspectiva de publicar um livro.

Fui chamado para fazer o primeiro exame psicológico. Uma profissional da área me examinaria. Passei por uma bateria de testes psicotécnicos e outros de natureza behaviorista. Fiquei durante uns trinta minutos respondendo questões, desenhando árvores, gente, casa e um monte de inutilidades. Depois, a entrevista.

A psicóloga perguntou sobre infância, pais e família. Em seguida sobre a adolescência, a entrada no crime e nos vícios. Não havia como explicar minha vida de modo coerente, ela não obedecia a uma seqüência lógica. Eu tinha um mapa do que quis ser e não consegui, e estava consciente de que nada se repetia. Conhecia meus caminhos de pedra e sentia os ecos de cada passo no duro calçamento. Tentei clareza, à falta de lógica.

Não podia apontar o pai alcoólatra e espancador como motivo suficiente para minhas fugas de casa. Eu era atraído pelas luzes da cidade. Não queria cumprir ordens de ninguém. Existia o anseio de viver plenamente, possuir o que os outros possuíam. Experienciar aventuras, fortes emoções, sexo desenfreado, velocidade e drogas. Liberdade total. Tentei expor tudo o que lembrava.

Indagou sobre minha vida na prisão. Falei da responsabilidade de meu trabalho e da minha ação no sanatório. Mostrei textos que escrevera. A psicóloga quis saber minhas perspectivas. O que faria ao sair. Contei da namorada. O sonho de concretizar aquele amor em liberdade e formar uma família. Do apoio de minha mãe e de amigos que se propunham a me ajudar para iniciar uma vida nova. Ela anotava tudo. No final, despediu-se desejando-me sorte.

O hospital de doenças infectocontagiosas havia sido inaugurado no terreno da penitenciária, ao lado do sanatório, onde os óbitos diminuíram sensivelmente. Nossos doentes em piores condições foram mandados para lá, para morrer.

Fui fazer exame com a assistente social. Uma senhora muito simpática que me deixou bastante à vontade. Contei-lhe novamente minha história, desde o começo. Fez poucas perguntas.

Em seguida, a psiquiatra. Eu já a conhecia. Fora ela que me examinara quando entrei na faculdade. Aceitara que eu saísse para freqüentar aulas. Seu julgamento agora era bem previsível. Como ela poderia me aprovar, se eu voltara a cometer delitos? Seria contra, era óbvio. Mesmo que os demais examinadores me considerassem apto para a progressão de regime.

Bem, eu fora examinado. Não era louco. Não me julgava um criminoso compulsório. Tinha construído novas perspectivas, novos valores. Amava e era amado. Pretendia casar e ser digno do amor e da confiança em mim depositados. Trabalhava desde que chegara na penitenciária. Meu comportamento era tido como exemplar. Não havia por que ser desaprovado. Essa a verdade, e eu procurava raciocinar por ela.

Sabia que ia demorar a vida toda para que os pareceres fossem datilografados, estudados e remetidos para o setor que faria a juntada. Depois o diretor-geral daria sua opinião definitiva. Tinha certeza de que era positiva a idéia dele a meu respeito.

O manuscrito voltou repleto de anotações e sugestões. Iniciei um processo de revisão. Dei tudo de mim para aperfeiçoar os textos, que não escrevera para formar um livro. Era meio confuso trabalhá-los agora, para conseguir uma unidade.

Magda chegou tensa, nervosa, reclamando da maldita fila. Procurei acalmá-la. Ela estava diferente. Como se tivesse algo em si para desaguar. Empenhou-se de forma inusitada no amor. Dei-me à namorada no que em mim era incompleto, na esperança de que ela me completasse.

Ainda envolto pela névoa do prazer intenso, escutei-a dizer que tinha uma coisa muito grave para me contar. Pensei: que gravidade seria aquela, se ela estava sendo tão amorosa comigo? Se tudo parecia bem conosco, o que poderia ter acontecido? Um pressentimento atravessou minha mente. Minha mãe.

Dona Eida me visitava quinzenalmente. Não queria mais nenhuma visita no dia em que vinha. Nem Magda, por mais gostasse dela. As duas haviam construído uma amizade sólida, cuja motivação, porém, era eu. Cuidasse ela bem de mim e me fizesse feliz, e teria todo o amor de minha mãe.

O velho continuava alcoólatra. Sofria do mal de Parkinson. Ainda infernizava a vida de dona Eida. Tinha ciúmes e fazia tudo para nos separar.

Minha mãe era uma pessoa quase completa. A estabilidade financeira, o relacionamento com o público e com os colegas de trabalho a tornaram uma mulher plena. Vivia momentos felizes, apesar de seu único filho estar preso e o marido ser alcoólatra.

Eu possuía algum dinheiro, de meus trabalhos manuais que minha mãe vendia, depositado no nome dela. Tudo o que eu pedia ela comprava. Com muito sacrifício, pagara por treze anos um terreno em Itaquaquecetuba. Depois, uma casa no Embu, ao lado da de Matilde, minha irmã de criação. A casa estava alugada. Ela ainda morava no porão, também alugado, na Casa Verde.

Dona Eida tivera um derrame. Estava na UTI. Mal, muito mal. Foi um choque de duzentos e vinte volts. Saltei da cama, vesti um short e comecei a andar de um lado para o outro.

Jamais havia cogitado perder minha mãe. Nós nunca mais nos disséramos o quanto nos amávamos. Respeito para nós soava como não ter nada a esconder e só dizer o que sentíamos realmente. Éramos um de frente para o outro, sem mentiras.

Agora eu me dava conta de que não podia perdê-la. Ela era minha estabilidade, minha segurança emocional. Algo estranho se passava comigo, eu estava atordoado, no ar. Magda teria que ir embora, correr para o hospital. Qualquer novidade, comunicaria. Levei-a ao portão e me despedi, sonâmbulo. Na cela fiquei andando, pensando em dona Eida e lembrando coisas nossas. A consciência cobrava o filho que eu não fora.

Na sexta, após uma semana de preocupações, recebi carta. Dona Eida estava fora de perigo. Haveria seqüelas sérias, mas ela estava lúcida, conversando. Domingo Magda disse que o lado direito de minha mãe ficara semiparalisado.

Matilde estava com ela no hospital. Mandava-me um beijo, preocupava-se com minha reação. Fora tão apoiada por minha mãe que, passados vinte anos, eram família. Filhos eram netos; marido, genro. Hoje ela devolvia o apoio.

Pagou hospital, desalugou a casa de minha mãe no Embu e efetuou a mudança. O plano de aposentadoria de dona Eida, morar ao lado da filha adotiva, dera certo.

Meu pai entrou em parafuso, escravo da bebida e de remédios. Não suportou saber que não teria mais quem cuidasse dele. Começou a perder a lucidez. Tomava seus remédios fortes para controlar a tremedeira, e pinga em cima. Delirava, doidão.

Dona Eida foi se recuperando aos poucos. Usou de sua vontade férrea, e logo era dona de si e da casa. Matilde entrou com pedido de aposentadoria para ela, por invalidez. Meu pai conseguiu se aposentar pela mesma razão. Assim, poderiam se manter.

A Vara de Execuções em São Paulo era uma babilônia. Acumulava petições de benefícios de presos de todo o estado. Os prazos determinados por lei nunca eram cumpridos. Ficava claro que a lei só era rápida para nos condenar.

Era necessário um advogado para furar o cerco. Apelei para Maria João novamente. Ela me pôs em contato com o Mozart, um advogado seu amigo que participava de um grupo dito marxista. Ele prometeu procurar-me para saber como poderia me ajudar.

Tudo foi bem rápido. Quando percebi, chamavam-me para atendê-lo. Nem acreditei. Um homem já passado dos quarenta. Barbudo, assim mirrado, mas cheio de energia. Lembrava Enéas, o eterno candidato. Tentei ansiosamente passar-lhe o máximo sobre minha pessoa. Queria, de impacto, conquistar seu interesse. Era importante.

Além do fato de ele ser advogado e, por conta disso, poder abreviar em meses meu julgamento, interessava-me a parte política. Sempre gostei de gente que contestava. Pedi a Magda que acompanhasse Maria João a uma reunião do grupo dele. Sabia do poder de convencimento da namorada. Queria que ela fosse meus olhos e falasse por mim. Precisava do apoio daquela gente.

Recebi carta da Maria João na semana seguinte à reunião. A namorada fizera sucesso. Até demais. Um dos participantes, tal de Chico, dera em cima, cheio de solicitudes. Evidentemente, metido a conquistador. Magda, no domingo, disse-me a mesma coisa sobre o sujeito.

Fiquei louco da vida. Se pego naquele momento, acabava com o filho-da-puta! A namorada tentou tranqüilizar-me. Além de me amar, isso de interesses e aproximações era uma constante em sua vida. Toda mulher bonita e gostosa fazia-se alvo disso. E ela se achava. O cara também, disse. Era destituído de graça e nada atraente. E se fosse bonitão?, pensei.

O que me deixou puto foi o desrespeito do sujeito por mim. Ele sabia que Magda era companheira de um presidiário. O cúmulo da covardia. Inteiramente desonesto. Eu o trucidaria se pudesse. Mas não impedi que ela fosse às reuniões.

* * *

Eu continuava a freqüentar o sanatório, gostava. Havia uma necessidade mais acentuada de minha presença. Principalmente depois que Michele e Ié saíram. Os companheiros não recebiam orientação no sentido psicológico. Nem sequer lhes explicavam como se manifestava a doença, quais os cuidados de higiene para evitar o contágio. Ali proliferavam múltiplas enfermidades. Só as irmãs e Rafael se interessavam em dar uma palavra de alento, de conforto, aos doentes. Ninguém lhes dava esperança. Ninguém procurava suas famílias para o apoio necessário.

Eu fazia esse trabalho com a maior satisfação. O Patolinha, amigo nosso que morava no pavilhão, sempre que podia nos ajudava. Quando faltava material de higiene, de escrita ou de faxina, era a ele e a outros amigos que eu recorria.

O Patola deu a idéia. Após a visita de Natal, passaríamos de cela em cela angariando comestíveis e material de higiene para o pessoal do sanatório. Fui falar com o diretor. Ele autorizou que ficássemos soltos. Patolinha, Nelsão, mais três amigos e eu. Seria no período da noite.

Nesses dias, amigos e familiares que nos esquecem o ano todo se lembram de nós. Acorrem à prisão com sacolas de comida, doces e frutas. Talvez para aliviar a consciência ou, quiçá, movidos pelo espírito natalino. Junto vêm nossas mães, esposas e filhos, que nunca nos faltam. Esforçam-se em nos trazer de tudo o que há na mesa deles.

Nas filas de porta de cadeia, a grande maioria é de mulheres, muitas grávidas, e crianças. Na festa de Natal, quase todos os filhos são trazidos para ver os pais. Uma multidão adentra o presídio.

Após a visitação, ficamos duplamente presos. Agora, também às recordações, à tristeza, à vontade de continuar com os seres amados. Claro, resta a comida. E o lixo: latões e latões são retirados no dia seguinte.

Começamos a coleta para o Natal às seis da tarde. Passamos de cela em cela, falamos com mais de mil presos. Três pavilhões, com dois raios cada. Nos dividimos em dois por pavilhão, e saímos conversando e recolhendo.

Não esperávamos tamanha solidariedade. A colaboração superou as expectativas. Era só dizer que fazíamos uma coleta para o sanatório, que todos doavam alguma coisa. Alguns, muita coisa.

Enchemos carrinhos e carrinhos com alimentos e material de limpeza e de higiene. Na galeria baixa, juntamos duas pilhas que passaram dos dois metros. Muito mais do que o sanatório comportaria. Muita comida iria se estragar.

A solução foi distribuir pelo hospital também. E, ainda assim, era muita coisa. Partimos para a missão. Despejamos metade no sanatório. O resto, deixamos no hospital. Era mais de meia-noite, e os guardas decidiram nos trancar.

Para mim, datas festivas não significavam nada. Pedi a Magda e a outros que não viessem. Não queria sacrificá-los. Filas intermináveis para entrar. Fechava-me na cela e não queria conversa com ninguém. Só com meus livros, meus eternos salvadores.

Meu aniversário novamente. Receberia Magda na sala dos advogados. Me produzi como se fosse para dia de visita. A namorada demorou a chegar, e qual não foi minha surpresa quando vi que estava acompanhada de meu pai! Ele caminhava apoiado nela e numa bengala.

Magro, seco, feio, na caveirinha. Raros cabelos brancos, o rosto vermelho igual pimentão. Tomei um choque. Ele estava muito pior do que eu esperava.

Um homem tão orgulhoso, cheio de valentia, agora reduzido àquele velhinho que se arrastava. Deu pena. Compaixão profunda apossou-se de mim. Ternura, sim, uma doce ternura inundou meus olhos.

Quando o guarda veio nos dizer que acabara a visita, fiquei nervoso. Puxa, precisava dizer tudo o que me ia no coração. Não pude, não sabia como. Centrado em si, provavelmente meu pai nem entenderia.

Levei-os ao portão. Depois de um beijo agarrado na namorada, fui até ele. Quis apertá-lo, mas ele estava tão fraquinho... Senti seus ossos pontudos contra meu peito. Olhei fundo em seus olhos. Pus a mão em seu peito e, comovido, disse que gostava dele. Coloquei o coração nas palavras. Ele respondeu que também gostava de mim, e sorriu. Verdadeiro. Éramos quase dois meninos de peito aberto, prestes a chorar.

Eles se foram, e fiquei pensando na loucura que fora nossa relação. Podíamos, muito bem, ter nos amado como pai e filho e ter sido felizes com isso. Mas, em nossa ignorância, passamos quase a vida inteira a nos odiar e maltratar. Jogamos fora sentimentos nobres, estupidamente.

Domingo Magda estava toda orgulhosa do que fizera. Lutara muito para levar meu pai ali. Mas aquele era o começo do fim. A namorada dizia não suportar mais as filas. As pressões exteriores minavam sua resistência. Eu contra-argumentava dizendo que logo sairia para o semi-aberto. Poderia trabalhar na rua, ir para casa e ter uma vida quase normal. Eu a faria feliz.

Então ela jogou em minha cara a notícia. O tal Chico lhe dera o recado: Mozart dissera que meu pedido de semi-aberto fora indeferido.

Uma cacetada violenta em meus planos. Concluí que o juiz iria me deixar na cadeia até que eu completasse os trinta anos de condenação. Eu estava fodido. Fora preso aos dezenove anos e só sairia ao completar cinqüenta. Imaginava que aos cinqüenta estaria velho e sem futuro. Quem me daria um emprego? Com certeza, meus pais teriam morrido até lá. A namorada teria me abandonado. Estaria só, e já era.

Dali para a frente, Magda, sem perspectiva comigo, quis pensar em seu futuro. Precisava conquistar um companheiro agora, enquanto moça e bela. Queria alguém para participar de seu dia-a-dia. Queria escapar da pressão de não ter como sustentar a família. Dormir e acordar com alguém, discutir minúcias e criar os filhos.

Nessa, o amor e a paixão foram empurrados para segundo plano. Eu não podia contestar e sequer contra-argumentar. Ela estava certa. Eu a amava o suficiente para enxergar além do meu egoísmo. Tinha consciência de que o melhor seria deixá-la seguir sua vida. Enquanto estivesse comigo, não teria chances.

As coisas caminhavam assim, quando ela tomou uma decisão. Chegou, num domingo, disposta a acabar com tudo. Convenceu-se de que não me amava mais e veio dizer. Só por amor poderia suportar aquilo. Como já não me amava, era o fim.

De homem experiente e judiado pela vida, virei criancinha a chorar desesperadamente. Ela foi dura. Era o fim mesmo. Eu não sabia o que fazer ou dizer. Tudo em que pensava era no vazio de quando ela se fosse. Eu estava com dó de mim.

Acompanhei-a até a saída. Despedimo-nos, e meus olhos a seguiram até que atravessou o último portão. A ratoeira se cristalizava. Quando virei as costas para subir as escadas, a solidão plantou um bonde em meus ombros. A escada sumia a meus pés. As pernas bambearam, mas o senso de ridículo me fez reagir.

Nem fui para minha cela. Segui direto para o xadrez do Nelsão. O amigo assustou-se ao me ver chorando, fechou a porta e sentou-se a meu lado. Pôs a mão no meu ombro e deixou que eu chorasse quanto quisesse. Só depois, entre soluços, consegui contar-lhe. Ele não quis acreditar. Achava nosso amor tão bonito, pensava Magda fosse até o fim.

Na cela, a solidão bateu forte. Deitei em posição fetal e fiquei tremendo. Sentia um frio por dentro, uma vontade de desaparecer. Imagens de Magda bombeavam minha mente. A contagem da noite me pegou acordado. Só então comecei a perceber que, apesar de tudo, eu amava mais a mim do que a ela. Passei até a questionar se a amava de fato, se um dia amara alguém, além de mim mesmo.

A manhã me encontrou com um gosto amargo na boca e com dor de cabeça. Fui trabalhar. Sabia que mergulhar nas coisas a serem feitas seria o melhor remédio. Pus o trabalho em dia, até adiantei algumas tarefas.

Rumei ao sanatório, e por lá a situação andava séria. Dois companheiros tinham entrado em coma, e os enfermeiros lutavam para trazê-los de volta. Fernandinho se foi nessa, nem sei para onde. Azul foi se recuperando aos poucos. Descobri que aquele era meu remédio.

Ao voltar para o xadrez, tive medo de enfrentar a solidão. Mas não havia alternativa. Liguei a tevê e comecei a rasgar o que tinha de Magda. Cartas, cartões, tudo. Rasgava como se a rasgasse dentro de mim.

Agora não tinha mais ninguém, com minha mãe doente, não havia ninguém para me visitar. Fiquei andando na cela como um trem elétrico, na ponta de meus nervos. Acordei de madrugada com aquele silêncio grosso como um livro fechado. Mas algo em mim dizia que eu já estava melhorando.

Passei a semana, entre altos e baixos, meio que amortecido. No sanatório me sentia melhor. Separava-me de toda dor possível. Comecei a ir lá todos os dias.

Estava pensando em atuar como enfermeiro. Havia uma vaga, e o pessoal me convidara. A responsabilidade era enorme, mas eu me considerava capaz. Podia também pedir transferência para outra penitenciária. Não tinha mesmo visita, então iria rodar um pouco pelo interior do estado. Precisava me decidir.

As semanas passaram, eu estava ficando bem. Então recebi uma carta de Magda. Pensei: não agüentou e quer voltar. Agora eu iria refletir muito. Para sofrer de novo, não. Mas o que ela me comunicava era que estava com o tal de Chico. Ele a consolara aquele tempo todo, e ela resolvera ficar com ele. Doeu fundo. Desconfiei que já estivessem juntos antes de Magda me dispensar.

Fiquei cheio de ódio pelo sujeito. Prometi a mim mesmo que, ao sair, iria pegá-lo. Detoná-lo com uma barra de ferro. Cheguei a planejar exatamente como o faria. Ele ficaria no mínimo um ano no hospital, todo engessado. Talvez nunca mais se recuperasse. Aprenderia a respeitar o espaço de um homem preso.

Com relação a Magda foi um alívio. A culpa era dela agora. Ela me traíra. Até então, eu sempre fora o culpado de tudo.

O maior problema eram as imagens. Para me masturbar, pensava nela, estava em minhas vísceras, mas eu logo iria escapar. Só faltava arrumar outra.

Neide, a irmã do Nelsão, foi quem me deu a idéia salvadora. Publicar um anúncio numa revista. Ela mesma levou minha carta para a revista *Planeta*. Nem sei como, já que não paguei nada, publicaram o anúncio, e choveram cartas. Mulheres de várias partes do país. Muitas me agradaram muito. Escolhi algumas e respondi. Iniciei correspondência com duas ao mesmo tempo. Uma era professora universitária e morava em Campinas. A outra era de Santa Catarina.

Eliana, a professora, me agradava por sua doçura. Escrevia como uma garotinha e já era uma mulher. Délia era dessas catarinenses loiras, com o maior corpaço (mandou foto na segunda carta), filha de alemães. Casada com um vereador que sofrera um acidente e não podia mais satisfazê-la.

Após quatro cartas, eu já namorava Eliana. Havia muita coisa nela que me interessava. Mas eu ainda estava preso demais em meu coração. Délia foi quem manifestou vontade de me conhecer como homem. Ambas mulheres carentes que facilitavam tudo para mim.

Algum tempo antes, eu escrevera para a faculdade de filosofia da PUC. Queria estudar filosofia. Respondeu-me a catedrática de filosofia greco-romana. Meu conhecimento da matéria era fragmentário, eu havia lido apenas o que me caíra em mãos. Mas gostara muito.

Ela quis me ajudar a adquirir um conhecimento metódico e fundamentado. Enviava-me livros. Eu os lia com extrema dificuldade, e lhe pedia que me explicasse o que eu não entendia. A professora me escrevia mensalmente. Cartas enormes, digitadas, ensinando-me com a maior naturalidade.

Foram tempos de aprendizado. Sua didática era soberba, eu absorvia tudo como uma esponja. Ela analisava com uma lógica fria e precisa o que eu dizia. Parecia um instrumento cirúrgico.

Eliana embarcara na canoa sem perceber que era furada. Délia já queria a coisa corporal. Não deixaria as mordomias que o marido lhe proporcionava. Com a auto-estima caída, eu estava precisando ser querido e desejado. Mas nada muito profundo.

Ainda era dolorido ver os casais se abraçando na tevê ou nos corredores de visitação. Mas eu já ensaiava novos passos. Gostava de Eliana com sua ingenuidade, de Délia com seu tesão descarado.

Eliana se adiantou. Senti que queria gostar de verdade, mas antes queria me conhecer. Tirei o nome de Magda do meu rol de visitantes e substituí pelo dela, e como minha namorada. O regulamento proibia duas namoradas. Eles temiam conflito.

Então recebi carta de Magda. Ela precisava conversar comigo urgente. Separara-se do tal de Chico. Podia vir no dia 7, domingo próximo? Não, não podia. Escrevi avisando que a retirara de meu rol de visitantes e que naquele dia receberia uma garota que queria me conhecer. Foi difícil, mas eu fiz. Doeu recusar-me a vê-la, mas para quê? Fazer sexo e prolongar mais um tanto aquela angústia? Não, nunca mais; eu já sofrera o suficiente.

Eliana era baixinha e cheia de corpo. Rosto redondo, bem parecida com seu íntimo de menina doce. Tinha ainda um resto de frescor da juventude e sorria lindo. Inibida e tipo submissa. Levei-a para a cela cheio de vontade de tomá-la para mim.

Eu morava no quinto andar, da janela vimos o Shopping Center Norte, a cozinha e o bosque que rodeava a penitenciária. Fechei as cortinas e encostei-me em seu corpo macio. Logo estava pegando em tudo, beijando sua língua e lambendo-lhe o rosto.

Quis abaixar sua calça, ela me segurou. Percebi, se forçasse, ela cederia, queria também. Resolvi, nem sei por quê, parar. Havia nela alguma coisa de menina que mexeu com meus reduzidos escrúpulos, e me senti respeitando-a naturalmente. Gostoso aquilo.

Conversamos sobre poetas, romances, sobre seu trabalho. Ela fez uma vistoria em minhas roupas, quis saber o que podia entrar para mim na portaria e do que eu precisava. Não. Eu não precisava de nada. Ela queria me assumir como namorada oficial, algo assim. Procurei escapar de sua determinação. Não queria usá-la, ao mesmo tempo que precisava. Estava me faltando tudo.

Délia brigara com o marido. Queria separar-se mas não podia. Sofria do coração e tomava um remédio caríssimo, importado. No fundo, o casarão, as jóias, empregados, posição social a seguravam e faziam suportar os abusos do marido. Ele até batia nela, mesmo estando de muletas. Haviam se casado com separação de bens, e na cidade ele era fortíssimo politicamente. Ela não conseguiria nada se se separasse. Queria um amante para poder gozar gostoso, além de continuar com o que tinha.

Para mim parecia ótimo. Ela vivia me presenteando. Me mandava coisas por Sedex. Eliana deixava sacolas de comestíveis na portaria. Em pouco tempo, não me faltava nada. Ou faltava tudo. Faltava a quem amar. Aquela abastança não me tornava feliz. Era duro viver sem Magda. Mas eu sobreviveria à ausência dela, como sobrevivera a todas as outras opressões.

25.

Certa noite eu lia concentradamente, quando o guichê foi aberto e a cara feia de um guarda apareceu. Ele disse que tinha uma notícia muito difícil para me dar. Com receio de que fosse falar de minha mãe, perguntei se era com meu pai. Sim. Meu pai havia falecido durante a manhã. Matilde telefonara avisando. Seria enterrado no dia seguinte.

O guarda deu a notícia e fechou o guichê. Caminhei até a janela, e então senti a granada sem pino que fora jogada dentro do xadrez. Meu pai morrera. Não o veria mais. Danei a chorar. Não chorava realmente. Apenas um negócio na garganta me fazia soluçar e uma dor queimava o cérebro.

Eu não entendia. Passara a vida brigando com ele, apanhando e sofrendo em suas garras. Ele destruíra minha infância e prejudicara minha adolescência. Eu o odiara. Agora estava ali, chorando sua perda, agoniado de arrependimento e remorso. Eu o amava. Descobri naquele momento. Apesar de tudo, amava aquele homem.

Morreu enlouquecido. O último ano oscilara entre a lucidez

e a loucura. Fora se entregando à morte. Pobre homem. Doía em mim constatar sua infelicidade, sua angústia. Precisava se embriagar todo dia para conseguir alguma alegria.

Fiquei pensando no que o transformara naquele rebotalho. Qual seria a raiz de sua desmotivação para viver? O que o fizera se entregar tão completamente à alienação do álcool? Que desespero, que frustração o levaram a jogar fora sua vida, de modo tão grotesco? Algo decerto o fazia sofrer muito, e a bebida era sua fuga. Mas o quê? Ele jamais conversara comigo. Eu nada sabia de seu íntimo. E ele fora meu pai, como podia?

Logo chegou carta de Magda. Ela fora ao enterro. Tinha uma amizade muito forte com Matilde e minha mãe. Dava-me pêsames. Puta da vida comigo porque preferi receber Eliana. Por mais meu coração pedisse, eu não cederia. Agora estava mais fácil suportar sua ausência. Doía, mas eu precisava me preservar. Afinal, era um sobrevivente e tinha auto-estima.

Recebi carta da editora. Gostaram de meu livro. Mas tinham o caixa baixo e o papel encarecera. Estavam publicando somente autores consagrados. Meu livro ficaria numa fila de novos autores a serem lançados quando a situação melhorasse. Pedi que mandassem o manuscrito de volta.

Mergulhei em depressão profunda. Perdera tudo. A mãe doente, e eu sem saber direito como ela estava. A mulher. O pai. A liberdade, com o indeferimento do meu pedido de semi-aberto. Agora, o livro que não seria mais publicado. Eram perdas demais.

Eu estava na sala onde trabalhava, quando o Décio adentrou, esbaforido. Descera da sala do diretor-geral naquele minuto. Eu não gostava do Décio. Gabola em excesso, achava-se melhor que todo mundo. Afirmou que vira na mesa do diretor a sentença do juiz: meu pedido de progressão de regime fora deferido.

Não gostei daquilo. O sujeito vira a sentença de indeferimento e confundira as bolas. E insistia; discutimos. Eu começava a ser mal-educado. Ele percebeu minha indignação e definiu. Subiria novamente à sala do diretor para confirmar. Fiquei esperando, certo de que o cara viria me pedir perdão pela mancada.

Décio voltou todo sorridente. A famosa frase nos lábios: "Não falei?". Ele confirmara o que vira. Imediatamente me desculpei e o larguei falando sozinho. Corri ao assistente penal de plantão e pedi que me escoltasse até a diretoria. Expliquei, e ele, de pronto, se dispôs a me acompanhar.

O diretor-geral mostrou-me a sentença. Como eu previra, a psiquiatra fora contra minha progressão de regime de cumprimento de pena. Mas seu parecer estava em desacordo frontal com os pareceres da psicóloga, da assistente social e da diretoria. O juiz resolvera me conceder o regime semi-aberto.

Eu estaria livre novamente! Foi uma explosão de vida, de felicidade. Não dava nem para acreditar. Parecia que eu nascera ali. Vivera a vida toda preso. Morreria sem saber se a rua era de verdade ou ilusão de minha mente sofrida.

Restava esperar ser removido para uma prisão de regime semi-aberto. Existiam várias, a maioria era rígida e ficava no interior do estado. Eu preferia ir para a de Franco da Rocha. Era próxima a São Paulo, eu poderia conseguir emprego na capital. Trabalharia de dia e dormiria no presídio. Pedi ao diretor que encaminhasse a transferência para Franco da Rocha. Ele se comprometeu a me ajudar.

Fui radiante de alegria para o xadrez. Avisei todos os amigos. Escrevi a Henrique, que estava na Penitenciária de Araraquara. Não conseguia parar. Andei parte da noite na cela, no escuro. Pensava, planejava e arquitetava. Deitei e, mesmo cansado, não preguei os olhos.

Dia seguinte, sonolento mas feliz, corri até o assistente penal e pedi que telefonasse a Magda. Quando minha mãe adoecera, havíamos passado meu dinheiro para a conta da namorada. Ela ainda merecia minha confiança. Eu queria comprasse calça, camisa, sapato, blusão para mim e depositasse na portaria. Só isso.

Decidira: passaria meu trabalho para o Passarinho, um amigo. Não trabalharia mais até ser removido. Faria ginástica, levantaria peso e continuaria com minhas corridas diárias. Só não deixaria de freqüentar o sanatório. Ficaria parte do dia por lá. O único lugar da prisão, além de minha cela, onde me sentia bem.

A resposta da ex-namorada foi imediata. Dia seguinte o assistente penal me chamou para avisar que a roupa fora depositada. Magda tentara me ver, mas o regulamento não permitia. No domingo não poderia vir. Eu retirara seu nome do meu rol de visitantes. Ela mandava recado para que eu a registrasse novamente. Queria me ver de qualquer jeito.

Não, eu não a registraria. De modo algum. Ela havia me abandonado quando eu mais precisava da sua companhia. Agora que eu ia sair queria me ver? Não e não. Eu iria para Santa Catarina experimentar Délia. Recebera mais fotos. A maior loiraça, corpo explodindo pelas costuras do maiô.

Iria atrás de Eliana também. Provavelmente, lá fora, com tempo, carinho e dedicação, acabaria por gostar dela. Solteira como eu. Desprendida, sem filhos, ideal para casar e fazer família. Agora meu objetivo era esse. Eu sabia que minha mãe morreria em breve. Ficaria sozinho no mundo. Passava dos quarenta anos. Então urgia produzir filhos.

Experimentei as roupas. Bonitas e na minha medida. Deixei na inclusão para quando saísse. Escrevi a Eliana e a Délia contando a novidade. Expus meus planos de encontrá-las. Iria para Santa Catarina. Eliana viria de Campinas me buscar de carro na rodoviária de São Paulo. Eu estaria com ambas.

Comecei a arrumar minhas coisas para viajar. Abandonar

aquela prisão definitivamente. Demoraria um pouco a remoção, mas eu esperaria tranqüilo. Já agüentara tantos anos... Agora não fazia mais parte daquele lugar. As pessoas me olhavam diferente, com inveja. Natural. Quando amigos meus se foram, impossível não sentir inveja. Não por julgar que eles não mereciam sair. Mas por querer ir também.

Magda continuava a me escrever. Excitada com minha saída. Queria exclusividade. Planejava onde me levaria, o que faríamos, onde dormiríamos. Confesso que gostava daquilo. Mas não tinha ilusões. Enquanto estivesse preso, não dava muito para acreditar em nada.

E assim passou um mês, e veio o mês seguinte. Comecei a achar que não iria para o semi-aberto coisa nenhuma. Tinham me enganado.

Havia malhado firme no pátio. Correra e batera no saco de boxe quase as duas horas de recreação. Acabara de tomar um banho e me enxugava ao sol. Então me avisaram que minha matrícula e a do Natal estavam na lousa de requisições. Natal também ganhara o direito ao semi-aberto. Fomos ao guarda, e ele nos disse que seríamos removidos naquele momento.

Levei um choque. Fiquei olhando meio abestalhado para o guarda. Natal me abraçou. Quase caio para trás, se ele não me ampara. O companheiro era fortíssimo. Lutava boxe e estava bastante musculado. Nordestino, com sotaque forte. Gostava de ler e estudar. Amigo de meus amigos.

Juntamos nossas coisas e saímos andando. Quando chegamos à inclusão, os condutores do carro dos presos nos apressaram. Iríamos para Tremembé. Uma prisão de regime semi-aberto do Vale do Paraíba. Não gostei. Das piores, segundo informações.

O carro era revestido de aço por dentro e por fora. A viagem foi sofrida. O sol pegando forte. A via Dutra com um trânsito pesado. O motorista carrasco. Batíamos a cabeça no teto a cada buraco. A roupa, ensopada, grudava no corpo. Mas estávamos felizes. Saíamos da penitenciária, para nunca mais voltar.

Finalmente, chegamos a nosso destino. Desci do carro, tonto. Passava mal. Mas, ao respirar aquele ar puro, me recuperei. Fomos revistados, ficamos nus e tivemos nossas coisas vasculhadas. Os guardas pareciam piores que os da penitenciária. Eu já estava vacinado contra eles. Para mim não existiam, faziam parte da paisagem, junto com ouriços, arames farpados e tudo o que feria.

Levaram-nos por um corredor comprido à cadeia de cima. Eram duas, a de cima e a de baixo. Parecia um enorme galinheiro. Alambrados altos com arame farpado e ouriços. Não havia muralhas. Somente cercas de arame envolvendo os pavilhões. Natal e eu fomos conduzidos ao de número 5.

Na entrada, encontrei o Neca. Tremendo negão com cara e jeito de menino. Todo dengoso. Trabalhara conosco na penitenciária. Meio inseguro, mas me queria bem. Ajudou-me a carregar as coisas para o alojamento.

O dormitório, um grande recinto retangular, com dez camas-beliches de cada lado e cinco no meio. Lotava-se conosco. Sem grades nas janelas. Só se enxergavam alambrados e mato. O ambiente pareceu-me tranqüilo. Eu conhecia apenas o Neca. A maioria dos companheiros, uma rapaziada nova provinda de distritos policiais e da Casa de Detenção. Fiquei com uma cama superior; todas as de baixo estavam ocupadas.

Neca nos apresentou àqueles que eram considerados malandros de conceito. Explicou as regras. Cedo, o café no refeitório, na saída daquele aposento. Um espaço razoável, repleto de mesas e bancos de concreto. Um televisor no alto, no centro. Após o café, abriam o pátio de recreação. Grande e todo gramado. Fechava às dezessete horas. Então a tevê era ligada, mas somente na Globo. Seletor bloqueado, para não haver discussões. Às dez da noite os guardas desligavam o aparelho e nos levavam para o dormitório. Trancavam. Na sexta e no sábado podíamos assistir tevê até mais tarde. Tudo no controle do relógio.

Natal e eu éramos os mais velhos. Presos havia mais tempo. Enquanto não encontrássemos trabalho lá dentro, ficaríamos restritos ao pavilhão. Teríamos de conseguir requisição para sair.

Dormir foi difícil. A cama ruim, a agitação e o calor do verão que se encerrava, quase insuportáveis. Acordei mal, dolorido. Na branca nudez de meus sentimentos, pensei na liberdade. Sorri, levantei-me e arrumei a cama. Uma alegria inteira esparramava-se pelo meu rosto. Fiz a higiene no banheiro e fui ao refeitório aguardar o café.

Fôramos colocados no alojamento A. Do lado, o alojamento B. Uma centena de presos por pavilhão. Os juízes estavam dando diversas sentenças para cumprimento de pena em regime semi-aberto. Essa era a política prisional para desafogar os distritos superlotados.

Atendemos requisições para médico, dentista, setor de prontuários e setor jurídico da prisão. Estávamos sendo fichados, catalogados e investigados. Com a advogada, fizemos os cálculos de minhas condenações. Concluímos que eu teria de cumprir mais seis anos em regime semi-aberto. Só depois poderia pleitear a progressão para o regime de albergue domiciliar. Significava liberdade. Eu iria para casa. O único compromisso seria todo mês assinar um livro na Vara de Execuções Criminais.

Tentei ser otimista. Imaginei, ficaria uns dois anos trabalhando, e, com bom comportamento, o juiz me daria uma chance. Eu a cavaria com empenho e cuidado, como noutras vezes.

Natal e eu estávamos na mesma situação de triagem. Apegamo-nos fortemente um ao outro. Éramos disciplinados, praticávamos corrida, ginástica e boxe juntos. Leitores e estudiosos apaixonados, tínhamos muito que conversar.

Ele, marxista radical, lera muita política e possuía um conhecimento razoável de filosofia. Eu, efervescente. Depois de cerca de dois anos de aprendizado com a professora da PUC, julgava-me dono de uma linha segura de raciocínio lógico. Agora tinha oportunidade de diálogo. Natal era um homem sério, casado e com os filhos criados. Em poucos dias, construímos uma amizade firme.

Juntos, éramos uma potência na política do pavilhão 5. Muitos queriam se aproximar a fim de partilhar do conceito que representávamos. Davi era um desses. Marceneiro de profissão, trabalhava nessa área na casa. Ao me ouvir contando a respeito do curso de marcenaria que eu fizera pelo SENAI na Penitenciária do Estado, convidou-me para trabalhar com ele.

Davi era o homem do martelo. Fora fazer um serviço para uma freguesa. Esta saíra e deixara a filha, jovem e tentadora, sozinha na casa. A menina ficou andando de calcinha e sutiã na frente dele. Davi não teve dúvidas. Cantou, ela saiu fora: queria apenas brincar com ele. O companheiro agrediu-a com o martelo várias vezes. Possuiu a garota enquanto ela agonizava e morria.

Tarado e estuprador na cadeia, ou vive no seguro de vida, trancado, ou é assassinado mesmo. Davi estava passando batido porque mentia ter sido preso por homicídio. Mas Natal e eu sabíamos. Ele estivera na Penitenciária do Estado, morando na ala de seguro de vida.

Não contávamos para ninguém. Não participávamos de nenhuma comissão punitiva. Viver e deixar viver, nossa política existencial. Mas não permitíamos aproximações. Só que agora se tornara interessante. O trabalho me atraía. Pensei que, se chegasse trabalhando, ganharia algum conceito junto à diretoria do presídio. Não havia trabalho para todo mundo. Estava para acontecer um acordo entre a Amplimatic e a casa. Centenas de presos seriam empregados na fábrica de antenas, em São José dos Campos. Seria difícil obter uma colocação daquelas.

Eram novecentos presos na cadeia de baixo e a mesma quantia na de cima. Os que trabalhavam na casa e os que estivessem ali havia mais tempo teriam prioridade. Trabalhando, eu teria mais chances. Davi afirmava que eu ganharia um bom dinheiro fazendo móveis com ele. E eu precisava. Meu caixa andava baixo.

Dia seguinte saí com Davi para trabalhar. Marcenaria grande. Várias bancadas, mas marceneiros mesmo só ele e o Gordo. Os dois disputavam os fregueses que pagavam melhor. Na verdade, o Gordo não era um profissional, fazia mais reparos. Davi, apesar de muito competente, era medroso e acovardado. Então o outro, de cima de sua malandragem, o explorava.

Davi me recrutara agindo de esperteza. Sabia que, se eu trabalhasse com ele, o Gordo não poderia mais extorqui-lo. Senão teria que fazer a mesma coisa comigo. E o sujeito não era tão malandro assim.

Eu ganhava quarenta por cento, e Davi sessenta, do que rendesse nosso trabalho. Iniciamos construindo três gabinetes de pia. Eu havia esquecido o que aprendera. Já não sabia manusear as ferramentas. Ele teve de me ensinar. A princípio com gentilezas e cuidados. Quando viu que sua didática não funcionava, foi se tornando prepotente. Não reclamei. Levei em conta que errava mesmo. Atrasava as entregas e o pagamento.

Fui me aplicando duplamente e, aos poucos, retomando as técnicas. Então passei a retrucar seus modos grosseiros comigo. Davi melhorava, mas depois voltava a esbravejar.

Como não havia outro jeito, peguei-o no alojamento. Eu estava forte como um touro. Sem gordura alguma e musculado. Quando comecei a bater, ele se encolheu. Fiquei com dó. Parei, sentei em sua cama e mandei que sentasse também. Expliquei que não podia me tratar mal. Ele era um filho-da-puta de um estuprador e tinha que me respeitar. Davi chorou, dizendo-se arrependido. Não faria mais aquilo. Queria que continuássemos a trabalhar juntos. O Gordo se afastara, e ganhávamos dinheiro.

Nesse dia saiu a lista dos autorizados a passar a Páscoa em casa. Cinco dias na rua. Os companheiros deixariam o presídio na quinta e retornariam na segunda. Eu conversava com o Natal na hora do almoço. Fazia quinze dias que chegáramos, estávamos convencidos de que não daria tempo para o juiz examinar nosso caso. Queixávamo-nos porque talvez fôssemos os únicos a ficar.

Então apareceu Davi, todo excitado. Fora ver a lista. Sorriu para nós e disse que nossos nomes estavam lá. Não acreditamos, fomos ver. Era verdade! Também sairíamos. Aquilo me engasgou. Tive um acesso de tosse tão forte que quase vomitei. Depois de me recuperar, voltei com os outros para o alojamento, em silêncio.

O dia me atravessava, o que faria quando pusesse os pés na rua? Era surpreendente: pouco tempo antes, irreversivelmente preso. Eu pensava em cumprir trinta anos. Agora, em alguns dias, estaria solto, para fazer o que quisesse. Mil pensamentos cruzavam minha mente, um caleidoscópio.

Havia uma placa informando que seria preciso ter o capital para pagar a passagem para São Paulo. Caso não tivéssemos, não nos seria permitido sair. Era pressão. As passagens acabariam sendo compradas, e sairíamos. Claro que, por via das dúvidas, fui ao chefe de disciplina e pedi que ligasse para Magda. Queria que ela mandasse a grana pelo correio.

No alojamento, escrevi para Eliana. Expliquei que teria de resolver um monte de problemas. Assim que estivesse liberado, telefonaria e nos encontraríamos. Queria todo o espaço possível para ser livre. Lá fora decidiria a quem procurar ou o que fazer.

Meu único compromisso era com minha mãe. Eu devia passar algum tempo com ela. E não adiantava mentir para mim mesmo: queria ver Magda. Sabia que ela queria também. Nem que fosse uma última vez, eu a queria e achava que merecia.

Dia seguinte, o chefe de disciplina me chamou. Conversara com a ex-namorada. Ela iria mandar o capital e estaria na estação rodoviária de São Paulo. Esperaria na plataforma 46. Viria de carro. Eu não saberia ir à casa de minha mãe, precisava dela. Jamais fora ao Embu.

Dali para a frente as horas se arrastaram. Pior que alguns idiotas ficaram escrevendo na lousa do refeitório os dias que faltavam para a saída.

Davi tinha aceitado uma encomenda grande. Jogo de quarto, sala e cozinha. Pegamos mais um auxiliar. Eu me atirava à execução da tarefa qual fosse a única solução. Trabalhava febrilmente, como um louco, buscando vencer a ansiedade. O tempo tornava-se denso, quase palpável.

Na quarta-feira ninguém dormiu. As horas começaram a se acelerar. Conversei com Natal e Carlinhos, um rapaz que se agregara a nós, nosso amigo, a noite toda.

Enfim chegou a hora. Quatro da manhã. A chamada foi feita por ordem alfabética. Na minha vez, dei um pulo e saí com o coração soando nos ouvidos. Passei na rouparia. Deixei as tralhas de cumprir pena.

Apanhei uma fila de uns cento e cinqüenta metros. Parecia que não andava. Arrastávamos os pés a cada metro vencido. Liberdade aos metros. Pior eram os intermináveis Joões e Josés antes de todos nós, Luizes. Passei cerca de duas horas naquela fila de desesperados.

Enfim, depois de milhares de suspiros e mudanças de posição, chegou minha vez. Passei na tesouraria, peguei meu dinheiro e minha identidade. Numa mesa à saída, apanhei o salvo-conduto.

Fui encaminhado para o ônibus. As poltronas eram muito confortáveis, e tudo me encantava. Quando o veículo lotou, um funcionário que iria conosco na escolta deu a ordem de partida.

Vagarosa e mansamente, o motorista foi manobrando na frente da prisão até pegar a rua. Eu, um feixe de ansiedades e excitação.

Atravessamos a cidade de Taubaté. Ao entrar na via Dutra, o ônibus era nosso. O funcionário, ninguém. Exigiram que o motorista parasse no primeiro restaurante da estrada. Desculpa de que faltavam cigarros.

Eu, particularmente, não gostei nem um pouco. Aquilo ia atrasar a chegada. Mas acompanhei os presos que corriam para o bar. Queriam beber. Parei, aspirei fundo o ar da liberdade: que gostoso! Entrei no bar do restaurante. Disputei espaço. A alegria ali era total. Pedi um conhaque. Demorou, mas fui servido. Desceu como fogo. Os olhos se encheram de água. O motorista buzinava.

A bebida diminuiu a ansiedade. Fiquei mais alegre e participativo no ônibus. Uma garrafa de vodca começou a correr, de assento em assento. E logo subiu o cheiro da erva queimada. O funcionário reclamou, ameaçando parar no primeiro posto policial. Assustei-me. Só faltava ser obrigado a voltar.

Apagaram o baseado, e o homem se acalmou. Mergulhei em minhas perspectivas. Observava as imensas fábricas e a vegetação às margens da estrada. Magda estaria me esperando. Sairíamos juntos, estava louco para comê-la. Esqueci Eliana. Dependendo da conversa, ficaria os cinco dias com a ex-namorada. Seria tudo de acordo com o que fosse acontecendo. O telefone de Eliana no bolso para qualquer eventualidade.

Ao cabo de duas horas, chegamos ao ponto de desembarque. Comecei a reconhecer minha cidade. O coração ficou aos pulos, a respiração acelerou.

Na rodoviária, descemos do ônibus, e já me senti perdido na multidão. Todos apressados. Eu não sabia nem como sair dali. Deu pânico. Arthur, conhecido da Penitenciária do Estado, percebendo que eu estava aflito, pegou no meu braço e foi me guiando para a saída. Expliquei meu ponto de encontro com a ex-namorada. Ele me levou à plataforma 46. Não a vi.

Quase torci para que ela não tivesse vindo. Queria entrar num bar, beber uma cerveja, estar com gente, ver garotas, a rua... Magda me seqüestraria. Claro que com meu consentimento e participação.

Subimos e descemos escadas rolantes. Complicado colocar o pé, dava medo. Desembocamos na rua. Pisei e me pus a andar, ao lado do amigo, trombando com homens e mulheres e me desviando com enorme dificuldade. As garotas estavam com as saias mais curtas ainda, gostosíssimas! E eram tantas que nem dava para olhar para uma delas em especial. As cores berrantes, o sol, tudo me sufocava. Até as pessoas, com seus olhos perdidos sei lá onde, me incomodavam.

O bar estava lotado de companheiros, vindos de Tremembé, de Mongaguá e de outras cidades. A maioria deles já bêbados. Jogavam bilhar sem enxergar as bolas direito. Faziam escândalo. Deu medo. Medo de a polícia chegar e levar todo mundo. Eu não podia ser preso de modo algum. Estava decidido a gozar meus dias de liberdade a qualquer custo. Eu merecia.

Cerveja gelada, uma delícia. Esqueci o perigo. Passei os olhos pelos companheiros embebedados, invadido pela compaixão. Presos, fodidos, quando nos soltavam, eram naturais os excessos. Tudo aquilo tinha a ver com o constrangimento de estar mas não se sentir parte.

Saímos rapidamente. Arthur me reconduziu à plataforma 46. Magda não estava ali. O amigo seguiu seu destino. Subi ao andar superior, atrás de um telefone. Liguei para a casa dela. A filha atendeu. Sua mãe estava na rodoviária desde cedo, me procurando. Deixei recado, caso ela telefonasse. Esperaria no local combinado.

Desci a rampa, acomodei-me no assento em frente à plataforma. Fiquei observando as moças. Calças agarradíssimas. As calcinhas, apenas um fio marcando as bundas redondas, cheias. Minha cidade. Esparramei o esqueleto na cadeira, feliz da vida, a contemplar. Até esqueci que esperava uma mulher.

Um segurança me olhava. Fazia cara feia. Decerto ciente de que por ali desembarcavam presos. Decidi enfrentá-lo. A cerveja decidiu por mim. A vontade era bater nele. Não dava para aceitar que um merda daqueles viesse se meter a autoridade comigo. Ele olhava, eu encarava. Nisso de duelo de olhares ameaçadores eu era bom. Quando o sujeito, julgando-se afrontado, veio para cima, preparei-me para ser duro e forte. Foi nesse instante que olhei para a rampa e lá vinha Magda, descendo a ladeira.

Deixei o guarda com o passo no ar. Levantei-me e a surpreendi, pegando-a antes que ela me visse. Abraço apertado e beijo na boca. Lindinha, de bermuda colante e cabelo curto como eu gostava. Brava comigo. Onde me enfiara? Fazia horas que procurava por mim. Estava lá, respondi. Ela passara várias vezes por ali e não me vira. Pedi que esquecesse, estávamos juntos, era o que importava.

Olhei o segurança, voltara a sua posição. Fiz questão de passar rente a ele e olhar na bolinha de seus olhos. Filho-da-puta! Era minha mensagem.

Seguimos em direção ao estacionamento, abraçados, felizes e rindo do guarda. O carro, um Fiat, muito bem cuidado. Rápido saímos para o trânsito. Calor forte. Prenunciava chuva para o fim da tarde. Quanto carro! Um mais bonito que o outro. Atravessamos a cidade. Eu bebia tudo com os olhos. Namorei portas, outdoors, mulheres, cores, tudo me parecia iluminado e belo.

Magda perguntou se eu queria ir a algum lugar específico. Fiquei sem saber o que responder. Ela sentiu meu embaraço e sugeriu fôssemos ao Parque Ibirapuera. Tínhamos muito que falar. Claro, concordei, um bom lugar para conversarmos. Olhava-a.

Suas coxas grossas, rostinho doce, toda macia e deliciosa com aqueles lábios fartos. Onde eu pegasse, os dedos se afundavam. Estava louco para catá-la e enchê-la de beijos e abraços!

Ela estacionou numa das ruas laterais. Descemos do carro e adentramos aquele jardim imenso, de mãos dadas. Magda perguntou se eu havia gostado de seu novo visual. Sim, adorei! Ela estava linda. Mas existia uma certa distância entre nós. A intimidade meio difícil.

Sentamos isolados, num gramado, embaixo de uma árvore. Começamos a pior parte. Ela me disse que estivera com o tal de Chico até dois dias antes. Terminara com ele. Queria passar os cinco dias comigo. Completamente. Ele até aceitaria, mas ela não. Saíra fora, mesmo. Aquilo me irritou. Me deu ganas de estrangular o canalha! Mas também satisfez meu ego. Ela dispensou o sujeito para ficar comigo, mal saí da prisão. O cara devia estar putíssimo por ser descartado assim.

Eu queria, agora, beijá-la, pegá-la e possuí-la. Sofrera como um cão por causa dela. E ali estava, de quatro, doido para juntá-la ao peito. Como podia aquilo? Ela me traíra. Provavelmente mentia ao dizer que terminara com o sujeito. Ele voltaria assim que eu retornasse para a cadeia. Eu sentia que caminhava outra vez para a dor, conduzido pelas mãos tão queridas. Não aprendia.

Desisti de mim, que se danasse! Não seria o medo da dor que me impediria de ser feliz. Pelo menos não naqueles cinco dias. Certo de que ela me abandonaria novamente.

Chegava de conversa. Puxei-a para mim e beijei-a como sonhara naquele tempo todo de separação. Ela correspondeu amplamente. Do beijo e da carícia para o tesão foi um pulo. As mãos começaram a seguir seus caminhos naturais. Gostoso senti-la sumarenta, desejosa de mim, por dentro da calcinha. Uma sensação de estar vivendo por inteiro. De ser gente de fato, atraente e interessante. Uma reação a tanto desvalor que recebera da vida e das pessoas em geral. Não demorou, e ficou ousado demais. Quase nos devorávamos ali mesmo.

Magda, sempre querendo aparentar bom comportamento, reagiu. Levantou-se e me convidou para ir embora. Eu não queria, mas era o único jeito. Beijos e abraços não parariam o tempo para que fôssemos felizes. Apesar da nítida sensação de nosso tempo já ter acabado. Mas havia cinco dias de vinte e quatro horas cada um para viver.

Como ela dissera que eu iria conhecer sua casa, pensei estivesse me levando para lá. Contou que os filhos sabiam que ficaria comigo os cinco dias. Dormiriam na casa de uma prima sua. Sei lá como, convencera-os de que eu precisaria dela naqueles dias.

Quando chegamos em frente a um letreiro luminoso, Magda perguntou se eu queria satisfazer uma das fantasias que cultivávamos. "Qual?", perguntei. Ir a um motel cinco estrelas. Na hora percebi que ela planejara tudo. Procurei ler o letreiro. Motel Três Marcianos.

Na portaria só ouvi uma voz. Magda pagou e deu seu documento. Descemos uma ladeira com várias garagens. Entramos numa delas. A porta ergueu-se automaticamente conforme o carro foi avançando. Subimos uma escada de caracol, eu apalpando aquela bunda carnuda. A sala com móveis de ferro laqueados de branco. Cozinha equipada com geladeira e tudo o mais. O quarto, um espetáculo. Teto espelhado, cama redonda, tevê com vídeo, chão acarpetado de vermelho vivo. Tudo em cores combinando, em dégradé. Aconchegante demais.

Tirei minha roupa imediatamente. O calor me sufocava. Ela fez o mesmo. Abraços, beijos e carícias. Tudo muito terno e doce a princípio. Os caminhos conhecidos e muitas vezes percorridos daquela mulher sempre me causaram imenso prazer. Ela se deitou e pediu que eu viesse. Mergulhei nela, sentindo qual me afogasse.

Ficamos abraçados, ainda enterrados um no outro. Quase que inconscientes. Então começou a me dar fobia. Agora aquele quarto parecia feito de plástico. Como que ia diminuindo. Eu sentia tensão, uma pressão inexplicável. Levantei, a companheira percebeu que eu passava mal. Suava.

Eu queria ir embora. Ela disse que eu precisava relaxar primeiro. Fomos para a hidromassagem. Uma banheira redonda e enorme, mais a ver com piscina. Na frente, um jardim pequeno. Lá fora começava a chover.

Entrei, ela mexeu nas torneiras. De baixo e dos lados da banheira jorrou uma água quente com jato forte. Surpreendi-me, mas logo relaxei. Fiquei boiando. Ela entrou e começou a cuidar de mim. Massageou meus ombros, minhas costas, dizendo coisas de seu coração. Eu pensava: como ela conhecia bem aquele ambiente. Devia ter ido lá um monte de vezes, e com vários homens.

Então Magda disse que estava na hora. Precisava levar os filhos à casa da prima. Chovia forte, o trânsito confuso. Sua casa não era longe. A água batia no carro produzindo um som de caverna. O limpador de pára-brisa não dava conta. Ela entrou na garagem com uma manobra muito hábil.

Um sobradinho bonito, parecia assim bem aconchegante. As crianças assistiam televisão. Voaram na mãe, beijos e abraços. Cumprimentaram-me sem alegria. Eu ia roubar-lhes a mãe, era compreensível.

As roupas em sacolas. As crianças prontas. Um plano, a estratégia estava armada. E as crianças colaboraram. Não entendi por quê. Atravessamos a cidade. Elas conversavam coisas delas. Eu escutava apenas, com receio de falar bobagem. A chuva cessava, as águas alongavam tudo no chão. A cidade estava lavada. Eu novamente livre, como era bom! Nem queria pensar que teria de voltar.

Chegamos. Entraram os três na casa. A prima saiu. Queria me conhecer. Eu quis ir embora. Não gostava de ficar na vitrine.

"E agora?", perguntou Magda, já a caminho de não sei onde. Eu pensava em ir ver minha mãe. Mas as passadas de mão e as carícias nos levaram à sua casa. Chegamos nos agarrando. Eu queria possuí-la ali mesmo, no carro. Pediu-me que esperasse.

Queria fazer comida para nós. Subiu ao quarto, voltou com um shortinho verde, as pernas à mostra. Eu quis agarrá-la. Ela se desvencilhou, rindo e correndo para a cozinha. A casa era nossa. O tempo também. Dona Eida ia esperar, fazer o quê? Magda pôs o avental e ficou mexendo na pia e no fogão. Sentei-me à mesa, comendo-a com os olhos. Aquela bundinha e aquelas pernas morenas na minha frente, muito mais do que eu podia agüentar. Abracei-a por trás. Encostei-a na pia e me esfreguei gostosamente no seu traseiro macio.

Jantamos uma salada gostosa e leve. Tiramos a mesa e fomos para a sala. Ela queria me mostrar o álbum de fotografias e as gravações que fizera. Sua voz soava doce, fininha. Levou-me a um quartinho. Num armário estavam minhas cartas. Inúmeras. Quatro anos de correspondência contínua. Examinei minha letra. Aquilo parecia ter muito pouco a ver comigo. Minha preocupação era outra. Queria reconquistá-la. Retomar o que considerava meu.

Ela recitou alguns poemas que eu lhe escrevera. Deitamos no tapete da sala. Ficamos lembrando momentos bons da relação, entre beijos e afagos. Novamente o tesão veio forte, dominante.

Depois do prazer, fomos para o banho. Conversamos sobre uma porção de coisas. Ela contou dos filhos, do ex-marido, de suas atividades. Falava sem parar, fugindo do assunto principal.

Como ficaríamos dali em diante. Notei um certo receio de que o tal de Chico aparecesse.

Não dava mais tempo de ir para a casa de minha mãe. Fomos para a cama e começamos tudo de novo, me senti morrendo pelas extremidades.

Acordei alta madrugada, deixei-a na cama, dormindo, e desci. Abri a geladeira, tomei uma água gelada e comi um pedaço de queijo fresco. Fui mexer na bolsa dela, em busca do endereço do tal de Chico. Não achei.

Liguei a tevê, vi parte de um filme, desassossegado. Fui até a rua e observei a noite negra pontilhada de estrelas vivas. Notei que me refletiam numa poça de água da calçada. Livre. Poderia fazer o que quisesse. Inclusive sair correndo. Amanhecia. Subi e fiquei olhando Magda dormir. Como era bonita! Como eu a amava!

Ela acordou e me deu o sorriso mais doce do mundo. Enchi seu rosto de doces beijinhos, abracei-a e fiquei sentindo o calor de seu corpo. Meu ombro umedeceu-se, ela chorava de mansinho. Feliz, acho.

Fomos para a casa de minha mãe, que eu nem imaginava como seria. Não era longe. Quando desci do carro, o sol coagulava em minha pele arrepiada de frio. Várias pessoas nos olhavam. Éramos estranhos. Encarei todo mundo com a cara fechada. Também os estranhava. O portão de ferro aberto, entramos. Magda chamou: "Dona Eida, dona Eida...".

Um quintal comprido. Fomos até o fundo. Havia uma única porta aberta. A ex-namorada entrou primeiro. Lá estava minha mãe, mexendo na pia. "Olha ele aqui, dona Eida!" Ela apenas olhou e disse: "É ele mesmo", e continuou no que fazia. Dei a volta na mesa e abracei-a. Ela estava quente, como a lembrança que eu tinha dela. Mas não era mais a mãe que eu conhecia. O rosto torto, assim caído, muito mais velha do que eu lembrava.

Engoli sombras. O derrame a destruíra, e algo dentro de mim se derretera com ela.

Sentei-me no sofá novinho. Minha mãe tremia, sua testa porejava gotas de suor. Sentou-se a meu lado, procurei acalmá-la. Uma garota cozinhava. A filha da vizinha, que trabalhava para ela. Magda sentou-se do outro lado de dona Eida e a abraçou.

Dei uma volta pela casa, tentando o controle. Pequena, mas jeitosinha. No quarto, um rack enorme com prateleiras fechadas por portas de vidro. Ali, meus amados livros. Eu os colecionava fazia vinte anos, mas jamais os vira assim arrumados. Velhos amigos muito caros a meu coração. Folheei alguns, namorei outros, emocionado.

Quando voltei, minha mãe mostrava-se descontraída. Não tirava os olhos de mim. Na pia, a garota labutava. De repente, uma multidão invadiu a cozinha. Matilde, filhos, genros e netos. Beijos e abraços aos montes. Fizeram até fila para me cumprimentar. Havia um nenê lindo que peguei no colo. Brinquei, e ele sorriu.

A alegria tomou conta da casa. Risos e gargalhadas. Na geladeira, encontrei meia dúzia de cervejas. Abri uma e fui bebendo na garrafa mesmo. O pessoal se apropriou das outras. A alegria e o barulho aumentaram.

Senti que a bebida me pegava. Matilde nos convidou para almoçar em sua casa. Dona Eida não gostou, mas concordou com elegância. Pegamos as comidas e nos dirigimos em bloco para a casa de sua filha adotiva. As mulheres foram para a cozinha. Ficamos, Balbino, o marido de Matilde, e eu, tentando entabular conversa.

Logo chegaram Marcelo e Márcio, genros do dono da casa, e Elismar, filho. Com os jovens foi mais fácil falar. Correu uma caipirinha que veio lá da cozinha. Fiquei alegre, expansivo. O som das gargalhadas das mulheres subia. Elas faziam comida, meio bêbadas.

Os rapazes tinham conhecimento sobre o crime na região. Falavam de traficantes famosos e de matadores. Os justiceiros dominavam o bairro, assassinavam todos que se atrevessem a roubar ou traficar nas imediações.

Arquivei informações, nomes e características dos justiceiros. Inimigos. Se soubessem de mim e de meu passado, provavelmente viriam me procurar. Eu teria de estar preparado para tal eventualidade. Por outro lado, minha mãe estava segura ali. Ninguém iria se aproveitar da fragilidade dela.

Entre os justiceiros havia um que agia sozinho. Muito mais perigoso. Já matara cerca de meia dúzia. Bem novo, o Valdo. Ficava nos bares, na pracinha em frente à casa de minha mãe. O que havia de garagens improvisadas em bares por lá era brincadeira. As muitas pessoas que os freqüentavam eram todos trabalhadores, mas armados.

As mulheres nos chamaram. Comida na mesa! Fartura. Matilde cozinhava como ninguém. Comi com vontade sentado ao lado da ex-namorada, ela me servia. Sentia-me querido. Comovente o cuidado e a solicitude de todos comigo e com Magda. Procuravam agradar-me, sorrisos acompanhavam cada olhar. Percebi a retração de minha mãe em relação a Matilde. Não entendi. Só tinha ouvido maravilhas sobre o que esta fizera quando do derrame. O que acontecera entre elas?

Nos empanturramos de comer, beber, falar, ouvir e rir. Cansados, todos foram embora. Dona Eida queria que eu dormisse em sua casa. Eu planejara dormir com Magda. Minha mãe esboçou cara de mágoa e fez chantagem emocional. A namorada cedeu e ajustou. Dormiria ali comigo. Nada pude fazer senão concordar.

Estendemos todos os cobertores da casa no chão, ao lado da

cama de minha mãe. À noite, deitamos. Magda virou-se para conversar com dona Eida, e eu me encaixei. Na tevê, filme de James Bond. Assistíamos, atentos. Eu, mais atento a dona Eida. Se ela virasse para nós, eu teria de fingir de bem-comportado.

Parece, era mais gostoso assim. Escondidos e na maior cara-de-pau. Enfiávamos o rosto no travesseiro para não gemer igual cães.

Eu queria ser transferido para a Penitenciária de Franco da Rocha. Cidade mais próxima a São Paulo. Os internos tinham emprego na capital e autorização para trabalhar todos os dias. E era isso que eu almejava. Já de dentro da cadeia ir me encaminhando. Tinha a convicção de que, estando na posição certa, conseguiria me ressocializar com facilidade. Vontade me sobrava. Eu queria conservar a mulher que amava e ser feliz como todo mundo.

Na casa de Magda, a angústia tomou conta. Na segunda eu teria de voltar para a prisão. Não estava nada resolvido com a namorada. Eu temia que, assim que me fosse, o tal de Chico atacasse novamente.

Conversamos. Pedi uma chance para nós. Sim, ela iria dar. Não senti firmeza em sua resposta. Fizemos um amor murcho. Algo gritava em mim: sua vadia! Acordei de madrugada envolto em ilhas de solidão e restos de sonhos irrealizáveis. Fiquei andando pela casa. Mexi em tudo. A manhã me assustou.

Saímos silenciosos em direção à casa de minha mãe, onde almoçaríamos. Na rodoviária, eu tomaria o ônibus para Tremembé a partir do meio-dia. Queria chegar uma hora antes para evitar contratempos.

Minha mãe ficou triste. Tentamos consolá-la. Matilde e família vieram se despedir. Foi doloroso separar-me daquela gente simples e boa.

Todos nos acompanharam até o carro. Da janela fui dando adeus. Meus olhos estavam secos, algo se desmanchava por dentro. Passamos num supermercado e compramos comestíveis para mim. As horas avançavam rapidamente. Conseguimos passagem para a uma da tarde. O lugar tomado por presos: cabisbaixos, alguns com a família, namoradas, filhos...

Guardei minhas coisas no ônibus e voltei para os beijos e abraços de despedida. Magda se grudou em mim, tremendo. Arranquei-me de seus braços e subi no ônibus, que partia.

Encolhi-me na poltrona. Indefeso, à mercê da dor gigantesca que me tomava. Silêncio total. A maioria dos passageiros eram presidiários. Todos sofriam muito.

Viagem dura. A mais difícil que eu fizera até então. Voltar para a prisão com meus próprios pés era desmoralizante. Contrário à natureza humana. Na garganta scca, o fogo de todos os desertos. Largar a felicidade e retornar para a tristeza e a miséria existencial. Era exigir demais de um homem. E em nome de quê? Da liberdade completa e legalizada? Valia a pena? Valia, porque só assim eu seria aceito socialmente e poderia conviver com os que amava. Mas para que o sacrifício? Decerto para aprender a valorizar a liberdade. Era um pensamento redutor, coisa do maniqueísmo linear.

Em Tremembé, descemos. Decidi encher a cara para amortecer. Andei um pouco pela cidade. Um ovo. Quando vi uma movimentação num bar, adentrei. O pessoal da prisão e prostitutas.

A maior baderna. Quase todo mundo dopado ou bêbado. As mulheres se agarravam a quem lhes desse uma chance. A meu lado encostou-se Davi, alcoolizado, me tratando qual fosse grande amigo. Não era. Mas ali estávamos irmãos, inexoravelmente.

Bebemos juntos e esquecemos da dor. Mexemos com as mulheres, encenamos comédias.

Pegamos o ônibus meio inconscientes, com os outros. Na porta da cadeia tivemos de fazer fila. Demorou tanto que ficamos ansiosos para entrar. O vento soprava, as sacolas machucavam a mão. Eu trouxera um monte de comestíveis, para o mês todo. Em maio, Dia das Mães, sairíamos novamente. Aquele mês ia durar séculos. Valia a pena, pelo menos era o que tudo prometia.

Entramos, enfim. No refeitório dos funcionários, seríamos revistados. Um guarda posicionou-se em minha frente. Mandou que me despisse, assim de forma intimidativa. Fechei a alegria bêbada da cara e incorporei a máscara negra do presidiário. Ah! Ainda havia os guardas...

Ele revistou, minuciosamente, cada dobra de roupa e cada objeto meu. Então veio o abuso de autoridade. O sujeito queria que eu virasse a bunda para ele. Eu não podia, seria censurado e questionado na prisão. Fiz que não ouvi. Levantei o saco e agachei, como era de praxe. O homem me olhou, já alterado. Encarei-o, deixando claro que aquilo era o máximo que faria. Ele se virou para chamar os outros guardas, ameaçador. Nesse momento mais presos adentraram o refeitório escoltados pelo funcionário-chefe de plantão.

O guarda chamou-o e disse-lhe que eu me recusava à revista. O graduado olhou-me ali, nu, e ficou sem entender. Pensei e agi rápido. Abaixei-me e ergui o saco novamente. O chefe ordenou que juntasse minhas coisas e me dirigisse para a prisão. O outro ficou bufando. Naquele mesmo dia, mandou três companheiros para as celas de castigo.

Tudo estava sujeito a mudanças, mas guardas e presos continuavam os mesmos. Agora eu precisava ficar atento; ele me perseguiria. Eu partia do princípio de que eles não eram tão espertos assim. Caso fossem, não trabalhariam em prisões.

No pavilhão, o confinamento me pegou. Angústia infinita. Opressão no peito da qual eu não conseguia me libertar. Olhava o alambrado, com a maior vontade de fugir. Não podia. Perderia tudo que lutara para conquistar. Ficar foragido, impossível. Eu não tinha estrutura para isso. Seria morto ou recapturado.

Por sorte Natal chegou, tão agoniado quanto eu. Vivera momentos de amor e família. Agora, a família que formara na prisão o acolheu como a um rei. Mas o contraste entre ser amado e no instante seguinte oprimido quase impossibilitava a adaptação.

Dia seguinte, na marcenaria, o mestre da oficina nos chamou, a Davi e a mim. Havia uma grande encomenda. Três guarda-roupas e jogo de armarinho de cozinha suspenso, em fórmica. Calculamos o preço e demos o orçamento. O caminhão descarregou a madeira na porta da cadeia um dia depois. Levamos para a oficina e começamos a trabalhar feito loucos. Chegávamos ao alojamento cansados demais para sofrer.

Tínhamos um mês para acabar aquele serviço. Quando saíssemos no Dia das Mães, eu queria estar com bastante dinheiro. Somente receberíamos entregando e instalando os móveis.

Eu tinha dinheiro com Magda. Mas ela faria aniversário no começo de maio, como eu. Mesmo signo. Eu queria lhe comprar um presente com meu primeiro salário. Seria o primeiro que eu receberia, depois que passara a maior de idade. Era um símbolo. Uma dignidade minha. Comemoraríamos os dois aniversários juntos.

Escrevi cartas. Não vinham respostas. Isso me deixava por demais ansioso. Eu sofria e me atirava ao trabalho. Aprendia fácil. Em pouco tempo seria um bom marceneiro. Começava a idealizar uma marcenaria para mim. Três máquinas bastariam para começar.

Eu aprendera também a fazer belos cinzeiros. Colava madeiras de cores e padrões diferentes, depois torneava as peças ao sabor de minha criatividade. Fiz uns vinte, planejava vendê-los.

Os dias se arrastaram. Sobretudo os sábados e domingos, quando ficávamos no pavilhão. Eu escrevia cartas, assistia tevê, conversava e treinava com Natal. Morria de tédio e vivia para o dia em que sairia. Queria cuidar de minha mãe. Afinal, ela cuidara de mim. Visitara-me desde o RPM, Mogi-Mirim (Instituto de Menores), Casa de Detenção, penitenciárias e prisões públicas. Fizera isso durante cerca de vinte e cinco anos. Agora era minha vez. Eu precisava fazer minha parte.

Tinha todos os motivos para ficar e esperar. Mas a alma necessitava se livrar da opressão. Daquele ambiente dolorido e difícil.

Trabalhamos muito na montagem dos móveis. O Boca, um funcionário, nos levava de carro, atravessando a cidade de Taubaté. Tomávamos umas cervejas num bar próximo. Parecíamos dois operários comuns. Ninguém diria que éramos presos. Suados, serragem e cola na roupa toda.

Concluída a obra, vinha a melhor parte. O pagamento. Davi me informou que eu receberia uma quantia menor do que a combinada. Fui investigar. Invadi o almoxarifado, onde ficava a mesa do mestre, e revistei.

Encontrei a nota e o recibo numa gaveta. Realmente, Davi dava um golpe. Só com a colaboração do mestre as porcentagens poderiam ser modificadas. Apanhei os papéis e quase esfreguei na cara de Davi. Disse-lhe que no alojamento conversaríamos.

Fui para o pavilhão, louco de raiva. Desabafei com Natal. Combinamos pressionar o sujeito.

Davi chegou dizendo que houvera um engano nas porcentagens e o mestre fora corrigir na tesouraria. Ameacei agredi-lo. Ele se encolheu todo num canto, trêmulo. Aquilo cortou minha ação. Impossível bater num homem que não reagia. Falei um monte. Dera tudo de mim no trabalho. Subira com móveis nas costas para o apartamento onde os instalamos. Agora, ser roubado por um estuprador? Ele ia ter de pagar, e caro. Mas o sujeito era covarde demais, implorou para não apanhar.

Após o almoço, escoltei-o até a oficina. Chamamos o mestre na bancada. Na minha frente Davi assumiu o "engano" que cometera. Deu-lhe novos totais conforme combináramos. Agora eu queria cinqüenta por cento. O mestre, implicado no "engano", tremeu na base. Se eu levasse ao conhecimento da diretoria, seria aberta uma sindicância administrativa para apurar. O dono dos móveis era filho do diretor-geral. Complicaria enormemente sua vida na prisão.

Tranqüilizei-o. Delatar não era comigo. Eu só queria que me desligasse da oficina sem problemas. Se procurassem saber motivos, que inventasse um plausível e me fizesse algum elogio.

Aquela fábrica de antenas de São José dos Campos, a cerca de uma hora e meia da penitenciária, estava contratando presos. Os ônibus agenciados pela empresa levavam os companheiros de manhã e traziam à tarde. Os que haviam conseguido as primeiras vagas falavam maravilhas.

Ao chegar na fábrica, tomavam café com leite e comiam dois pãezinhos com manteiga. Almoçavam no refeitório, com os demais empregados. A comida era excelente, dava de dez a zero na nossa. Um prato diferente a cada dia, sobremesa e suco gelado à vontade. Uns bifões, diziam. Era o paraíso na prisão.

Muitas funcionárias. Trabalhavam junto delas. Na hora do almoço, andavam pela propriedade, que era enorme. Até pomar possuía. Um monte de coisas interessantes. Recebiam um salário mínimo mensal. Planejei, na volta do Dia das Mães, me candidatar à primeira vaga que surgisse. Queria viver num ambiente de trabalho normal. Precisava me desenvolver. Necessitava mais liberdade, movimento e convivência com pessoas comuns.

Consegui escapar ileso da marcenaria, com um bom dinheiro. Tirara leite de pedra. Realmente estava aprendendo a viver. Davi, envergonhado e medroso, abaixava a cabeça quando me via. Há pessoas que só respeitam o que temem.

Três dias antes da saída, Natal arrumou uma confusão enorme com uns malandros do alojamento. Estávamos de saco cheio da falta de autocontrole e de educação dos jovens. Não respeitavam o sono nem a individualidade de ninguém. Ficou só na discussão. O companheiro era temido. Mas dois deles, aproveitando sua ausência, foram abusar de Edinho, um rapaz que protegíamos. Nem perceberam minha presença.

Quando chutaram o garoto, entrei com tudo na cena. Edinho era inexperiente, jamais estivera preso. Nem sei de onde tirei coragem, mas desafiei-os: que chutassem a mim. Não esperavam, assustaram-se. Acovardados, passaram a justificar. Ficou por isso mesmo. Mas eu sabia que iria repercutir. Não fizera nada de errado. Apenas defendera um coitado que os valentões queriam humilhar. Minha consciência estava em paz. Agora seria a vez deles. Não poderia deixar que me surpreendessem.

Finalmente, a saída. A mesma sacaneação da outra vez. Cerca de três horas na fila interminável. Quando cheguei na tesouraria, ao cabo de mil angústias controladas, meu dinheiro estava lá, certinho. Eu suara muito para conseguir aquela grana. Valorizava-a demais. Peguei a documentação e já fui me afastando do tumulto.

Adentrei o ônibus com o cuidado de avaliar as possibilidades. Nunca mais entraria em lugar algum sem antes observar tudo com olhar avaliador. Quase todos eram jovens. Tudo poderia acontecer. Desde a mais tranqüila das viagens até os conflitos mais impensáveis.

A viagem foi mais liberal, rolou maconha, conhaque e pinga. O funcionário, inteligentemente, fazia vista grossa. Fizeram samba, e tudo fluiu numa harmonia despreocupada. Na rodoviária, a emoção foi tomando conta de todos. São Paulo, a Babilônia contemporânea.

Saíamos de nosso mundo para entrar na vida. Olhos arregalados tentando absorver o máximo. Lá estava Magda, de sorriso e corpo abertos. Espremi-a contra o peito. Eu a queria fazendo parte de mim. Ela se separou, buscando ar. Eu a sufocara, sem perceber. Fiquei acanhado com minha excitação evidente. Iríamos de ônibus. Eu precisava aprender o itinerário. Estranhei, mas achei legal também. Tudo era legal daquele jeito. Eram clareiras na floresta. Magda estava de jeans, toda apertadinha. Eu queria que o ônibus estivesse cheio, para empolgá-la até sua casa. Mas estava vazio. Fomos conversando e beijando gostosamente.

Em casa, a namorada subiu para os quartos, dizendo que eu ficasse à vontade. O plano: ela iria para o trabalho, as crianças para a escola. Voltaria em seguida. Depois de amar, iríamos ao shopping comprar os presentes de nossos aniversários. Para a noite, Magda tinha uma proposta. Comemoraríamos numa cantina com música ao vivo, no Bexiga.

Desceu com outra roupa. Bermuda verde e camisa florida. Não podíamos chamar a atenção das crianças. Não queríamos que ficassem com ciúmes de mim.

O menino era fácil conquistar. Gostava de brincadeiras e conversas de meninos, vivia entre mulheres. A garota era arredia. Agarrada ao pai, imaginava-o companheiro da mãe. Refugaria quem aparecesse. O tal de Chico não se dera bem com ela. Ela me tratava secamente. Mas eu não ia deixar que empanasse o brilho da minha festa.

Almoçamos, as crianças foram para a escola com a mãe. Fiquei só na casa, ouvindo música. Logo minha querida voltou, toda suada e esbaforida. Correu para a ducha. Como jamais fui bobo, acompanhei. Começamos ali mesmo e fomos parar só na cama, exaustos e prontos para outro banho.

Ao entardecer, quando as crianças chegaram, fomos para o shopping. À noite, de roupa nova, saímos para comemorar nossos aniversários. Os garotos ficaram assistindo televisão. Encostamos o carro e fomos descendo a Treze de Maio, sentindo o lugar, nos envolvendo na alegria do pessoal. As casas cheias, muita gente na calçada, em grupos.

Numa das esquinas, um local nos chamou a atenção. Som gostoso, suave. Café Society. Conseguimos uma mesa por sorte. Cadeira confortável, toda em corda. Dois coquetéis de champanhe e porções de provolone à milanesa.

A uns cinco metros de nós, um grupo tocava. Dois violões, um baixo, e um sujeito barbudo na percussão. Cantavam uma música bossa-nova. Afinadíssimos.

Era tudo o que eu queria. A mulher escolhida, dinheiro no bolso, liberdade, música ao vivo e a meu gosto. Uma bebida deliciosa, petisco saboroso... Bom demais. Às vezes parecia que eu estava assistindo a um filme.

Magda esfregava a bunda na cadeira, de vontade de dançar. Eu não sabia dançar. Ficamos nos olhando, embebendo um ao outro, mergulhados em ternura. As catástrofes íntimas, que me fizeram morrer mil vezes, agora estavam esquecidas, inteiramente. Cantávamos junto com o grupo, emocionados. Os casais ao lado pegaram nosso embalo. O ambiente ficou mágico. Flutuávamos, e tudo era alegria e paz.

Quando o grupo se despediu, fomos todos cumprimentá-los e agradecer. Saímos atrás deles, e só lá fora lembrei que não pagara a despesa. Magda me fez voltar.

Precisávamos nos encher da brisa noturna. Respirar e amar o fato de estarmos vivos, juntos para viver aquela magia. Andamos pelas ruas abraçados, parávamos para longos beijos, cheios de afeto. As pessoas ficavam nos olhando. Para nós, elas nem existiam. Estávamos no ar, dançando com as estrelas.

Então ouvimos som alto de tambores. Qual ratos da fábula, seguimos a batida. Um grupo de jovens da bateria da Escola de Samba Vai-Vai ensaiava. Ocupavam um lado da calçada. Na frente, um rapaz com baqueta e um repenique comandava-os.

Ficamos do outro lado da rua, a ouvi-los. O rapaz chamava a batida, os demais respondiam, e a música se desenvolvia. Às vezes, com uma só batida diferente, paravam todos. Alguns eram convocados à melhor execução. Depois, a batida de marcação de novo, e o som tomava a rua, escorrendo pela noite.

Ficamos ali, agarrados, nos beijando e apreciando. Quando olhamos para o lado, vimos que outros casais nos imitavam. Abraçados, namorando e aproveitando o som gostoso.

De repente, tudo o que queríamos era uma cama. Chegamos em casa correndo. Fomos tomar banho, para nos darmos um ao outro limpos. Quando chegamos ao quarto, quase nos devorando, surpresa: sua filha estava na cama, dormindo. Maior frustração. Fora proposital. Ela ia completar treze anos e sabia. Fizemos um sexo de manutenção no quartinho ao lado da área de serviço.

De manhã, fui à PUC. Queria conhecer a professora de filosofia. Desci do ônibus depois da Paulista e caminhei até a universidade. Cheguei muito cedo. Meu coração acelerou quando revi a rua, os prédios. Quanta saudade, quanta emoção! Aquela gente bonita andando para lá e para cá. Aquele ar de respeito e de saber que envolvia todos os prédios por ali. Desci a rampa da entrada.

As garotas continuavam sentando-se no murinho do prédio

novo. Calcinhas ao ar. Andei devagar, emocionado e absorvendo tudo, quase voltando no tempo.

Subi a rampa daquele prédio. Algo me empolgava, quase chorei. Quando cheguei ao quarto andar, fazia parte, magicamente. Vi as classes onde estudara. Os jovens passavam por mim e não me viam. Eu não interessava.

Olhei o relógio, estava na hora. Adentrei o Departamento de Filosofia sem que ninguém me barrasse. A universidade era livre mesmo. Havia uma senhora sentada a uma mesa. Aproximei-me e, meio tímido, perguntei pela professora.

Ela me olhou e, em vez de responder, veio com outra pergunta: "Você é o Luiz?". A professora me esperava. Parecia que todo mundo sabia de mim. Eu me sentia mal, tenso e inibido diante de pessoas que não conhecia. Não conseguia sequer entrar num bar para pedir uma bebida. Havia consciência de estar experimentando, ávido por me misturar, sem jeito de sair de mim.

Na sala ao lado, uma senhora levantou-se e deixou sua mesa quando me viu. Sabia quem eu era. Enorme. Loira, vestida assim formal, com cores sóbrias e saia comprida. Composta, coluna ereta, sorria. Dei-lhe a mão, e ela veio para o abraço. Apertou-me contra o peito maciço, fortemente.

Apartou-se e começou a perguntar sobre mim. Aos poucos, foi encaminhando a conversa para sua área. Parecia segurar a emoção. Os professores foram chegando. Ela os apresentava, e eles passavam a participar da conversa. Fui apresentado como seu amigo.

Falava-se sobre correntes de pensamento e escolas filosóficas. A professora dirigia, sempre recorrendo às escolas clássicas, sua especialidade. Citava trechos inteiros de Platão e de Aristóteles. Os professores concordavam, ou se contrapunham, argumentando. Eu me calei, diante tanta sabedoria.

Aos poucos, fui adquirindo segurança e começando a falar.

Conhecia a linha de pensamento da professora. Ela me escrevera por anos, e eu assimilara suas idéias, percebia agora. Intervim, pedi adendos, participei de verdade. Ela reforçava, incentivava e passava-me a palavra. Eu sentia seu prazer em me ouvir, e crescia em mim o desejo de falar mais, brilhar.

Foi uma conversa espontânea, gostosa. Passaram-se umas três horas. Os professores saíam da sala e tornavam a entrar, e nós ali, firmes. Eu precisava voltar para a casa de Magda. Ela chegaria do trabalho e se preocuparia comigo. Abraçamo-nos profundamente emocionados. Uma grande senhora. Eu já era seu fã, pela sua inteligência e generosidade. Agora passava a ser seu admirador, daqueles que prestam vênias.

Saí dali como que flutuando. A tarde ensolarada cheirava a liberdade. Minha mente continha o mundo e a inteligência humana. Cada ser humano. Todos os passageiros que atravessavam a cidade dentro do ônibus lotado.

Cheguei junto com o menino. Ficamos conversando. Ele queria um carrinho de rolimã. Balbino, marido de Matilde, estava com todas as ferramentas de meu pai. Pensei em fazer um carrinho para o garoto. Prometi, se tivesse tempo, faria. Ele era encantador.

Logo depois, chegaram Magda e a menina. Ô garota fresca! Não perdi ocasião de demonstrar o quanto ela me desgostava. A namorada me levou à casa de minha mãe. Dona Eida acostumava-se com a idéia de que às vezes eu estaria ali. Consegui convencê-la de que iria dormir na casa de Magda, por causa das crianças. Fiquei conversando com a velhinha gostosamente, até que apareceram Matilde e seu povo. Minha mãe fechou a cara. Aquilo continuava esquisito.

Balbino iria fazer o carrinho de rolimã. Ele sempre fora modelo de gentileza e generosidade. Sentia prazer em colaborar. Matilde nos convidou para o almoço do Dia das Mães, que seria de arromba. Prometeu que iríamos comer bem demais. Faria pudim de leite condensado, de que, sabia, eu gostava muito.

Em casa, como queríamos, as crianças dormiam em seus respectivos quartos. O terreno estava limpo. Só esperei que desse o beijo de boa-noite para atracar fortemente. Magda estava tão ansiosa quanto eu. Depois, como um fora a medida que o outro necessitava, desmaiamos.

Ela me acordou cedo. Teríamos de compor a cena de que eu dormira no sofá, lá embaixo. As crianças sabiam, mas precisavam entender que nós as respeitávamos. Tomamos café juntos. A garota deu-me um bom-dia qual dissesse: "Você ainda aí?". Sim, eu ainda estava lá.

O garoto e eu fomos lavar o quintal e a frente da casa. O café fora reforçado. Mel, queijo, pão integral, pão fresco e geléia de amora. Pensei na minha infância de café preto com pão amanhecido.

Fomos, aos beijinhos e passadas de mão, para a casa de Matilde. As crianças não iriam. Passariam o dia com a prima de Magda. Quando chegamos, dona Eida já estava aboletada no sofá. Parecia a rainha da festa. Eu não a entendia. Uma hora fel, logo em seguida mel. Resolvi não ligar mais para aquela rusguinha de meninas.

Juninho, neto de Matilde, veio para o meu lado. Ele iniciava os primeiros passos, dava as primeiras corridas. Curti o menino, tomei cerveja. Prazeres simples que me causavam a maior sensação de paz e liberdade.

Lá na cozinha corria uma caipirinha. A namorada, após dois ou três beijinhos, me passou a jarra para que levasse aos homens na sala. Lugar de homem era na sala, aprendi. Embora fosse muito mais divertido ficar com as mulheres. Elas bebiam e riam demais. Os jovens vieram me inteirar dos acontecimentos da região.

Os justiceiros agora cobravam proteção de todos os estabelecimentos comerciais do bairro. Sua base era no bar do Zequinha e num salão de beleza, ao lado.

Fomos, Marcelo, Elismar e eu, tomar um vinho no bar. Eu queria observar aquilo. Fui apresentado ao Zequinha como "filho da vó". Dona Eida era conhecida por ali. O pessoal jogava bilhar. Notei, quase todos estavam armados. Pensei que fossem malandros ou justiceiros. Marcelo elucidou. Tudo gente boa e trabalhadora, de paz. Fulano era pedreiro; beltrano, mecânico; sicrano fazia encanamentos e consertava geladeiras.

Gente de paz, né? Engana que eu gosto! Não entraria ali desarmado nunca mais. Zequinha tinha um revólver enorme embaixo do balcão, mostrou Marcelo. Parecia filme de bangue-bangue. Haviam me falado que todo mundo estava andando armado, mas não pensei fosse tanto assim. O vinho veio por conta da casa. Zequinha queria conquistar o freguês.

Às três da tarde, o almoço foi posto na mesa. Estávamos bêbados e esfaimados. Vários tipos de mistura e saladas, uma festa gastronômica. Soltei a fera. As sobremesas completaram. Quase estourei de tanto comer.

Agora, três meses de ranger de dentes. Eu sairia somente em agosto. Imaginava a entrada na cadeia e tinha engulhos. Acordei pensando essas coisas. Teria de me apartar do bem mais querido e voltar para aquele inferno de arames e concreto armado.

Magda, tensa, nervosa, me deixou num ponto de ônibus. A despedida foi difícil. Era quase rasgar um do outro. O trânsito puxou seu carro, e eu saí correndo para não ser atropelado. Passei num supermercado e fiz uma compra para levar. De um salto a prisão invadiu minha alma. Aquela era minha realidade. Fechei a cara, apanhei um táxi até a rodoviária.

Encontrei Natal na estação. Compramos a passagem e fomos para o fundo do ônibus. Então, mesmo com o amigo, senti a solidão mais profunda do mundo. Quis a namorada. Pus as mãos no rosto para disfarçar e chorei de mansinho. Uma dor rolava a esmo, seca e dura como cristal.

Eu tinha comprado uma garrafa de vinho alemão. Fui bebendo no gargalo. Quase só havia presos no ônibus. As garrafas de bebida começaram a correr os bancos. A maconha fedia, e os poucos passageiros comuns olhavam para todos os lados, assustados. Os presos comportavam-se. Ninguém mexia com ninguém.

Meio bêbado, desci em Tremembé. Natal, com aquela cara de granito, a tudo observava, fleumático. Queria ir para a cadeia direto. Ainda tínhamos duas horas de liberdade. Consegui arrastá-lo para uma cerveja. O bar estava cheio de prostitutas e presos, uma farra. Todo mundo embriagado. Tomamos umas cinco cervejas.

Rápido entramos na prisão. A revista foi superficial. No pavilhão a dor começou a cortar fundo. Que angústia! Não fora Natal, e eu seria esmagado pela tristeza. Nada fazia sentido ali. Tudo parecia brincadeira de criança, assim sem valor.

No segundo dia, enfrentei fila e fui conversar com o diretor penal. Diziam, era casca de ferida. Não pareceu. Tratou-me com a maior gentileza. Escutou minha história atentamente. Quando pedi para trabalhar numa empresa da rua, apanhou o telefone e ligou para o diretor de Produção. Afirmou que este me colocaria na fábrica de antenas. Apertou-me a mão e me desejou boa sorte. Qualquer coisa, que o procurasse. Legal, até que enfim alguém educado e humano.

Um novo período se iniciava para mim. Eu me sentia pronto para ele, que viesse. Acreditava, estava preparado. Grande ilusão.

Epílogo

Dez anos se passaram. Escrevi, reescrevi, revisei e tornei a revisar várias vezes estas páginas. Ainda não estou satisfeito, mas acho nunca estarei. Por isso, terminei a história assim.

Não, o final não foi o dos romances comuns. Aliás, isto não é um romance. Eu não fui feliz para sempre. Muito pelo contrário. Fui muito infeliz. Se bem que me esforço para que não seja para sempre, também.

Por exemplo, Magda não permaneceu. Me abandonou, mais uma vez. Motivos? Os mesmos de sempre. Queria presença, e eu não podia. Queria uma segurança que nunca tive nem para mim. Fiquei mais dois anos no semi-aberto de Tremembé. Só então consegui a transferência. Bem, mas essa é outra história.

O certo é que estou com cinqüenta e três anos e há um ano e seis meses fui solto. Às vezes parece que tudo quer se desmanchar diante de mim. Mas, como nos livros tudo de bom ou de ruim sempre acaba, também isso virou história. É o que sou. A soma de meus passos.

O tempo riscou de passado meu rosto. Minha alma ficou

mais leve. Como se trinta e um anos e dez meses de prisão expurgassem meu ser de todos os diabos de que fui dotado. Estou muito calmo, em minha posição atual.

É claro que me envergonho de cada um de meus erros. Profundamente. Errei muito, mas vivi querendo acertar. No fim, estreitei meu espaço e sofri demais por conta disso.

Aqui, apenas conto o que vivenciei. Não é testemunho ou tentativa de justificar. O fato é que sou o que vivi. Não tenho orgulho de nada. Arrependimento? Quem não os tem?

Vivi, e num mundo de homens estilhaçados. O medo permeava, e tinha cheiro de flores molhadas, surdamente pisadas à porta de cemitérios. Mas mesmo assim existi, e com intensidade.

A cada momento signifiquei de alguma maneira. Os momentos valeram. Provavelmente mais do que imagino. Alguns deles por toda a vida. Lembrá-los aqui foi revivê-los.

ESTA OBRA FOI COMPOSTA EM MINION PELO ESTÚDIO O.L.M. E IMPRESSA
PELA RR DONNELLEY MOORE EM OFSETE SOBRE PAPEL PÓLEN SOFT DA
SUZANO BAHIA SUL PARA A EDITORA SCHWARCZ EM OUTUBRO DE 2005